B. P. Pratten

Appatatus Ad Herodotum

Vol. V

B. P. Pratten

Appatatus Ad Herodotum
Vol. V

ISBN/EAN: 9783337248062

Printed in Europe, USA, Canada, Australia, Japan

Cover: Foto ©ninafisch / pixelio.de

More available books at **www.hansebooks.com**

D. *AUGUSTI CHRISTIANI BORHECK*

HISTOR. ET ELOQ. IN REGIA DIIISBURGENSI RHENANA
ACADEMIA PROF. PUBL. ORD.

APPARATUS
AD
HERODOTUM
INTELLIGENDUM ET INTERPRETANDUM.

Volum. V.

Apparatus criticus ad conftituendam lectionis Herodoteae integritatem,

LEMGOVIAE
in Officina Libraria Meyeriana 1798.

Ad Librum VIII.

In Inscriptione abest τȣ Arch. qui Ἁλικαρνασηος, coi desunt quoque ἐπιγραφομενη Οὐρανια. In Ald. & Cam. I. II absunt τȣ Ἁλικαρνησσηος & ἐπιγραφομενη.

ad Cap. I.

Ἑλληνων ες τον) Ἑλληνες τον Arch. prave.

ἑκατον και εικοσι και ἑπτα) ἑπτα και εικοσι και ἑκατον idem Vind. post ἑκατον & εικοσι commata, post ἑπτα punctum Ald. Cam. I. II, in quibus comma post προθυμιης, nullum post Πλαταιεες.

Post Κορινθιοι de comma, post τας νεας punctum in iisdem.

δυοκαιδεκα) δυωδεκα Arch. Vind. Valla. Aeginetis naves dat unde viginti, male.

Post ἑπτα punctum, idemque post πεντε Ald. Cam. I. II.

Στυρεες) Στυριεες Arch. qui patrono possunt uti Eustathio, coi ethnicon Στυριευς ad Homer. p. 281, 12, at Στυρεις Thucydidi VII, 57 ubi Wasse, & Holsten. ad Steph. Byz. Στυρα. Wessel. Post δυο punctum Ald. Cam. I. II.

Κειοι) Ask. alii cum Ald. Κιοι. Justius erit Κειοι· nam sic insulae Ciae cives Thucydidi d. l.

Lysiae in Harpocrat. Κειοι, unde Suidas Κιεs, quomodo Κιοι hic prius & c. 46 mutata, quae frequens corruptela, diphthongo, Diod. IV, 82 &c. *Wesseling.* υηας, quomodo hoc libro Arch. Vind. Ask. saepissime, Ask.

Post Οπουντιοι comma Ald. Cam. I. II.

επεβωθεον) Arch. επεβοηθεον reliqui cum Ald. Jonicam praestant speciem βωθεοντες, vice βοηθυντες, Hesychii, ανεμοι θεοισι βωθεοντες Alydeni in Praep. Evang. Eusebii L. 9, 14. p. 416. Nostri βωθησαντες VIII, 72 & απαξ εβωθεε 9, 23 aliaque. Quis ergo receptum aversabitur, rediturum c. 14 & 45 scriptis ex exemplaribus? Quam Jonicam consuetudinem Eustath. ad Poet. p. 288. ibid. attigit, το επιβωταν ex Herodoto in medium collocans, volens, quod censeo, επιβωθεειν. Nusquam επιβωταν in Musis. *Wessel.*

ad Cap. II.

Post ην abest comma Ald. Camer. I. II, in his comma post διακοσιοι, & post εβδομηκοντα. Μια και εβδομηκοντα, εβδομ. Vind. και διηκοσιαι Arch.

το μεγιστον) Praetereunt το iidem. Porro κρατος Vind. & Brit. cuius & alibi in Musis usus.

παρεσχοντο) παρεχοντο Ald. Cam. I. II.

Ευρυβιαδεα) Ευρυβιαδεα Ευρυκλ. Vind. ceteri cum Ald. Ευρυβιαδην, τον tamen Arch. Pass. reticent. Post εφασαν abest comma Ald. Camerar. I. II.

ad Cap. III.

κατ' αρχας) καταρχας Ald. Camer. I. II, quae comma post λογος non habent.

πριν

πριν ἤ) sic, non πρινὴ, Ask. Parif. A. B. & D. tefte *Larcherio.*

επι συμμαχιην) επι την Arch. Vind.

χρεων) χρεον, ut faepe, Arch. poft επιτρεπειν colon Ald. Camer. I. II, abeft his comma poft γνοντες.

ςασιχςϑσι) ςασιϑσι ex compendio fcripturae, Arch. Comma poft ἡ Ελλας Ald. Cam. I. II, idemque poft ὁμοφρονεοντος.

ὁσϑ) ὁ Arch. Vind. Brit. Ald. ὁσϑ Medic. Paff. Ask. Prius fervari potuit, uti L. I, 181. Poft αυτεων abeft comma Ald. Cam. I. II, punctum ponunt poft διεδεξαν.

Περσεα) Περσην Paff. Ask.

περι της εκεινϑ) περι γης εκεινϑ fruftra legi malebat Galeus, qui faepe repererat apud veteres etiam την Ινδως, την Αθηναιων, & fimilia; Afiae pars maxima unius imperio Xerxis fubiecta recte dicitur ἡ εκεινϑ. *Valken.* Alleverat docta manus Aldinae meae γης δηλονοτι; fatis eft, ea vox fi pro tacita habeatur. Infra c. 41 Αθηναιοι δε (κατεσχον) ες την ἑαυτων & c. 106 φευγων ες την ἑαϋτϑ. *Weffel.*

προφασιν την Παυσανιεω) Satis erat dixiffe, την Παυσανιεω ὑβριν προϊσχομενοι ut hoc illudve *praetexere* dicitur προεχεσθαι τι — fed fcribere nofter maluit προφασιν προσχεσθαι, IV, 165. VI, 137. *Valkenar.* Poft ταυτα μεν comma Ald. Camer. I. II.

ad Cap. IV.

τας Αφετας) τϑς male Arch. & ftatim παντα cum Vind.

εβϑλευοντο) εβϑλευον iidem. Plut. Malign. p. 867.

867. B. haec vellicat. Schedarum εβȣλευον, redibit c. 18. 57. 100. Vulgatum agnoscit Plutarch. ipsique Euboeenses in proximis. *Wessel.*
επ' ὦ τε) τε defit Arch. Vind.

ad Cap. V.

ἑωῦτȣ ὀηϑεν διδȣς) Pass. Vindob. perbene, olim ἑωῦτω. Firmant d'Orvillii ad Chariton. L. VI, 1 suspicionem schedae. Superius lib. II, 129. Mycarinum posuit παρ' ἑωῦτȣ διδόντα ἀλλα de suo alia donantem, & lib. VII, 29 τας τετρακοσιας μυριαδας — αποπλησω παρ' ἐμεωῦτȣ, de meo aere. *Wessel.*

Ἀδειμαντος) Ἀδαμαντος Arch. Valla; in Stephan. ora Ἀδειμπτος, utrumque prave.

Κορινϑιος ςρατηγος) Κορινϑιων ςρατηγος Brit. των λοιπων) duo ista absunt Arch. Vind.

ησπαιρε) Attigit Eustath. ad Homer. p. 416. 34 verbum hoc distrahit interpretes: Eustath. ita, Ἡρόδοτος δε πȣ και το ϑερμοτερον σπευδειν και οἷον ανασκιρταν και πανυ προϑυμεισϑαι, ασπαιρειν ἐφη. Vallae placuit reluctandi significatus, fortasse ob Homereum ησπαιρ', ὡς ὁτε βȣς —: Portus vertit: palpitabat prae metu: quem quidem ob memoratum antea Graecorum metum, & Adimanti deiectum ingenium c. 94, recte sensisse opinor. Si Eustath. sequare, promtus ad fugam Adimanti animus intelligendus erit. Vide Porphyrii ad Il. N. 443 scholia, a Valkenario edita. *Wessel.* Solus reluctabatur, optime vertit Valla: aliis usitato more posuerat Noster ησπαιρον IX, 119. De usu, quo hic ponitur, rarissimo Grammatici plerique silent. Suidae satis erat, in Ἐσπαιρεν excitasse Herodotea: quum
olim

olim in excerpendo vocem φαμενος omisisset, absurdam nobis dedit Eustathius interpretationem in Iliad. γ. p. 316, 4. Cupiebat ille quidem, Isthmum versus abire; sed &, dum ceterarum gentium duces parati erant morem gerere Themistocli & Eurybiadi, unus omnium Adimantus iuxta Herodotum adhuc obluctabatur, ησπαιρε μενος. Nihil est in Hesychii interpretamentis, quod huc pertineat; in quo idcirco miror legi ησκαιρεν, εσκιρτα· quod non videtur usu fuisse receptum ασκαιρειν· in primis tamen Scaligeran. p. 11. T. Faber, σκαιρειν, ait, & ασκαιρειν itidem dicuntur, ut ασπαιρειν & σπαιρειν: sed verius Porphyr. in Homer. Cod. Mss. ad Iliad. N. 443 de verbis agens σπαιρειν & σκαιρειν, prius etiam scribi tradit μετα τȣ κ κατα Αττικην συνηθειαν· το δε Σκαιρειν ȣκετι μετα τȣ α· ut σπαριζειν & ασπαριζειν, sic usu viguerunt σκαριζειν & ασκαριζειν. — Ad Herodoti locum aptiora videbuntur ista Plutarchi T. 2. p. 327. C. επι τοις Φιλιππικοις πολεμοις επεσπαιρεν η Ἑλλας· sic leviter emendata, ετι εσπαιρεν η Ἑλλας, moribunda velut Graeciae libertas pedes adhuc iactabat & obluctabatur morti. Ασπαιρειν veteres, & Atticistae scribebant recentiores; Σπαιρειν Plutarchus aliique, istiusmodi Scriptores: egregie Diodorum correxit L. Rhodomann. I. p. 190. 40, sed non ασπαιροντων, at σπαιροντων efformare debuerat ex επαιρευτων· ut recte εφαλλωνται in σφαλλωνται mutavit p. 192, 99. In Stobaeo Gesneri p. 593, 28. Junco senex titubans non εφαλλομενος, verum dici debuit σφαλλομενος· apud eumdem p. 147, 33 pro ως το μ. δ. si leniter emendetur ωετω μεν δεν, clara erit

Themiſtii ſententia: in Critonis apud eumdem fragmento p. 43, 52 ἐπῳδὰς καὶ παιδείας attentas mecum corriget in σπεδὰς καὶ παιδιὰς ſeria & iocos. In Stobaeo huius quoque generis plura ſuperſunt; & vix ullus eſt Scriptor antiquus, ne ſacris quidem exceptis, in quo hoc vitium ab accuratis Criticis non fuerit detectum, ortum ex ſimilitudine literarum C & E. *Valkenar.*

ἀποπλωσεσθαι) Arch. Vind. in aliis ἀποπλευσεσθαι, etiam Suidae, exſcribenti in ηοπαιρεν. Poſt τετον comma Ald. Cam. I. II; idemque poſt ἀπολείψεις, ſed poſt ηγορευε punctum.

την Ἀδειμάντα) Med. Paſſ. Ask. Arch. antea τε cum Ald. poſt τρια punctum Ald. Camerar. I. II.

πληγεντες) παντες ora Steph. Brit. Paſſion. Ask. & tres Pariſ. Venerunt παντες ex librariorum, quibus vulgatum durius viſum, ingenio. Alia mens P. Victorio Var. lect. III, 22. Illuſtraturus enim Catullianum. Non ſi illam rarae labefactas munere veſtis, Herodoteis percommode locum dedit. Addebam, quod propius eſt, ex Themiſtii Or. II. p. 26. A. ὁ μὲν γε ἐπειδὴ τοῖς πεντήκοντα ἅμα ταλάντοις εκ ετρωσε ουδ' εκαμψε τον Καλχηδονιον Ξενοκρατην· hic enim poſtquam quinquaginta ſimul tabulis nec vulneravit neque inflexit Chalcedonium Xenocratem. Erat enim ſimilis, quamquam aſperioris, translationis; nec factum muto. *Weſſel.* Poſt εσαν punctum Ald. Cam. I. II.

Εὐβοεεσι) Εὐβοευσι Arch. Vind. Paſſ.

εκερθηνε) εκερδανεν Arch. Vind. Punctum poſt

post vocem Ald. Camer. I. II, idemque post
εχων, sed abest comma post χρηματων.

τα χρηματα) omittuntur ab Arch.

ad Cap. VI.

απικατο) Med. Passion. Arch. Ask. Vind.
Alii cum Ald. απικεατο, quod saepe alibi.

ολιγας) ολιγον Arch. quatuor sequentia
negligens. Post επιχειρεειν abest comma Ald.
Cam. I. II.

προσπλωειν) προσπλεειν Medic. ubique hoc
libro, & passim Ask. Pass. Post εινεκα punctum
Ald. Cam. I. II.

κως) deest Arch. Vind.

καταλαμβανη) Med. Pass. Ask. καταλαβοι
Paris. A. B. Ald. καταλαβη Arch. Vind. καταλαμβανει Brit.

μηδε πυρφορον) μη δε Ald. Cam. I. II, nec
comma post πυρφορον.

λογω) λοχω Arch. Valla, comma nullum
post λογω Ald. Cam. I. II.

ad Cap. VII.

Post ων comma Ald. Camer. I. II, in his
punctum post εμηχανεοντο.

περιεπεμπον) περιεπεμψαν εξω Σκιαθυ Arch.
Vindob.

οφθεησαν) οφθεωσι Paris. B. Arch. Vind.
Ald. Ex Med. Pass. Ask. Brit. Paris. A. vulgatum: mihi vetus non displicet, quippe Jonicum.

περιπλωυσαι) Arch. Vindob. Vulgo cum
Ald. περιπλευσαι. Quod de Med. monet Gronov.

nov. πλεειν eum hac parte & περιπλεειν scribere, eadem aliis consuetudo. Contra Arch. & Vind. Jonismi hac & sequente Musa tenaciores, πλαεειν, etiam in compositis, probant: eorum vestigia premam. *Wessel.*

1 περι Γεραιξον) Abest περι Arch. qui & Γερεςον, ut Valla: abesse περι potest, post Γεραιξον comma non posuit Ald. Cam. I. II.

μεν) μεν δη Arch. Vind. nec male.

εξ εναντιης) εξεναντιης una voce Ald. Cam. I. II, in queis comma post hanc vocem, loco puncti, comma quoque ponunt post ταχθεισας.

περιπλωοντων) Arch. Vind. quos sequor. περιπλεονται ceteri cum Ald.

εν τησι) επι τησι Arch. Vind. & νηων, uti hoc solent libro plerumque.

τον αριθμον) desit Pass.

ad Cap. VIII.

Σκιωναιος) *Sicyonius* Valla, deceptus praviore libri sui scriptura, quae in codd. obvia saepe. Vide ad Diodor. XII, 72 & infra c. 128. *Wesseling.*

δυτης) hinc in Polluce VII, 137.

τοισι Περσησι) τησι Arch. & Ald. absurde.

περιεβαλετο) περιεβαλλετο Arch. Post Σκυλλης comma Ald. Cam. I. II.

αυτομοληεειν) octo sequentia desunt Arch. Post Ἑλληνας colon Ald. Cam. I. II.

8 γαρ οἱ παρεσχε) Enotatum a Galeo ex cod. Eton. αλλ' ηπω καιρος παρεσχε, scholion redolet. Non ita noster. Ecce tibi lib IV, 140 παρεσχε κν σφι, licuisset illis, & huius libri c. 30. Portum consule, & supra L. V, 49 *Wessel.* Herodo-

rodoteum hoc Porti satis adfirmabunt collectanea, si vel plures dabunt codd. quam praebet Galeus ex Eton. lectionem. *Valken.*

ειπαι) ειπειν Pasf. Ask. post ατρεκεως comma Ald. Cam. I. II.

ως εξ) ως omittit Arch. & Vind.

ανεσχε) αν εσχε Ald. Cam. I. II commate post vocem posito.

πριν η) ανεχειν πριην Arch. Vind. Post Αρτεμισιον colon Ald. Cam. I. II.

τυτυς ες) desunt haec duo Arch. Vind.

εικελα) ικελα Arch. in ora Steph. ομοια ex scholio. Rectum est εικελα *Valkenar.* Post τυτυ comma Ald. Cam. I. II. in queis abest comma post αποδεδεχθω.

εσημηνε) εσημαινε Arch. Vind. Post ναυηγιην abest comma Ald. Camer. I. II. Reiskius in his ναυμαχιην putabat legendum, ut Scyllias praelium navale imminere indicaverit: hoc illi iam noverant, simul atque indicasset τας περιπεμφθεισας των νεων· ego ναυηγιην omnino retinendum arbitror. Persicae classis naufragium Graecis quidem significaverant speculatores secundum VII, 192, sed quantum haec Persae tempestate perdidissent, unus omnium optime noverat Scyllias, quo tum urinatore fuerant usi ad praetiosa quaedam recuperanda: Scyllias itaque, praeter id quod instabat, Graecis etiam: εσημηνε την ναυηγιην οση εγενετο· quantum fuisset illud naufragium. Sic libenter vulgata corrigerem: Sophocleum est: Ορας Οδυσσευ την θεων ισχυν οση. *Valken.* cuius in sententiam imus,

ad

ad Cap. IX.

Post ενικα abest comma Ald. Cam. I. II.
περιπλωϋσησι) Arch. Vind. περιπλευσγσι alii cum Ald. Sed temperabo in his enotandis.
Φυλαξαντες) Suidas excerpsit in voce. Post βελομενοι comma Ald. Cam. I. II, idemque post μαχης.
διεκπλου) διεκπλωϋ Arch.

ad Cap. X.

Post Ξερξεω comma Ald. Cam. I. II.
αγηγον) αιηγαγον Vind. & νηας semper.
οικοτα) Arch. & Ald. εικοτα antea.
πολλαπλησιας) Med. Pass. Ask. ceteri cum Ald. πολλαπλασιας.
πλωϋσας) Arch. Vind. πλευσας Ask. Pass. πλώευσας Ald. &c. Vetus πλωευσας de sententia Porti Jonum habet formam εκ πλωεω, cuius nullum novit simile. Contra αριτα πλωϋσας Scriptor probavit c. 22 & 42. *Wesseling.*

αυτϋς) αυτας omittit Arch., αυτϋς ora Steph. Vind. Pass. Ask. Brit. Valla, vere: alii cum Ald. αυτας. αυτϋς ob codd. imperium elegit *Wesseling.* αυτϋς, quod in margine posuit Steph., merito probavit in Thes. L. Gr. II. p. 504. D. Sed quia legitur infra c. 16. εκυκλευοντο ως περιλαβοιεν αυτϋς, quod me iudice defendi nequit, & hic & illic scribi malim εκυκλευντο quia hanc Noster adamavit scribendi formam in talibus etiam, quae Jones aliter vulgo pronunciabant, Φειδϋ, *parce,* scribitur & Φειδευ sed *parcum,* τον Φειδομενον Eusebius Stobaei mihi dixisse videtur Φειδευμενον sic vulgatur Tit. X. p. 130, 30. οι πλευνες
των

των ανθρωπων παρα λογον φιλευμενοι· corrige Φει-
δευμενοι· his enim φειδωλοις opponuntur περι τα
δεα αναλισκοντες. Vid. Diog. Laert. V, 20. bis
terve legitur in Eusebianis istis Stobaci αξιευτι,
ut apud Nostrum praeter cetera δικαιευν. *Valken.*

αυτεων απονοστητι) σφιν απονοστησειν Arch.
post απονοστησει punctum Ald. Cam. I. II, in his
comma post εποιευντο.

αυτος εκαστες πρατος) Med. Arch. Pass. Vind.
olim αυτεων ex Aldo & aliis, perperam. Vid.
lib. 3, 82.

δωρα παρα βασιληος) παρα βασιληος δωρα
Arch. Pass. Ask. in Pass. λαιψητα.

ad Cap. XI.

αντιπρωροι) αντιπρωρα Ask.
γινομενοι) γενομενοι Id. Pass.
απολαμφθεντες) απολαιφθεντες Pass. ex correctione.

των βαρβαρων) desunt haec duo Arch.

Αισχρεω) Αισχραιω Arch. Vind. Med. Pass.
Ask., Αισχρεω ceteri cum Aldo, & verius. Patri
Lycomedis nomen datur in Edd. Herodoti
Αισχρεω· in Med. Cod. Αισχραιω· sic in omnibus si forte codd. scriberetur, omnibus codd.
usus esset Atticus anteponendus: Attica fuerunt
nomina Χαιρεας, Δημεας, Ταυρεας, Αισχρεας. *Valken.* Ex dialecto bene Valken. decernit *Wessel.*

Post αγωνιζομενως comma Ald. Cam. I. II,
idemque post επελθωσα & post Ελληνας.

απεπλωον) απεπλεον cum colo Ald. Cam. I. II,
in quibus abest comma post Λημνιος, punctum
post Ελληνος.

αυτω)

αὐτῷ) defit Arch. Vind. tum χωραν in priore, satis accommodate, uti inferius c. 85.

ad Cap. XII.

Ὡς δε ευφροιη εγεγονεε) Arch. Vind. Med. Ask., a Pass. quatuor illa absunt: antea cum Ald. ὡς ευφροιη δ' εγεγονεε.

εγινετο) εγενετο Arch.

βρονται σκληραι) σκληραι βρονται id. Pass. Ask. Post Πηλιω punctum Ald. Cam. I. II, in his post νεκροι & ναυηγια commata Ald. Cam. I. II.

εξεφορεοντο) Arch. Vindob alii cum Ald. εξεφερoντο. Dialectus, quod editum est, ratum habet. Διαφορεεσθαι, προσφορεειν, ευφορεεσθαι, & eius modi alia, saepe tractavimus. *Wessel.*

τας Αφετας). τας Αφετας, ad Steph. Byz., cui οξυτονειται, morem, hoc loco & deinceps Arch. exemplar, non item antea. At levius istud, & saepe arbitrarium. *Wessel.*

ταρσυς) citat Suidas in Ταρσος.

κατισεατο) κατεσεατο Arch.

και αναπνευσαι) και abest Arch. αναπλευσαι Med. a secunda manu. Post χειμωνος abest comma Ald. Cam. I. II.

γενομενυ) γινομενυ Arch.

καρτερη) κρατερη Vind.

ομβρος τε λαβρος) ομβρος κρατερος id. Arch. ex glossa. Vid. Rittershus. ad Oppiani Cynegit. V, 139.

ες θαλασσαν) Med. Pass. Ask. Arch. Vind. Brit. Valla: optime; in aliis ex Ald. κατα θαλασσαν.

ad

ad Cap. XIII.

Post αγριωτερη abest comma, positum post τοσυτω Ald. Cam. I. II.

και το τελος)- και τελος Arch. Spectavit ista Longin. περι Υψ. Sect. 43.

πλωυσι) Arch. Vind. πλετοι Ald. Cum. I. II, in quibus nullum post επεγινετο comma. & Κοιλα appellative semper scribitur.

Post τη comma Ald. Cam. I. II. εξεφεροντο Arch.

προς τας) ες τας id. Vind.

υπο θευ) τυ θευ Med. Pass. Ask. Vind. Arch., τυ Ald. & ceteri non agnoscunt, nec requiritur. *Wesseling.* Oblatum a codd. reciperem, εποιεετε τε το παν υπο θευ. nam qua sede posuit G. articulum, non magis requiro, quam in illis l. c. 34. ελαβε εκ θευ νεμεσις μεγαλη Κροισου, similibusque. *Valken.*

Περσικον) περιεον Arch. Valla. stare non potest, quippe legitimi corruptela. *Wessel.*

ad Cap. XIV.

ατρεμας) ατρεμα Med. Pass. Ask. ατρεμας Vind. Arch. Brit. Ald. - Sive hoc, seu aliorum ατρεμα adsciscatur, sententia eadem: malim pristinum, quod plerumque semper in his libris, uti mox c. 15. V, 19 &c. conf. Ez. Spanhem. ad Nub. Aristoph. v. 260. *Wessel.* Ex uno codice non mutassem ante vulgatum: semel versu coactus εχ ατρεμα scripsit Homerus, quod tamen Aristophani aeque ac alterum εχ ατρεμας usurpatur, aliisque. *Valken.*

επιβωθεον) Arch. Vind. cui restituto ob dicta c. I. nemo non favebit. *Wessel.* prius erat

επεἐπεβοήθεον. Poſt ἀπικομεναι colon, & mox περιπλεοντες Ald. Cam I. II, in his commata poſt χειμωνος & πλωοντες.

ad Cap. XV.

Poſt των βαρβαρων abeſt comma Ald. Camer. I. II.

ὅτω σφι) ὅτω σφεας Arch. Vind. Nihil ad nexum proderit, utrum probetur. Λυμαινεσθαι utroque ſtrui modo, Gronov. ad lib. 3, 16. & Alberti in Act. Apoſt. VIII, 3. oſtenderunt. *Weſſeling.* Leniſſima mihi vera videtur G. Koenii correctio, legentis δεινον τε ποιησαμενοι· hoc poſcere videtur ſequens και, alterum autem reſpuere ratio locutionis, e qua alibi etiam τι ſuſtuli, facile natum e litera vicina π. *Valken.* Poſt αρξαι colon Ald. Cam. I. II.

παρακελευσαμενοι) παρασκευασαμενοι Arch. Vind. ſed ob ſeqq. prave.

ανηγον) ανηγαγον iidem.

ταις αυταις ἡμεραις) τας αυτας ταυτας ἡμερας τας τε ναυμ. Arch. τας αυτας ἡμερας Vind. Id dubito, ſitne vulgato cod. Arch. poſterius. Negabit ſcriptor, quippe VII, 151. Ἀργειὄς δε, τον αυτον τετον χρονον πεμψαντας και τετες — conſimilem in modum. *Weſſel.* Poſt ταυτας comma Ald. Cam. I. II.

Λεωτιδεα) Λεωνιδην Ask. Poſt οἱ μεν comma, ſed nullum poſt παρεκελευοντο Ald. Cam. I. II, in his colon poſt βαρβαρες.

ad Cap. XVI.

ἐκυκλεοντο) Arch. quod verius, niſi fuerit ἐκυκλευντο. Antea ἐκυκλευοντο ex Ald.

επα-

ad conſtit. lect. Herodot. integritatem.

επανεπλωον) επωιεπλεον & comma poſt τε Ald. Cam. I. II.
ναυμαχιη) μαχη Brit.
εγενοντα) εγινοντο Paſſ. Ask.
ταρασσομενεων) πκρατασσομενω Paſſ. Poſt νεας comma Ald. Cam. I. II.

περι αλληλας) defit praepoſitio Arch. Qui praepoſitionem inſuper habuit Arch. ſcriba, αλληλαις fortaſſe, non immemor ſimilium, quorum data quaedam lib. I, 108. in Muſis maluit. Sed recte, ab ipſo neglecta vox, in talibus adeſt; exempla ſi deſiderantur, ex Abreſch. Diluc. Thucyd. lib. VI, 33. ſumi poſſunt. *Weſſel.* Poſt εικε punctum Ald. Cam. I. II.

εποιευντο) Ask. Paſſ. alii εποιεοντο cum Ald. Poſt ανδρες punctum Ald. Cam. I. II.
ετω δε) ετω τε Arch. Vind. Poſt βαρβαρων comma Ald. Cam. I. II.

ad Cap. XVII.

Poſt ναυμαχιη comma Ald. Cam. I. II.
μεγαλα εργα) εργα μεγαλα Arch. Ask. Paſſ. Poſt ημερην comma Ald. Cam. I. II.
Κλεινης) Κλεινιας Paſſ. Ask. Poſt διηκοσιοισι comma Ald. Cam. I. II.

ad Cap. XVIII.

ως δε διεςησαν) οι δε ως Arch. Vind. Poſt Ελληνες abeſt comma Ald. Cam. I. II, habent comma poſt νεκρων, colon poſt επεκρατεον. ναυηγεων Arch.

τρηχεως) Excitat Plut. Malign. p. 867. D. ubi male περινεχθεντες.

Appar. Herod. Vol. V. B

ἐκ ἥκιςα) ἐκηκιςα Ald. Camer. I, II, in his comma post των.

ἡμισεαι) ἡμισεες Arch.

εβαλευον) Med. Ask. Pass. Arch. εβαλευοντο Plut. Vind. Ald. Vid. superius c. 4.

ad Cap. XIX.

βαρβαρικη) Iid. βαρβαρε, in aliis βαρβαρικη, quod verius. mox Ιωνικον Φυλον και το Καρικον Arch. Pass. Ask. Post Ιωνικον comma Ald. Camer. I. II, idemque post γενεσθαι.

Θαλασσαν, ταυτη) ταυτη συλλ. Arch. Valla: antea cum Ald. Θαλασσαν ταυτην commate post ταυτην posito. Mutata punctione haec, postulante Arch. & Valla, aptavi: id Pavius fieri oportere, perspexerat, nec, credo, reprobaverit quisquam. *Wesseling.*

παλαμην) Habet Suidas ex h. l. in voce, qui ελπιζει quoque cum Arch. Med. Pass. Ask., olim ελπιζει. post τη comma Ald. Camer. I. II, idemque post πρηγμασι & post ελεγε.

Ευβοεικων) Ευβωεικων Ald. Cam. I. II. Ευβοϊκων Arch. Vind. Utrum exaretur, arbitrarium erit: in membranis eadem dissensio. lib. 3, 89. & 7, 192. *Wessel.*

οσα τις εθελοι καταθυειν) καταθυειν οσα τις εθελει Pass. Θελοι eodem ordine Arch. Vind. In Ask. καταθυειν non invenitur. Post εχειν comma Ald. Cam. I. II.

ἑωυτων) ἑωυτε Arch.

πυρ ανακαιειν) id. Med. Pass. Ask. belle. Vid. ad lib. 4, 145. πυρην ανακαιειν Vind. Brit. Ald. Post περι comma Ald. Cam. I. II.

ἐς τὴν Ἑλλάδα) Med. Arch. Vind. Pass. Ask. olim cum Ald. ἐπὶ τὴν. Post ποιέειν punctum Ald. Cam. I. II.

πῦρ ἀνακαυσάμενοι) πυρὸς καυσάμενοι Arch, mox ἐτράποντο id. Paris. B. Vind. Brit., ex Med. Ask. Pass. ἐτρέποντο contra Jonum morem.

ad Cap. XX.

ὅτε τι ἐξεκόμισαντο) Pass. Ask. Med. antea cum Ald. ὅτ' ἐξεκόμισαντό tantum. In notis Gronovius proponit lectionem Mediceam, & lectori commendat ut perquam suavem: illa mihi quoque placet, &, si licet de vicinis duas demere literas, haec equidem censerem a esse manu Herodoti: ὅτε τι ἐξεκόμισαντο, ὅδεν τε προσάξαντε. recte Valla: neque exportaverant quicquam, neque importaverant: illud, ὅτε — ὅδεν τε, obvium apud quosvis, simillima firmarunt Herodoti in Ed. Gronov. p. 382, 5. 395, 34. 468, 2. 509, 10. 529, 10. *Valken.* ὅτε τι a Gronovio iure laudatum, sed infeliciter defensum, in sua iterum sede statui. Sic. lib. 4, 19. ὅτε τι σπείρουσι ὅδεν, ὅτε ἀροῦντες. *Wesseling.*

Post προσάξαντε abest comma Ald. Cam. I. II. προσετάξαντο Pass. Med. προσετάξαντο Brit. Ut προσετάξαντο sibilante litera auctius procederet, nulla erat necessitas. Repete ad lib. 5, 34 adposita. *Wessel.* Post πολέμῳ colon Ald. Cam. I. II, idemque post χρησμός. Abest ab his comma post Φραζέο.

βαρβαρόφωνον) Ex Vallae Latinis βαρβαρόφωνος erit, quae non iniusta Pavii Reiskiique divinatio. *Wessel.* Recepit eam *Larcherius.*

Βυβλινον) Βυββλιον Arch. Ask. Βυββλινον Pass.
Vind. Brit. Ald. Βυββλιον cur Gronov. exprimi
voluerit, non perspicio. Credo ex Med. etsi
de eo silentium, huc ob Ask. consensum mi-
grasse. Pristinum longe praestantius. *Wessel.*

χρησθαι) χρασθαι Arch. Vind. post μεγιϛα
colon Ald. Cam. I. II.

ad Cap. XXI.

Post οἱ μεν comma, post επρησσον punctum
Ald. Cam. I. II. In quibus punctum post Αυτι-
κυροις, comma post τω & post προσετετακτο.

παλησειε) παλισειε Edit. Genevens. Scripti
editique libri nihil novant; nam editoris Genev. ει παλισειε coniecturae Porti debetur, male tamen repraesentatae: coniecerat ille, quamquam haesitans, ει παλισειε pro integro επαλι-
σειε ex εφαλιζω, contra aliquem copias congre-
go: obtrudi noluit, idque prudenter; neque
enim moris id Herodotei. Tolerabilius de
opinione d'Orvillii & Reiskii ει παλασειε, si
adpropinquaret, videretur; cuiusmodi lib. 9,
73 οκως πελασειε απικιερμενος τοισι πολεμιοισι neque abiret longius, παλασειε Pavii, & fortasse
Gronovii, ob eius Latina; eoque minus, quod
diphthongus ει & η in scriptis saepe commutantur. Sed omnibus schedae obstant. Aliud ergo circumspiciamus. Παλησειε Hesychius exponit διαφθειρειε, quod de clade in belli certamine non illaudabile, & hinc, nisi erro, sum-
tum. Priscos sane παλαιειν ac παλεειν novisse,
Jonesque in primis, vero mihi proximum.
Hippocratis sunt αποπαλεειν, atque εκπαλεειν in
evibratione & concussu vehementiore. Αποπα-
λησει

λησει Erotianus σαλευσει και σφοδρα κινησει. Foe-sius Oecon. p. 78 plura. Sive ergo ει παλησειε de conflictu, seu clade secuta, agitationeve classis maiore accipiatur, vocabulo scriptura locoque sententia constabit. *Wesseling.* Varias attulit coniecturas Portus, verisimilioribus facile locum daturas. Quod hic vulgatur, Lexicographis, credo, praetermissum, παλησειε legitur in sua serie apud Hesych. cum interpretamento διαφθειρειε διαφθαρειη ab huius loci sententia non esset valde alienum: παλησειε quid sit, expectabimus qui nos docent: licebit interea coniecturam proferre: ει τι πταισειε ὁ ν. ςρατος literas prope accedit; id est, εαν τι περι την ναυμαχιαν γενηται πταισμα, ut scribit Diod. I. p. 415. S. εαν ποτε συμβη τι πταισμα, Demosth. p. 59, 71. ει δε τι πταισειε, idem p. 16, 28. Thucyd. p. 327, 79. Forma quidem est paullo insolentior, minime tamen absurdum, quod non nemini venit in mentem: ει τι παθησειε ὁ ?. ςρ. si quid eveniret classi: certe talibus uti solebant ευφημισμοις, ne belli tristem eventum memorarent. Eurip. Phoeniss. v. 251, ει τι πεισεται ἑπταπυργος γα. Xenoph. K. Π. II. p. 24, 9 ει τι πεισονται Μηδοι. Si naufragio navis perierit, Euripidi dicitur, ην τι ναυς παθη. Iphig in Taur. v. 755 plenius legitur in syngrapha nautica apud Demosth. p. 547, 16 εαν δε τι η ναυς παθη ανηκεςον. *Valken.* cuius emendationem recepit *Larcherius & Degenius.*

Post ἑτοιμος comma, quod abest post τριηκοντερω Ald. Cam. I, II, in his colon post πεζον.

Post αφικομενος comma Ald. Camer. I, II. σφι εσημαινε Arch. Ask. Pass.

εποιευντο) Paff. Ask. Brit. olim cum Ald. εποιεοντο. Poſt αποχωρησιν colon Ald. Camer. l. II, quae punctum poſt εταχθησαν ponunt, idemque poſt πρωτοι, & comma poſt υςατοι δε.

ad Cap. XXII.

επιλεξαμενος) Corrigitur απολεξαμενος, forte ob c. 101 τριηκοντα μυριαδας απολεξαμενος τϙ ςρατϙ & απολεξαντες το κρεισον L. V, 110. Quae quidem boni commatis, neque pravioris vulgatum. Επιλεξαμενος ανδρας δικα Αιγινητεων L. VI, 73. επιλεξαμενος τϙ ανδρας τϙς εθελεις L. VII, 10. Adde Thom. M. in αναλεγομαι. *Weſſel.*

γραμματα) γραμματα λεγοντα ταδε. Ανδρες omiſſis mediis Arch. Vind. Quae ex duobus his codd. exulant, non illa caſu exciderunt, utpote nexa optime: praeberent profecto, ſi pluribus abeſſent, gloſſatoris ſpecimen. *Weſſel.* Poſt ελεγε punctum Ald. Cam. l. II.

τϙς πατερας) Citat Euſtath. ad Dionyſ. V. 423.

καταδϙλϙμενοι) καταδϙλωμενοι Arch.
γινεσθε) εσεσθε idem.

ἐζεσθε) Ask. ceteri εσεσθε. Notabile εκ τϙ μεσϙ εζεσθε Cod. Ask. reſtitutum volui. Scio εκ μεσϙ οντας Dioni Caſſ. lib. 50. p. 581 neutrarum eſſe partium, ſed εσεσθε per hic, nec latuit H. Stephano, incommodum. Contra κατησθαι, ſive εζεσθαι εκ τϙ μεσϙ de illis, qui rei ſe non miſcent, & ex eius medio quaſi otioſi ſedent, Herodotea ſunt. Inferius c. 73 αι λοιπαι πολις εκ τϙ μεσϙ εκατεατο, & iterum εκ τϙ μεσϙ κατημενοι quibus gemina III, 83. IV, 118 &c. *Weſſeling.*

ad constit. lect. Herodot. integritatem. 23

τὰ αὐτὰ) ταυτα Arch. Vind. τοιαυτα Brit. post ποιεειν colon Ald. Cam. I. II.

αναγκαιης) αναγκης Med. Pass. Ask. nulla necessitate. Post κατεζευχθε comma Ald. Camer. I. II.

απιςασθαι) μη απιςασθαι Arch. posterius & in Pass. Ask. αφιςασθαι antea ex Ald. Post εργω abest comma Ald. Cam. I. II.

συμμισγωμεν) συμμισγῶμεν Arch. Vindob. quod sperno. Vid. 9, 97. Post βαρβαρον comma Ald. Cam. I. II.

δε ταυτα) Desit δε utrique, tum εγραψε ambo. Post εμοι abest comma Ald. Cam. I. II.

μεταβαλεεει) iidem, alii μεταβαλειν cum Ald. Post η abest comma Ald. Cam. I. II.

ανενειχθη) ανενεχθη Pass.

ναυμαχιεων) Med. Pass. Ask. Brit. Paris. A. B. Valla: bene: ceteri cum Ald. συμμαχιεων.

ad Cap. XXIII.

μεν ταυτα) Arch. Vind. Medic. Ask. Pass. Brit. antea μεν νυν ex Aldo.

Ἰσιαιευς) Iidem & Plut. Malign. p. 867. E. etiam Valla: ισιευς prius cum Aldo, sed perperam. Post ὑπ᾽ απιςιης comma Ald. Cam. I. II, in his post φυλακη punctum.

ταχεας) Sic omnes: ταχεας dialectus postulat. Post τα ante ην comma Ald. Cam. I. II.

ἅμ᾽ ἡλιω σκεδναμενω) ἁμα ἡλιω Arch. Vind. Attigit Eustath. ad Poet. p. 691, 3. Post σκεδναμενω comma Ald. Cam. I. II.

επεπλεε) Medic. Brit. Pass. Askew. επλως Arch. Vindob. Ald. rectum satis, nisi επεπλως malueris. *Wesseling.*

B 4

τῶν Ἱστιαιῶν) Scribendum eſt Ἱστιαιέων· hinc Diod. XΓ. c. 13 f. κατῃρεν εις την Ευβοιαν μετα παντος τȣ ϛολȣ, και την των Ἱστιαιεων πολιν βιαχειρωταμενος &c. vid. ibi Weſſel. Non neſcio, quid ſcribat Steph. Byz. in Ἱστιαια, Ephorum cives Εστιαȣς dixiſſe; ſed Herodoto huius capitis initio memoratur ανηρ Ἱστιαιευς, quod pro Ἱστιευς recte poſuit Gronov. ex Med. a Galeo iam oblatum ex Arch., a Valla, quin & a Plutarcho, cuius in Edd. Herodotea deſcribentis T. 2. p. 867. E. reperitur ανηρ Εστιαιευς illic Jonica tantum pronuntiatio verſa fuit in vulgarem. Hos ex Euboea Hiſtiaeenſes, τȣς Ἱστιαιεας, iſtius aetatis Atticorum more talia contrahentium Thucydides vocat Εστιαιᾶς l. c. 114, ubi memorat Enboeam opera Periclis Athenienſibus ſubiectam., Ariſtides in Pericle T. III. p. 226. hoc exſtat Scholion in cod. Mſ. Εως και [ταυτην] Ὁ Θȣκυδιδης, εξοικησαντες Ἱστιαιας (L. εξοικισαντες Ἱστιαιᾶς,) αυτοι την γην εσχον· η δε ιϛορια πολεως Εὐβοίας· miram in his corruptelam ſubiit Ιστιαια, πολις Εὐβοιας. In iſtoc negotio Burmann. Cod. Mſ. eadem pag. ſaltem octo nobis ex Androtione praebet ducum nomina, qui cum Pericle ſuſceperant expeditiones Thucydidi narratas, pleraque aliunde ignota. *Valkenar.*

Ελλοπιης μοιρης) Ελλογιμης Arch. Valla. Valla ſui codicis pravam, qualis & Arch. lectionem ſecutus, Ellopiae, qua de uberius Strabo X. p. 683. A. mentionem praeteriit. *Weſſel.* Poſt μοιρης colon Ald. Cam. I. II.

Ἱστιαιητιδος) Arch. Vind. Ἱστιαιωτιδος alii omnes cum Ald. tum τας iidem duo omittunt.

Quod

Quod editum, Jonum eſt formae, optime hic in membranis cuſtoditum. Non obliviſcor γης της Ιςιαιωτιδος VII, 175, cui ſi verum amamus, prorſus idem, quod paludi Maeoti, Μαιητιδος titulo lib. I, 104 & IV, 20 notae, uſu ſaepe venit. Par periculum Αμπρακιητεις, propulſandum lib. 9, 28. *Weſſel.*

ad Cap. XXIV.

τα περι) τα abeſt Arch.

ὑπολιπομενος) ὑπολοιπομενος Ald. Cam; I. II, quod non annotavit *Weſſeling.* Abeſt his comma poſt λοιπας, quod nec habent poſt ορυξαμενος.

επιβαλων) επιβαλλων Arch.

παντος) παντα ora Steph, poſt ταδε colon Ald. Cam. I. II.

συμμαχοι) Ask. Arch. Vindob. ξυμμαχοι olim ex Ald. Poſt παραδιδωσι & poſt ελθοντα nulla commata in Ald. Cam. I. II.

θησασθαι) θησεσθαι Ask. Similis ſcriptura lib. I, 8 &c.

ὑπερβαλεσθαι) ὑπερβαλεσθαι Arch. Vind.

ad Cap. XXV.

Poſt διαπεραιωθεντες δε comma Ald. Camerar. I. II.

εθηευντο διεξιοντες) εθηεοντο διεξιεντες Arch. prius & Vind.

ορεοντες και τας ειλωτας) Magna in his de Pauw molimina. Negat ullos adfuiſſe Hilotas; negat quatuor Graecorum ad Thermopylas iacuiſſe millia. Ειλωτας facit ιδιωτας, ſive *cives* scriptum praeterea supra c. 24 olim fuisse, ὑπο-λιπομενος τύτεων ὡς τετρακισχιλίες. Proinde post nonnulla τῶν μεν χιλιοι ἐφαινοντο νεκροι Graecorum sunt cadavera, τεσσερες vero χιλιαδες Persarum. Haec pauca de multis. Ego vero scire maximopere aveo, quinam illi praeter Spartanos & Thespienses ἰδιῶται cives, si eorum mille tantum fuerint? & quomodo nautae ex ἰδιωτῶν corporibus agnoscere Spartanos potuerint? Hilotae, quos adfuisse vidimus VII, 228 habitu cultuque pares ceteris non erant. Hoc amplius si mille duntaxat Graeci ad Thermopylas ceciderint, quid fiet Epigrammate, in quo contumulatorum χιλιαδες τετορες VII, 228? Sed desino, id tantommodo adstruens, ieiunum hoc in Stratagemate Polyaenum esse L. VII, 15 4. *Wessel.*

Post ὁ μεν comma Ald. Cam. I. II.

Ξερξης) Ξερξης δε Arch. Comma post των ante μεν Ald. Cam. I. II, in quibus colon post κειμενοι, comma post οἱ δε, quod abest post χωριον. Punctum habent post ετραποντο, comma post ὑπεραμη & post οἱ μεν, colon post ναας.

Ξερξεα) Arch. Vind. Ξερξην ceteri cum Aldo.

ὁρμεατο) Arch. Vind. Ask. sine augmento, sicuti infra c. 35. I, 83, prius ὡρμεατο.

ad Cap. XXVI.

ὀλιγοι τινες) desunt duo ista Brit.

ἀγαγοντες) ἀγοντες Med. Pass. Ask. Arch. Vind. alii ἀγαγοντες.

την βασιλῆος) τω βασιλεῖ Brit.

τα ποιεοιεν) τι ποιεοιεν ora Steph. Paff. Ask.
Brit. in Fragm. Parif. ὁ, τι. Sic quoque Choricius Or. in fummum Duc. haec aemulans, c.
22. Poft τα comma, poft ποιεοιεν punctum
Ald. Camer. I. II. Aeque bonum τι ποιεοιεν.
Weffel.

ειρωτεων) ειρωτων Paff. Ask. Brit. ειρωτεων
Arch. Vind. antea ερωτων cum Ald. Veriffimum ειρωτεων, unde αγγελω ειρωτεοντι IV, 135
aliaque. *Weffel.*

αγοιεν) αγεσι Med. Ask. Paff. Brit. Fragm.
Parif. αγοιεν Arch. Vind. διαγοιεν Ald. Edd.
Malui αγοιεν Ολυμπια, ut αγειν Απατερια, denique θεωρεοιεν, praeeuntibus manu exaratis exemplaribus. *Weffeling.* Koenio corrigendum videbatur, ὡς Ολυμπια δη αγοιεν· hoc mihi olim
etiam placebat; nunc, fi praebent alii cod. lectionem, quam dat margo Steph. legi malim,
ὡς Ολυμπια αγοιεν· vulgatum fi forfan ut hic legeretur alibi, uno tamen alterove exemplo nolim abuti adverfus centena. *Valken.*

θεωρεοιεν) Arch. Vindob. ceteri cum Ald.
θεωροιεν. Comma poft γυμνικον Ald. Cam. I. II,
idemque poft ὁ δε.

ὁ δε επειρετο) οἱ δ᾽ επηρουντο Fragm. Parif.
male.

κειμενον) Med. Ask. Paff. Arch. Vind. Brit.
prius cum Ald. προκειμενον.

ότευ) ότεω Arch. Vind.

τον διδομενον) In iftis leve forfan vitium latet, quod una lineola loco mota facile tolli
poffet, fi nempe fcriberetur της ελαιης τον αδομενον ςεφανον, ex oleaftro coronam, ut fimpliciter dixerint Arcades; quorum verbis nofter
Olym-

Olympiacae laudis admirator interiecerit τοῦ ᾀδομένου, illam Poetarum, Pindari praesertim, carminibus decantatam. Quibus hoc forte videbitur non necessarium, fatebuntur tamen his Pausaniae III. p. 278 ἄρχονται μεν ἀπο Τηλεφȣ τῶν ὑμνων, πρεσδιδȣσι δε ȣδεν ες τον Ευρυπυλον, omnino corrigendum, προσᾳδȣσι δε ȣδεν. *Valken.* cui calculum nostrum adiicimus.

Τριτανταιχμης) Arch. Valla: reliqui Τριταιχμης. Maxime memorabilis est Τριτανταιχμης ὁ Ἀρταβανȣ Vallae & Arch. idem, uti videtur, ac L. VII, 12. Tigranes haud quidem ignotus inter Persas est, Achaemenidarum gente proseminatus, sed nusquam Artabani filius, VII, 62. IX, 95. Quare Th. Galeo videor adstipulari posse. *Wesseling.*

ωφλεε) ωφλε Ask.

πυθαιομενος) πυθομενος Arch. Vind. Parif. B. Brit. Ald. Ex Med. Ask. Pass. πυνθανομενος, non magna differentia.

το αεθλον) τον αεθλον εοντα Arch.

σιγων) σιγᾶν Brit.

ες παντας ταδε) Medic. Pass. Askew. Arch. Vind. quorum ultimi duo ταδε: antea erat προς παντας. colon post ταδε Ald. Cam. I. II.

μαχησομενȣς) μαχεσομενȣς Ask. uti frequenter. Vide I, 103 & VII, 103 &c.

περι αρετης) περι abest Arch. & Choricio.

ad Cap. XXVII.

Post χρονω comma Ald. Cam. I. II.

επει τε) επει ταχιϛα το Arch. Vind.

εισχοντες) iidem, olim εχοντες cum Ald. post χελον colon Ald. Cam. I. II.

επει τε) Arch. Paff. Brit. Vind. prius cum Aldo και επει τε, abundantius ifto.

Παρνησσον) Παρνησον Paff. comma poft vocem Ald. Cam. I. II. Exfcripfit haec Euftath. in Iliad. N. p. 945, 40. Poft Φωκεες abeft comma Ald. Cam. I. II, punctum habent poft τοιονδε, comma poft Θεσσαλοισι & poft τον ante αν.

λευκανθιζοντα) λευκαθιζοντα Arch.

αι τε Φυλακαι) αι Φυλακαι Paff. poft ιδυσαι comma Ald. Cam. I. II.

τετρακισχιλιων) τρισχιλιων Arch. Vind. Valla, male. Polyaenus, και πτωμα εγενοντο Θετταλικον ανδρες τετρακισχιλιοι. *Weffel.* Poft νεκρων comma, idemque poft των Ald. Cam. I. II.

ες Αβας) Ασπιδας ες Arch. poft ανεθεσαν punctum Ald. Cam. I. II.

τας δε) olim cum Ald. τας δε λοιπας, quod omittit Arch. cum Med. Paff. Ask. Vind. Parif. A. B. Brit. Cur ego autem λοιπας tueter, tanta codd. confpiratione in exilium actum? Vocis abfentia fententiae nihil nocet. *Weffeling.* Poft χερματων abeft comma Ald. Cam. I. II, quae colon ponunt poft μαχης.

τον τριποδα) τυ τριποδον Arch. Poft συνεςεωτες abeft comma Ald. Cam. I. II.

ανακεαται) ανακεεται Arch. Vind.

ad Cap. XXVIII.

εργασαντο) Vind. Paff. Ask. alii cum Ald. εργασαντο.

πολιορκεοντας) πολιορκεοντες Ald. Cam. I. II.

κεινας ες αυτην) κεινας Vind. Arch. ceteri cum Ald. κεινες, & ες αυτην iidem, Paff. Brit. Ask.

Ask. ora Steph. quod melius, olim ταυτην ex Aldo.

εσβαλλοντας) εσβαλεοντας Arch. poſt φερο´μενοι comma Ald. Cam. I. II.

εσεπεσον) ενεπεσον Arch. poſt αμφορεας punctum Ald. Cam. I. II.

ad Cap. XXIX.

Poſt ταδε colon Ald. Cam. I. II.

ημιν) υμιν Arch. & εικοτε.

ετι της γης τε) ετε Arch. tum της γης τε Vind. aberat ultima particula.

και προς, ηνδραποδισθαι) Separat προς a ſequente verbo Paſſ. ſicuti ſupra lib. I, 156, iunctim antea cum Ald. προσηνδραποδισθαι.

ημεις) Vindob. Arch. alii cum Ald. ημεας Poſt αργυριε punctum Ald. Cam. I. II.

υποδεκομεθα) επιδεκομεθα Arch. omittens επιοντα.

ad Cap. XXX.

Poſt εμηδιζον punctum Ald. Cam. I. II, abeſt his comma poſt ουδεν.

συμβαλλεομενος) συμβαλλομενος Arch. Vind. των) Θεσσαλων) το Θεσσ. Paſſ. & Plutarch. Malignit. p. 868. B. κατα το εχθος το Θεσσαλων Paſſ. & apud Plutarch. minime malum; conſimile κατα τε το εχθος το Λακεδαιμονιων, quo Spartanos proſequebatur Hegeſiſtratus, ſive ut ibidem, το εχθος το ες Λακεδαιμονιυς, L. IX, 36, 37. In Latinis talia ſaepe. Vide Cortium ad Fragm. Salluſtii p. 936. *Weſſel.* Herodotea deſcribens Philoſophus praebet ex ſuo codice lectionem unam alteramve vulgata apud Herodotum.

tum non deteriorem, velut in proximis: κατα
δε το εχθος το Θεσσαλων, nulla alia de caussa,
quam quia oderant Thessalos: similiter scribit
& in eundem sensum Noster IX, 37 κατα το
εχθος το Λακεδαιμονιων, propter odium, quo
Lacedaemonios oderat: & Thucydides, κατ'
εχθος το Λακεδαιμονιων· κατ' εχθος το Ρηγινων·
κατ' εχθος το Κορινθιων· p. 67, 73. p. 239, 10.
p. 483, 57. Aptissima dedit in eam rem Jac.
Perizon. in Aeliani V. H. II. c. 25, ex his suis
observatis explicare debuerat apud eumdem
XII. c. 53 το Μεγαρεων πινακιον· ubi commode
Thucydideum, το Μεγαρεων ψηφισμα contulit
Abr. Gronov. cuius avus J. F. Gronov. vid. in
Livii 34, 26. *Valken.* Post δοκεειν abest comma Ald. Cam. I. II. δοκεει Arch. Plutarch.

χρηματα) χρηματα τε Pass. Askew. mox τo
negligentes. Post μηδιζειν abest comma Ald.
Cam. I. II.

ad Cap. XXXI.

Επειδη δε) επει δε δη Arch. Vind. επει δε
Ask. Quo non uter, vid. c. 69.

εγενοντο) εγινοντο Arch. Vind. Post Τρηχι-
νιης comma Ald. Cam. I. II.

Μηλιδος) Arch. Valla, bene. Prius ex Ald.
Μηλιαδος. Της Μηλιδος rediit ex dictis VII, 198.
Wessel. Ad Callim. h. in Del. 287, ιερον αστυ και
υρεα Μηλιδος. αινς Ernesti aptissimum dedit Thucyd. locum, quo Melienses etiam Ιηνης nomi-
nantur. Exemplis aliquot ostendi posset, non
inutilem esse observationem Scholiastae Aristid.
in cod. MS. καλως ειπε (T. I. p. 304) Μηλιων,
και ε Μηλιεων· Μηλιοι μεν γαρ οι την νησον οικευντες·
Μη-

Μηλιεις δε, οι εν τω Μηλιακω κολπω. Maliacum finum Liv. 27, 30. & 35, 37 Μηλιεα κολπον dixit Herod. IV, 33. Attica contractione Μηλιω κολπον Aeschyl. Perf. 486. & Aristoph. in Lysist. 1171, ubi notat Palmer. in Exercit. p. 769. Μηλια κολπον Atticistam scripsisse puto Philostratum p. 551, non, quod ferri nequit, Μηλιδα κ. — Valkenar.

Δρυοπις) Δρυοπιης Arch. Vind. Valla. Δρυοπις, etsi Δρυοπιης suspicionibus ex Schol. ad Apollon. Rhod. I, 1212 ansam praebet, non movetur. Vide c. 43 & lib. I, 56. Wessel.

εσβαλοντες) εσβαλεντες Ald. Cam. I. II.

ad Cap. XXXII

Commata post οι μεν & post Φωκεων Ald. Cam. I. II.

τ8 Παρνησ8) Med. Pass. Ask. Arch. Brit. Vindob. olim ex Ald. τα. In Passion. Παρνησ8 semper.

κορυφη) κεφαλη ex scholio Brit. Haec habet Pausan. X, 32. p. 878 mutata tamen. — Suo quoque nomine vocata dicitur Τιθορεα. Ista quidem clarent, atque aliunde firmantur; sed his interiecta sic primum vulgabantur: [τ8 Παρνησ8 η κορυφη] κατα Νεωνα πολιν, κειμενη υπ εωυτης [Τιθορεα ονομα αυτη.] Vallae Latina: *qui vertex est iuxta urbem Neonem illic sitam, nomine Tithorea:* facta videntur de Graecis hoc modo scriptis, κατα Νεωνα πολιν κειμενην επ αυτης. Sed codd. lectionibus instructus de Laurentianis certius iudicabit. Pro sua linguae Graecae peritia H. Steph. scripsit *seorsim sitam*, legens κειμενην επ εωυτης· sed nec huius sibi lectionis sensum satis-

satisfacere fatetur: Holstenii commentum ad Steph. Byz. in Τιθορεα vix memorari meretur: Latina Palmerii in Graecia Ant. 635. Graecis neutiquam respondent: Gronovii ingeniosa esset interpretatio, si mons Graece dici posset δεξασθαι ὁμιλον εφ᾽ ἑαυτȣ· quod non puto. Habuerunt etiam Phocenses velut commune gentis concilium, in quod συνεδρȣς suos mittebant civitates, το Φωκικον dictum vide Pausan. X. p. 805. 808. 882. 892. Jam suspicor, Neonem urbem dictam κειμενην επ᾽ ἑωυτης, quod *seorsim posita, suique iuris*, cum reliquis Phocidis civitatibus in commune non consulebat: hoc sensu commode urbs dici potest επ᾽ ἑωυτης εναι, vel κεισθαι, vel οικεισθαι. Nusquam istius urbis incolae memorantur Νεωνιοι, ubi res narrantur a Phocensibus in commune gestae cum Thessalis, aut cum plerisque Graecis bello sacro. Hos itaque suspicor επι σφων αυτων αυτονομȣς οικησαι· quae phrasis est Thucyd. II. c. 63, ut huius & aliorum, sic Herodoti κεεσθαι επ᾽ ἑωυτȣ II, 2, *infantes voluit εν ςεγη ερημη επ᾽ ἑωυτων κεεσθαι seorsim iacere:* Vid. VII, 10. IX, 17. 37 ειχον επ᾽ ἑαυτων μαντιν, *suum sibi habebant haruspicem*, ab illo Mardonii diversum. *Valken.* Distinctio Gronovii est, cuius rescripta H. Stephano & L. Holstenio, locique novam dilucidationem Notae repraesentant. Aspera tamen mihi visa semper dictio fuit, κορυφη κατα πολιν κειμενη, siquidem oppidum adstrui montis solet vertici, non vertex urbi. Placuit propterea κειμενην επ᾽ αυτης, *sitam in eo*, non επ᾽ ὠυτης, quae divinatio docti viri. *Wessel.* quocum sentimus. Recepit eam quoque *Degen.*

Appar. Herod. Vol. V.

ἐπ' ἑωῦτης) Medic. Arch. Paſſ. Ask. Vind.
Ceteri cum Ald. ὑπ' ἑωῦτης.

συνηνεικαντο) Poſt ες την comma Ald. Cam.
I. II. Euſtath. in Odyſſ. p. 1604, 4. Poſt αυτεων comma Ald. Cam. I. II.

Αμφισσαν) Αμφισαν Paſſ. & Κρισσαια cum
Arch. Valla, crebra variatione. Conf. Waſſe
ad Thucyd. II, 69. Poſt επεφλεγον comma Ald.
Cam. I. II, idemque poſt πυρ.

και ες τα ιρα) κατεκαιον loco quatuor horum Arch. male.

ad Cap. XXXIII.

εδηαν παντα) εδηιαν Paſſ. non incommode
ex dialecti ritu, poſt παντα punctum Ald. Camer. I. II, colon habent poſt πολιν.

Χαραδραν) Med. Ask. Arch. Paſſ. Pariſ. A.
Alii cum Ald. Χαραδρην Ionum more. Poſt
Εραχον nominaque ſingula ſequentia cola po-
ſuit Ald. Cam. I. II.

Τεθρωνιον) Τεθρωνιαν Arch. Τιθρωνιον Pauſan. X, 3 & Steph. Byz. Θρονιον Euſtath. in Homer. p. 638, 58.

Νεωνα) Citat Harpocratio in Νεωσι, & Suidas voc. Νεωσι. Poſt Αβαν comma Ald. Camer. I. II.

δε τι και) δε και Arch. Paſſ. Askew. & mox
ετι Ask. loco εςι. Poſt τοτε comma Ald. Camer. I. II.

συλησαντες) συλήσαντες Arch. Ald. & deinceps. Poſt συλησαντες comma, poſt ενεπρησαν
colon Ald. Cam. I. II.

διεφθειραν) διεφθειρον Arch. Vind. poſt μισ-
γομενοι comma Ald. Cam. I. II.

ad

ad Cap. XXXIV.

επ' Αθηνας) ες Αθηνας Arch.

ες γην) idem Pass. Vind. Ask. Olim cum Ald. την, quae obvia varietas. Post διατεταγμενοι comma Ald. Cam. I. II, quod non habent post εσωζον.

τηδε) desideratur in Arch., ubi mox δηλω βαλομενοι Pass. Brit. Ask.

ad Cap. XXXV.

εσναμωρσοι) Explicat, male scribens, Hesych. in voce.

Αιολιδεων) Med. Pass. Ask. Arch. Αιολιδων Brit. Vind. Pariss. B. Ald. Ex Med. posuit Gronov. Αιολιδεων· *Aeolidensium*, Valla: Palmer. Graec. Ant. p. 675 miratur, nullum alium de hac Aeolide mentionem fecisse. Iisdem paene servatis literarum ductibus iam ante aliquot annos veram, ut opinor, lectionem detexi corrigendo Λιλαιεων. Quo quisque colore suum errorem incrustaverit nihil attinet dixisse, veritate monstrata: Persae των Πανοπεων την πολιν ενεπρησαν, και Δαυλιων, και Λιλαιεων· Panopensium urbem incendio vastarunt, & Dauliorum, & Lilaeensium; atque adeo Panopea, Daulida, & Libaeam, Λιλαιαν· hinc, auctore Stephan. Byz. sit Λιλαιευς· iuxta Pausan. X. p. 817, οἱ Λιλαιεις — ες τε Κηφισε την πηγην νεμματα επιχωρια αφιασιν· accolebant Cephisi fontem; ab interitu tutos praestitit Homerus, a quo praeter ceteros Phocenses Lilaeenses etiam intexuntur Boeotiae Iliad. β. 523. Οἱ Κυπαρισσαν εχον — και Δαυλιδα, και Πανοπηα, Οἵτ' αρα παρ ποταμον

Κη-

Κηφισσον διον εναιον, Οι τε Λιλαιαν εχον πηγης επι Κηφισσοιο. — A Philippo solo aequatae hae primae memorantur urbes Pausaniae p. 803, Λιλαια· Ὑαμπολις· Ἀντικυρα· Παραποταμιοι· Πανοπευς· Δαυλις, veteres omnes, partim Homeri carmine nobilitatae, partim Xerxis furore: de Lilaea Palmer. egit Graec. ant. 6. p. 681 feqq. *Valken.* Daulidem & Panopea Poeta in catalogo, uti situs requirebat, iunxit. Quas urbes cum Persae inflammarint, Αιολιδεων titulus oppidi complecti nomen debet. Ubi vero in Phocide illud? Palmerius cum omni Graecia ignorat: Gronovius reperisse se in Plutarchi Lucullo p. 479. D. putavit, ubi της Φωκιδος περι Στειριν αιολιζοντες. Demiror tamen vehementer, istos huc αιολιζοντας advocari, qui L. Luculli aetate ex Boeotiae Chaeronea, uti nitide Plutarchus, in eam Phocidis partem conmigrarunt. Ficulneum ergo *Aeolidis* illi praesidium. Quid itaque? Menda se vocabulo infinuavit: scripserat ΛΙΛΑΙΕΩΝ, imperiti vero ΑΙΟΛΙΔΕΩΝ. Quam quidem scripturae fraudem Valkenarius mihi monstravit & probavit: nunc eandem video in Pavii coniecturam incidisse. Profecto, si quae alia, ex tripode venit. Λιλαια, *Lilaea*, proxime ab oppidis incensis aberat, doctore Pausania X, 33, nec fatum, quod illa mersit, potuit vitare. *Wesseling.* Ingeniosissimam hanc aeque ac verissimam Valkenarianam coniecturam, a *Wesselingio* & *Larcherio* non receptam miramur, qui postremus de Graecia vetere cognitiones nostras nimis imperfectas putavit, ut his in locis nullum huius nominis oppidum extitisse probare audeat. Nos secundis

dis curis|Herodotum si contigerit edere, emendationem hanc recipere in contextum vix dubitaremus. Mox ταυτην Med. Pass. Ask. συλησαντες) συλησαντες Ald. Cam. I. II.
επιςεατο) Arch. Vind. alii cum Ald. ηπιςεατο. Post πυθανομαι abest comma Ald. Camer. I. II, habent comma post αμεινον & post η τα.
τα Κροισυ) Abest Articulus Arch. qui cum, si plures accederent, non dissentirem. *Wessel.*

ad Cap. XXXVI.

Οἱ Δελφοι δε) Οἱ δε Δελφοι Arch. Vindob. Post δε abest comma Ald. Cam. I. II.
απικατο) Med. Arch. Pass. Askew. Vind. απικεατο Paris. A. B. Brit. Ald. frequente variatione. Punctum post vocem Ald. Cam. I. II.
κατορυξεσι) κατορυξωσι & εκκωμισασι Arch. Pass. Askew. Vind. Post χωρην punctum Ald. Cam. I. II.
Φας) desit Brit. Post εφρεντιζον punctum Ald. Cam. I. II, comma habent post γυναικας, punctum post διεπεμψαν, colon post κερυφας.
ες το Κωρυκιον) Sumsit hinc Eustath. ad Odyss. p. 1604, 4. Post οι δε comma Ald. Camer. I. II, colon in his post υπεξηλθον & post προφητεω.

ad Cap. XXXVII.

τε εσαν) τε non est in Ask. Pass. Post τω ante ονομα comma Ald. Cam. I. II.
εξενηνειγμενα) εξενηνειγμενα Pass. Ask. εσωθεν imprudenter tentavit H. Stephan. Hic sane miror, cur εξαθεν is scribi maluerit, quod, me iudice, protinus altero deberet mutari, si hic

C 3   forte

forte legeretur; ἔξω infra recte scriptum in istis; Θωῦμα — καὶ τῦτο κάρτα εςι, ὅπλα ἀρηἴα αὐτόματα φαινvαι ἔξω πρέκειμενα τῦ νηῦ. Arma, credo, sponte sua templi exierant penetrali, ut heroës Delphorum Phylacos & Autonous, scutis sacris velut amuletis muniti, pro aris & focis Delphorum suorum propugnarent; vide c. 38 & 39. Paullo ante Leuctricam pugnam, Thebis, ut ait Callisthenes, in templo Herculis valvae clausae repagulis subito se ipsae aperuerunt, (ὡς τῦ Ἡρακλέυς εἰς τὴν μάχην ἐξωρμημένυ, Xenoph. Eλ. VI. p. 348, 11) armaque quae fixa in parietibus fuerant, ea sunt humi inventa; Cic. Divin. I, 84. Plura praeter ceteros narrat illic prodigia Xenophon, ipse neutiquam liber a superstitionis morbo: nonnullos tamen dixisse fatetur, ὡς ταῦτα πάντα τεχνάσματα ἦν τῶν προςηκότων. Delphis hoc tempore nec locus erat fraudibus nec tempus. Delphorum propheta Acaratus, exsternatus praesentis periculi metu, facile sibi videri potuit duplices videre Delphos, quidni, sponte sua foris patentibus, arma etiam αὐτόματα ἔξω πρέκειμενα τῦ νηῦ; neque est cur miremur, ista talia elegantissimo Herodoti ingenio se probare potuisse tamquam vera. *Valken* Post ἱρα colon, post τῶν comma Ald. Cam. I. II.

ανθρωπαν) ανθρωπω Arch. Vind. Post ὁ μὲν comma Ald. Cam. I. II.

Προνοίης) Vind. & Harpocratio in Προνοιά· Προναιης Med. Passion. Ask. ceteri προνοίης cum Ald. semper. Magna Vind. ex servata scriptione veriore laus, cumulatior futura, modo in consequentibus auferri sese passus haud fuisset:
scri-

scribi ad eam formam semper oportet; nam προναις in Demosthene, Aeschine, Diodoro, Pausania, improbum minime, in Herodoto ubique. Conf. lib. I, 92. *Wessel.*

γενομενα) Med. Pass. Ask. alii γεγενημενα, uti Arch. Vind. Brit. Ald. Post υης punctum, post τα comma Ald. Cam. I. II.

επιγενομενα) επιγινομενα Pass. Ask. γινομενα Arch. Vind.

Προναιης) Προνοιης Ald. &c. Προνηιης scribendum ex dialecto.

εανα) ίεα Arch. Post ενεπιπτον colon Ald. Cam. I. II, in his post σφεων punctum.

Προναις) προνοιης υης Arch. Προνηιης dialectus postulat.

ad Cap. XXXVIII.

ενεπεπτωκεε) επεπτωκεε Arch. επεπτωκει Vind. Tu vide IV, 203 & VII, 43.

τι αυτεων) τε Arch.

ιθυ) ευθυ Med. Ask. Pass. Parif. A. B. non bene. Post βαρβαρων abest comma Ald. Cam. I. II, quod ponunt post τετοισι postque κτεινοντας, & colon post διωκοντας.

εχοντας) Una tantum litera ex εχοντας detracta, (εχων autem & εων in Herodoteis codd. aliquoties inter se permutantur:) feliciter, ut puto, corrigebat G. Koenius, εοντας, armatos hominum statura altiores: την ηλικιαν, φυσιν dixit etiam Sophocl. Trachin. v. 312, ubi v. est 1079, Γυνη δε, θηλυς εσα, κ'εκ ανδρος φυσις i. e. εκ ανηρ. Koenii coniecturam d'Orvillianae ad Charit. p. 182, longe praeferendam, & veram arbitror; nam, admissa d'Orvillii lectione, ne, si μεζονα quis scribat, μεζονα φυσιν εχοντας vereor, ut Graece doctis hic approbet. *Valkenar.*

ad Cap. XXXIX.

Τατας δε τας δυο) Arch. Brit. Ask. Passion. Vind. ora Steph. Olim cum Ald. τας δυω δε τατας. Porro ειναι επιχωριας ηρωας Pass. Askew. Arch. Post Φυλακον τε comma, post Αυτονοον punctum, post των comma Ald. Camer. I. II, quod non ponunt post Φυλακα μεν.

παρ' αυτην) κατ αυτην Ask. margo Steph.

Προναιης) Προνειης Ald. &c. punctum post vocem Ald. Cam. I. II.

'Υαμπειη) Una litera minus Jonice scribendum 'Υαμπεη. *Valken.*

σοοι) Ask. in ceteris σωοι. Conf. II, 181. V, 96, abest comma post σοοι Ald. Cam. I. II, in his comma positum post ες το.

ενεσκηψαν) ενεσκηψαντο Arch. Post ανδρων comma Ald. Cam. I. II.

ad Cap. XL.

κατισχει) κατασχειν Arch. qui statim των δε ενεκα.

αυτοι) abest Arch. Vind. Post βαλευσωνται & το commata Ald. Cam. I. II, idemque post πρηγματι, sed abest post ποιησεσθαι.

ποιησεσθαι) ποιησασθαι Pass. Ask.

πανδημει) πανδημι Med. quae tria sequuntur, in Steph. ora omittuntur.

των μεν) των, οι μεν, Ald. Camer. I. II, in queis punctum post εον, comma post οι δε.

ες την Πελ.) και την Π. Arch. In Isthmi mu-

munitione varios se dant docti homines, ablataque praepositione, τον Ισθμον αυτυς τειχεοντας, την Πελοποννησον περι — fingunt. Sed stare vulgatum posset, ac sumi de septo, in Peloponnesum versus spectante: malim tamen, quod ex Arch. enotavi, και την Πελοπ. sic cessat difficultas. Conf. Diodor. XI, 16. *Wesseling.*

ταλλα δε) τα δε αλλα Arch. Ask. satis bene. ταυτα δη) Arch. Vind. Paris. A. B. Brit. in Med. Ask. Pass. illud δη post υτω ponitur. Porro προπυνθανομενοι Brit.

ad Cap. XLI.

Post Σαλαμινα punctum Ald. Camer. I. II, in his comma nullum post εποιησαντο, sed positum post Αθηναιων & post τη, itemque post πλεισοι, & colon post απεςειλαν, punctum denique post Αιγιναν.

Omissum in iisdem comma post υπεκθεσθαι.

χρηςηριω τε βυλομενοι) Medic. Pass. Arch. Ask. Valla cum Paris. A. teste Larcherio: in Aldo & aliis χρηςηριωτε πειθομενοι και βυλομενοι. τω χρηςηριω βυλομενοι υπηρετεειν Paris. B. & D. teste probanteque *Larcherio.* Participio servato, Koenius commodum inesse sensum putabat, sic scriptis: εσπευσαν δη ταυτα υπεκθεσθαι πειθομενοι, τω χρηςηριω τε βυλομενοι υπηρετεειν, referens nempe το πειθομενοι ad το κηρυγμα, quod per Atticum fuerat promulgatum, ut omnes suis consulerent; qui nunc dicerentur festinasse in liberis & familia alio mittendis, πειθομενοι, τω κηρυγματι videlicet: istud placiturum opinor in

exilium damnatae vocis patrocinium: πειθομεν‐
νοι in optimis codd. si omitteretur, non displi‐
cebit a Gronovio proposita lectio. *Valkenar.*
Qui hanc lectionem, Aldinam scilicet, con‐
cinnarunt, si Herodotum spectarunt, debuis‐
sent posteriora potius convertisse in negativam
formam hoc modo, και ε βελομενοι αντιβαινειν.
Ita enim crebro procedit eius stylus. Sed pro‐
pt nunc leguntur ista, certe vel aut illa verba
πειθομενοι και, aut tria sequentia videri possunt,
immo debent prorsus supervacua; vel ex iudi‐
cio interpretis Latini omittentis sane quod sper‐
nit   Unde in eo totus eram, an non is egisset
temere, & recte duo ponerentur, quorum pri‐
us pertineret ad animos, posterius ad exsequu‐
tionem, *quod persuaderentur oraculo & vellent ob‐
sequi.*   Sed Latinus interpres haud dubie se‐
quutus fuit auctoritatem maiorem & veterem,
& forsan ex hoc ipso MS. libro petitam, quip‐
pe qui ignorat priora duo, ad quem accessi.
Certe Laurentium Vallam, & hanc eius versio‐
nem Latinam ignoravit Stephanus, qui tam li‐
bere de eo pronunciat. *Gronov.* Nos cum Lar‐
cherio pro Parisi. B. & D. stamus. Post υπηρε‐
τεειν punctum Ald. Cam. I. II.

τεδε εινεκα) Iidem quatuor & Vind. olim
τετε cum Aldo, qui cum Cam. I. II & εκηκισα.

οι Αθηναιοι οφιν) σφιν Arch. prave, omittit
idem οι ante Αθηναιοι cum Pass. Ask.

ε διαιτασθαι) ενδιαιτεεσθαι idem Vind. Post
εοντι comma Ald. Cam. I. II.

και ως) και δη και ως Vind.

επιτελεεσι) Medic. Pass. Ask. Vind. Arch.
Antea τελεεσι cum Ald.

προθυ‐

προθυμοτερον) Pariſ. A. B. Arch. Vindob.
Brit. Valla; ſed προτερον Med. Ask. Paſſ. Valere nequit και προτερον, niſi ſi η και προτερου
ſcribatur. Equidem pro pravo puto, atque ex
ſcriptionis compendio. *Weſſeling.* conſentiente
Valkenar.

απολελοιποιης) απολελοιποιης Med.

ad Cap. XLII.

νεας) νηας Vind. Arch. Ask. & ſaepius deinde; tum συνερει Arch.

τον Τροιζηνιων) των Brit. adi Caſaubon. ad
Strab. 8. p. 574.

προειρητο) ειρητο tantum Arch. Vind. Comma poſt νεες Ald. Cam. I. II, in quibus comma
quoque poſt αυτος.

ωυτος) αυτος Ask.

ο Ευρυκλειδεω) abeſt Arch. Colon poſt
Σπαρτιητης Ald. Cam. I. II.

γενεος τε) γενεος γε Vind. pro quo τε Arch.
an κ μεντοι γε voluerunt? *Weſſel.*

ad Cap. XLIII.

Poſt Κορινθιοι δε abeſt comma Ald. Camer.
I. II, quod idem ponunt poſt παρεχομενοι &
poſt το.

παρειχοντο) παρεσχοντο Arch. Vind. non
differt, moris tamen Herodotei eſt. Poſt δεκα
punctum Ald. Cam. I. II.

Μακεδνον) Med. Paſſ. Ask. Brit. Μακεδονικον prave alii cum Aldo. Quid hic ſibi vult
Macedonica gens in Peloponneſo? Nonne rectius legatur Ιωνικον? Totus locus diſtinctione
ex-

explanandus. Poſt ἔθνος ponendum ςιγμα τελειον, poſt ὁρμηθεντες tollendum. Gronovius e Flor. ſuo reſtituit Μακεδνον. Vinding. in Hellene p. 330 iam coniecerat Μακεδνικον ipſum Herod. lib. I, 56 ſequutus. Sed haec Macedonica gens a Dorica non fuit diverſa. Legendum igitur Δωρικον τε Μακεδνικον. *Goldhagen.* Commata poſt Ερινεϛ τε & και Πινδȣ.

ὑςατα) ὑςατοι Arch. Poſt Μηλιεων comma Ald. Cam. I. II.

ad Cap. XLIV.

Abſunt commata poſt Αθηναιρι μεν & poſt αλλες Ald. Camer. I. II, in queis punctum poſt μενοι.

τοιονδε) Paſſ. Ask. Med. Pariſ. A. τοιονδε τι reliqui cum Aldo.

περαιην) Πτεριην Arch. Πιεριην Vind. & Valla. Unde *Pieriam*, qualem in Boeotia non novi, acceperit Valla, ſatis nunc in aperto. Περαιη της Βοιωτιας, quae contra Chalcidem in Boeotiae finibus, cuiusmodi Περαια της Ασιας Diodoro XX, 97, Aſiae continentis regio, ex adverſum inſulam Rhodum, *Peraea* apud Liv. XXXII, 13. *Weſſel.*

εκκομιδην) κομιδην Arch. Poſt σωζοντες comma Ald. Cam. I. II.

Αθηναιοι δε) Deſcripſit Euſtath. ad Pericg. v. 423.

ȣνομαζομενοι) bene Vind. Arch. Ald. Cam. I. II, antea ονομαζομενοι. — G. Koenius in literis ad me datis, Multa, ſcribit, ſunt in his, quae me offendunt. Primo Cranaos dictos fuiſſe ſub Pelasgis; deinde vero Cecropidas,
quum

quum Cecrops Cranaum aetate praecesserit. Quid scripserit Herodotus, codd. forte monstrabunt. Interim velim consideres, num tibi displiceat: επι μεν Πελασγων — εσαν Πελασγοι ονομαζομενοι· επι δε Κεκροπος βασιληος εκληθησαν Κεκροπιδαι· και επι Κραναυ Κραναοι. Dubium non est, quin ista ratione vere scripsisset Herodotus; sed, quod in nostris est exemplaribus, in suo Scymnus Chius iuvenit, cuius ista sunt in Perieg. v. 558 Εξης Αθηνας φασιν οικητας λαβειν. Το μεν Πελασγυς πρωτον, ας δη και λογος Κραναυς καλεισθαι· μετα δε ταυτα Κεκροπιδας, &c. v. 564 Ἡροδοτος ιστορει δε ταυτα συγγραφων. Scymni loco, quem tum Marcianum vocabunt, usus est Meursius in Regn. Att. p. 50. 68. 724, neque omisit huc spectantia Eustathii verba in Dionys. v. 423. *Valken.* Jo. Meursium, haec loco non suo deposita arbitratum, in ordinem Gronovius coegit iustissime; addi potuerat, quod Bouherius Diss. Herod. c. 9. p. 99 tacitum non habuit, valde dubium manere, utrum a rege Cranao Athenienses *Cranai* fuerint olim nuncupati, an potius, quod asperam & petrosam, κραναην, regionem haberent, quae Salmasii doctrina Ling. Hellenist. p. 359. Ad veritatem propior Berkelii accedit suspicio ad Stephan. Byz. Ιωνια, in vicinis excidisse vocem, Ερεχθειδαι· fuisse primitus Αθηναιοι Ερεχθειδαι μετωνομασθησαν. Verborum enim & rei nexus coniectanti apprime favet. *Wessel.* In Salmasii sententiam cum Larcherio abimus, in Berkelianam abiit *Degenius.*

εκληθησαν) Med. Ask. Pass. επεκληθησαν Arch. Vind. Brit. Ald. satis commode.

ad Cap. XLV.

παρειχοντο) παρειχον Paſſion. Askew. Arch. comma poſt παρειχοντο & poſt το Ald. Cam. I. II, in his comma poſt εχοντες.

επεβωϑησαν) Arch. Vindob. de quo ſupra c. I, ceteri επεβοηϑησαν.

ὑτοι) abeſt abs Paſſ.

ad Cap. XLVI.

Poſt Αιγινητας abeſt comma Ald. Cam. I. II, in quibus punctum poſt νεες. Suſpicor, plus quam XL naves & in hanc claſſem Aeginetas dediſſe; atque, ut Herodotei numeri conveniant, *duo & quadraginta;* legenduinque adeo δυο και τεσσερακοντα˙ quo nitatur argumento haec divinatio dicetur ad c. 48. *Valken.* Expreſſit hunc numerum *Degenius.*

πλωὖσησι) Arch. Vind. alii πλευσησι cum Aldo.

Αιγινηται δε) Euſtath. ad Dionyſ. v. 511.

Κεϊοι) Paſſ. vere. Κιοι prius cum Ald., qui cum Camer. I. II comma poſt vocem non poſuit. Accurata ſcriptio requirit, ut dicantur Κεϊοι — εϑνος εον Ιωνικον απο Αϑηνεων. *Valken.*

εον) deſit Arch. qui cum reliquis & Ald. Αϑηναιων, etiam inferius. Revocavi απ' Αϑηνεων, uſus Euſtathii conſenſu. Sic απο Κορινϑυ, απ' Επιδαυρυ &c. Cognita quoque ſolemnis in ea ſcriptura aberratio. *Weſſel.*

Poſt Ναξιοι δε comma Ald. Cam. I. II.

τεσσερας) τρεις citat Plut. Malign. p. 869. A. Poſt πολιητεων abeſt comma Ald. Camerar. I. II.

ὠλοι)

ἄλλοι) ἄλλοι Arch. ἄλλοι Vind. οἱ ἄλλοι ceteri cum Ald. conf. adscripta lib. 2, 14.

σπευσαντος) πλευσαντος Arch.

Ἀθηνέων) antea Ἀθηναίων cum Ald. c. 48. Siphnii & Seriphii Ἴωνες εοντες ἀπ' Ἀθηνέων. Ad L. 2. c. 7 loca quaedam indicata sunt Herodoti, in quibus Ἀθηνέων scribendum pro Ἀθηναίων ad ista haec poterunt adiungi. Nemo harum rerum sciens in Thucyd. vulgatum sollicitaret, ubi Cei aliique insulani dicuntur Ἴωνες οντες και ἀπ' Ἀθηναίων VII. c. 57, sed aliter loqui solet Herodotus, quam in rem vicinia satis nobis dabit exemplorum: c. 45. Leucadii vocantur ἔθνος Δωρικον ἀπο Κορινθου c. 46. Aeginetae Δωριεες ἀπο Ἐπιδαυρε c. 48. Melii γεγονοτες ἀπο Λακεδαιμονος. Ad eam rationem Cei ceterique dicti sunt [ἐθνεα Ἰωνικα] ἀπο Ἀθηνεων, *Athenis orti*. *Valkenar*. Post νηας comma Ald. Camerar. I. II.

τας και ἐπ') Arch. Vind. τας περ και Brit. Ald. Cam. I. II. deerat και vulgo. Post Ἀρτεμισίω punctum Ald. Cam. I. II.

Κυθνιοι) Κυνθιοι omnes. Qui Κυνθιοι illi, quibus tantopere delectati fuerunt librarii? An ex monte Cyntho Cretensium? Nugae. Cretenses Graecis contra Persam suppetias non ierunt L. VII. 170. Redierunt, unica transposita litera, Κυθνιοι ex insula Cythno, quos suis in schedis hic invenit Plutarch. Malign. p. 863. E. restituendosque monuerunt G. Arnoldus Anim. crit. c. 30 & Abr. Gronov. ad Aeliani H. Anim. XVI. 32. De Cythniorum & Styreensium Dryopica origine Stephan. Byz. & Pausan. IV. 34.

Wessel.

Wessel. Post Σεριφιοί τε & Σιφνιοι commata Ald. Cam. I. II.
εδοσαν) εδωσαν Pass.

ad Cap. XLVII.

οἱ ἐξ) οἱ defit Arch.
οἱ ἐβωθησαν) in Vind. optime, οἱ ἐβοηθησαν Med. Pass. Ask. Arch. οἱ βοηθησαντες olim cum Ald. comma post της ante ηρχε. Ald. Camerar. I. II.

πυθιονικης Φαΰλος) Πυθιονικος Φαύλος Arch. Valla. Post Κρατωνιηται δε comma Ald. Camerar. I. II.

ad Cap. XLVIII.

νυν) abest Arch. Vind. comma post αλλοι abest Ald. Cam. I. II, in his comma post παρεχομενοι, παρεχοντες Arch. Vind. Post Μηλιοι μεν abest comma Ald. Cam. I. II.

γενος εοντες) γεγονοτες ora Steph. Pass. Ask. Post Σιφνιοι δε comma Ald. Cam. I. II. Habet hinc Eustath. ad Pericg. v. 525, ubi ἀπ' Ἀθηνῶν bene. Antea Ἀθηναίων cum Ald. Post Σεριφιοι abest comma Ald. Cam. I. II, in his commata post τριηκοσιαι & ἑβδομηκοντα. In Arch. Vind. Valla οκτω και πεντηκοντα και τριηκοσιαι — Nullam in numeris, tametsi in alia omnia abeant cum Valla scripti quidam, litem moveo. Repetuntur ita c. 28, ut de auctis deminutisve suspicio cesset omnis. Error se tamen inplicuit catalogo, quem supra Scriptor dedit navium, non aequante hanc summam. Ubi vero & in cuius populi naves irrepserit, non divino. *Wessel.* Graecorum classis ad Salamina hic navium

vium fuisse dicitur triremium trecentarum septuaginta & octo; sed si sedeas ad calculos, quidque singulae dederint civitates iuxta c. 43 sqq. in unam summam contrahas, conficies in universum duntaxat naves 366. Jam vero ex Arch. cod. nobis hic offeruntur non 378, sed tantum 358 ὀκτω καὶ πεντηκοντα καὶ τριηκοσιαι· totidem repertae sunt in cod. Vallae. Si vel eandem praebent alii codd. habent illa, me iudice, speciem tantum, & sunt correctoris. Scripserat Herod., ut hic vulgatur, 378, venit enim ad ceteras, praeter Lemniam, (VIII. c. 11) navis e Teno missa: hae duae numerum 380 explesse nostro dicuntur infra c. 82 ἐξεπληρῶτο τὸ ναυτικὸν τοῖσι Ἕλλησι ἐς τας ὀγδώκοντα καὶ τριηκοσίας νῆας· ut adeo is numerus suspectus esse nequeat: ubinam itaque vitii sedes erit quaerenda? nisi fallor c. 46 in Aeginetis: hi non 30, sed dedisse naves videntur 42. Athenienses dederunt naves 180: Corinthii 40, plus quam 40 dederunt Aeginetae; nam post Athenienses maximum dedere navium numerum: en testem, qui legerat Herodotum accurate, Pausan. in Corinth. p. 178 scribentem, Aeginetas ἐν τῷ Μηδικῷ πολεμῳ παρασχεσθαι πλοια μετα γε Ἀθηναιυς πλεῖστα. Jam vero numeri postulant Herodotei, ut dederint duas & quadraginta. *Valkenar.*

ad Cap. XLIX.

Post ἐβαλευοντο abest comma Ald. Camer. I. II, quod nec adest post Εὐρυβιαδεω, sed exstat post γνωμην in iisdem.

ποιεεσθαι) ποιησασθαι Arch. Vind. Comma post των Ald. Cam. I. II.

χωρεων) χωριων Ald. Cam. I. II &c. in quibus punctum post εισι χωρων Arch. Vind. In Steph. margo χωρεων, quod ob seqq. maluit *Wesseling*.

αφειτο) αφειται Ald. Cam. I. II, in quibus post ηδη colon.

περι) non est in Arch. Post πλωσαντες comma Ald. Cam. I. II, idemque post Πελοπονησυ.

τονδε) τετον Arch. Vind. Porro ως ει νικηθεωσι Med. Pass. Ask. in Ald. Vind. Arch. Pariss. B. Brit. ως ην νικηθεωσι. Post ως abest comma Ald. Cam. I. II. Pravum Med. & sequacium ει νικηθεωσι inconsulte ex Valkenarii monitu ad L. II, 52 inculcabatur. *Wessel.* ει νικηθεωσι ferri nequit; revocabitur sincerum ην νικηθεωσι, Perizon. in Aeliani V. H. II, 36, ad ει δε αποθανω, quod codd. offerunt, εαν δε αποθαγω spernit ut leve & inane; & est sane levissimum; sed constans veterum usus sperneret το ει αποθανω ut soloecum, alterum εαν αποθ. tantum admisit: in his saepe fuit a viris doctis peccatum. *Valken.*

μεν εοντες) μενεοντες iunctim Arch. Speciem praefert, quoniam tali in negotio c. 57 ωσε αυτε μενεειν, & c. 62 ου ει μενεεις αυτε. Sed fallacem & infirmam his nexa patefaciunt. *Wessel.*

επιφανησεται) φανησεται Arch. & Vind.

ad

ad Cap. L.

Post Αθηναιος abest comma Ald. Cam. I, II, quod his quoque abest post την πολιν.

αυτεων) εκ των Arch. male.

εδνε) εδνιε Pass. ex vero.

Θεσπιαν) Θεσπιαν Arch. Vind. Θεσπεαν Ald. Camer. I. II. Post Πλαταιαν comma non habent Ald. Cam. I, II, habent post Θηβαιων.

ad Cap. LI.

Post εν τω comma Ald. Cam. I. II.

μησι) μηνεσι Vind. notabili scriptura. Post Αθηναιοισι punctum Ald. Cam. I. II.

ασθενης βιη) ασθενεης Arch. Ald. ασθενης scribi quoque poterit II, 47. Jonice pronunciabatur ασθενιη, ευνθιη &c. veteribus Atticis poetis προμηθια, ευσεβια &c. *Valken*

εκχωρητωιτες) εκχωρησαντας Ald. Cam. I. II. Post Σαλαμινα in his punctum.

αυτοι δοκεοντες) και αυτοι idem Vind. commata post μαντηιον & post το Ald. Camer. I II, quod desit post εχρητε. In his το ter legitur repetitum; corrigendum το μαντηιον, τω — *oraculum, quo ipsis edixerat Pythia*, — putabant εξευρηκεναι, mentem Dei adsequuti. *Valkenar.* rectissime. Post εσεσθαι punctum Ald. Camerar. I. II.

και αυτο δη) αυτο δη sine praefixa copula Ask. Vind. Brit.

ειναι) εσεσθαι Arch. post νηας colon Ald. Cam. I. II.

ad Cap. LII.

Post τον ante Αθηναιοι comma Ald. Camerar. I. II.

επολιορκεον) επολιορκεοντο Vind.

ςυπειον) ςυππειον Pass. ςυππιον Arch. Vindob. quorum prius in Diodoro & Polluce, posterius in Demosthene atque aliis. Retineo vetus.

εσχατον κακε) sine τε medio, quod habent Ald. &c. Arch. Vind. Ask. quomodo L. I, 22, Porro iidem τε φραγματος. Post προδεδωκοτος comma Ald. Cam. I. II.

ολοιτροχες) Habet Suidas in voce, & Eustath. ad Homer. p. 925, 5. Schol. Pass. ςρογγυλος, τροχοειδης λιθος. Conf. L. V, 92. 2, ubi ολοιτροχον pinxerunt. *Wessel.* Post ελεν colon Ald. Cam. I. II.

ad Cap. LIII.

εν τη ηπειρω) επι τη Arch. Vind.

εμπροσθεν) εμπροσθε & mox οπισθε Passion. Ask. Porro προ ante της ακροπολιος abest Arch. Vind.

πολεων) πολεμιων Brit.

ετε τις) Vind. Pass. Ask. ora Stephan. & Valla, quod ob sequentia opportunius. Olim cum Ald. εκοτε τις. Quia mox suo loco legitur μηκοτε, hic non displicet lectio marg. Stephan. τη δη ετε τις εφυλασσε. *Valkenar.*

καιτοιπερ) καιπερ Arch. Vind. καιτοιγε Askew, καιτοιπερ non nemini molestum accidit, καιπερ, sicuti in schedis quibusdam, formanti: quo minus adstipuler fragmentum Eusebii in Stob.

Stob. Serm. XLIV. p. 310 καιτοιπερ χρη παντα ειδεναι τον μελλοντα ανθρωπν καταδικαν, impedit. At hoc momenti non magni. *Wesseling*

επι την) ες την Arch. Post οἱ μεν comma Ald. Camer. I. II, in his post διεφθειροντο punctum, comma post οἱ δε, colon post πυλας.

ἱκετας) οικετας idem Ald. Si Cornel. Nep. in Themist. c. 4, haec ob oculos habuerit, *protinus Xerxes accessit astu, idque nullis defendentibus, interfectis Sacerdotibus, quos in arce invenerat, incendio delevit:* suspicio, legisse suo in libro τας ἱερας, nasceretur; quae incerta vagaque, quoniam in multis egregius scriptor dissentit. Librariorum autem solitos in vocibus οικετας & ἱκετας lapsus saepe redit. *Wessel.* Post εφονευον punctum Ald. Cam. I. II.

κατεςρωντο) Pollux explicat IX, 153.

συλησαντες) συλλησαντες Arch. more consueto, tum πασαν Arch. Vindob. Brit. praetereunt.

ad Cap. LIV.

αγγελεοντα) Arch. melius, quam αγγελεοντα. Litera nocet superflua Herodoto; infra recte scribitur c. 97 επεμπε ες Περσας αγγελεοντα την παρευσαν σφι συμφορην· hic misit Artabano nunciaturum την παρευσαν σφι ευπρηξιαν. Talia quaedam notata sunt ad Eurip. Phoen. p. 289 & p. 383. *Valkenar.* Post ημερη comma Ald. Cam. I. II, idemque post ακροπολιν.

ιδων ανυπνια) Memini fuisse, cui de coniectura vehementer ridebat ιδων εν υπνω. Id enim scriptoris praecipua usu teri: οψιν ειδε ὁ Καμβυσης εν τω υπνω L. III, 30 & c. 65 οψιν ειδον εν τω υπνω ὕπναι· atque ad eum modum frequenter. Verum illud, pariterque ὄψιν ενυπνια ab eo non sperni. Adi L. VII, 18 & 47. *Wesseling.*

εμπρησαντι) εμπρησαντα Pass. Askew. Post Αθηναιων comma, post εντεταλμενα colon Ald. Cam. I. II.

ad Cap. LV.

Post τε comma Ald. Cam. I. II.

Ερεχθηος) Ερεχθεος Pass. Ask. Arch. Vind. Post ειναι comma, post υιος punctum, post εν τω comma, post ενι punctum, post τα comma Ald. Cam. I. II.

παρ' Αθηναιων) υπο Αθηναιων Arch. Vindob. Post βαρβαρων punctum Ald. Cam. I. II.

Αθηναιοι οι) Αθηναιων οι Arch. Passion. haud male.

νυν) ων Arch. Vind.

ad Cap. LVI.

Post εξηγγελθη comma Ald. Camer. I. II. εξαγγελθη sine augmento Arch. Vind.

τα περι) τα defit Arch. Vind.

ὡς) ὡςε Arch. Vind commode.

νηας) νεας Arch. Ask. Post αυτεων comma Ald. Cam. I. II, colon in his post εγινετο.

ad Cap. LVII.

Ενθαυτα δη) Excerpsit Plut. Malign. p. 869 D. Post επι colon Ald. Cam. I. II.

ητοι αρα) ητοι Arch. Vind Valla: εκ Plut. ετ' αρα antea cum Ald. Koenius elegantem vulgatae huius correctionem mecum communicavit, Συγ' αρα — Dederatne forsan utrumque

que noſter: Συγ᾽ἄρα, ἤτοι ἢν ἀπειρῶσι τὰς νῆας, περὶ ὐδεμιῆς ἔτι πατρίδος ναυμαχήσεις, aptum hac in ſede eſſe negari nequit: quid ſi legerit utrumque Valla? eius ſunt Latina: *Si iſti &c. iam tu pro nulla amplius patria dimicabis.* *Valken.* Poſt Σαλαμινος abeſt comma Ald. Cam. I. II.

περὶ ὐδεμιῆς) ὐδὲ περὶ μιῆς Plut.

πολις) Ask. recte: πολιας ceteri cum Ald.

μη ὐ διασκεδασθῆναι) ὐ μη Paſſ. & σκεδασθῆναι tantum Vind. Arch.

ιθι, και) Plutarch. ιθι τε και vulgatis meliora, iudice *Valken.*

μεταβαλευσασθαι) μεταβαλεσθαι Vindob. Arch. in Plut. vulgatum.

ad Cap. LVIII.

δη) δε Ask. τε Arch. Vind. omittit. Poſt ὑποθήκη punctum Ald. Cam. I. II.

θελειν) εθελειν Paſſ. Poſt εσβαντα comma Ald. Cam. I. II. εμβαντα Arch.

θελει) θελαι Arch. cum Vind.

παρεζομενος) παριζομενος iidem. Sicuti VII, 18 non Plutarch. his quoque uſus, ſed ὁ ἄμα Θεμιστοκλέης cum Arch. negligens, cuius loco δε Plut. ſatis bene. Poſt οι comma Ald. Camerar. I. II

παντα) Non habet Plut. poſt τα comma Ald. Cam. I. II, quod abeſt poſt Μνησιφιλε, ſed exſtat poſt προστιθεις.

εκβηναι) Huic nexa in Ald. &c. τον Ευρυβιαδεα non legunt Med. Paſſ. Ask. Pariſ. A. B. Priſtina, ni codices vetuiſſent, εκβηναι τον Ευρυβιαδεα, συλλεξαι — nihil deminuiſſem. Gloſſae libra-

librarii inconsulte sollertis istae voces, quarum absentia utilior, tribuendae sunt. *Wessel.*

ad Cap. LIX.

αρα) abest Arch. Vind. comma post των Ald. Cam. I. II.

ὁ Ωκυτυ) ὁ quoque & ω abest Arch. Vind. Post Ωκυτυ comma, post ειπε colon Ald. Camer. I. II.

απολυομενος) απολογυμενος Brit. quae glossa. Vide Suid. απολυομενος. Post εφη punctum Ald. Cam. I. II.

ςεφαιευιται) Arch. Vind. optime. ςεφανιτται vulgo cum Ald.

ad Cap. LX.

Post ελεγε comma Ald. Cam. I. II.

ετι) υκετι Arch. Vind. quod non damno.

κοσμον υδενα κατηγορεειν) vir doctus υδενος κατηγορεειν, haud recordatus, κοσμον υδενα saepissime Scriptorem iunxisse. *Wessel.* Accusationi nullus erat hic locus, verum εκ εφερε οἱ κοσμον υδενα κακηγορεειν· sic corrigendum arbitror: *dedecebat ipsum cuipiam sociorum male dicere:* saepius idem vitium hinc illinc fuit a viris doctis sublatum; nondum tamen, quod sciam, ex Attica lege apud Demosth. p. 710, 42 ενοχον ειναι τη κατηγορια &c. transcripsit ista Petit. in Legg. Att. p 522 legendum τη κατηγορια, facile liquebit attendenti. *Vaiken.* Post ὁ δε comma Ald. Camer. I. II, punctum post ταδε in iisdem.

Post ποιεεσθαι punctum Ald. Camer. I. II, μενων abest Arch. Vind.

μηδε)

μηδε) ην δε Ask. Post εκατεροι abest comma Ald. Cam. I. II.

συμβαλων) συμβαλων Arch. Post εςι abest comma Ald. Cam. I. II. ες ὁ immerito in abundantiae suspicionem incidit: quid enim tritius, quam ες vice εν poni? ιζομενος ες τον βασιληιον θρονον L. 3, 64, & mox ες την ἡμιν ὑπεκκειται τεκνα —, eiusdemque structurae cumulum congessit Portus. *Wesseling.*

Post ελασσονας colon Ald. Cam. I. II. ελασσονας Arch. Vind. Paris. B. Ald. Brit. quibus obtempero. ελασσονα Medic. Pass. Ask. Post Σαλαμινα τε & Μεγαρα commata posuit Ald. Cam. I. II.

πεζος ςρατος) Arch. Vind. Med. Pass. Ask. Desit ςρατος Ald. & reliquis.

σφεας αυτος) σφεας αυτυς Arch. Post Πελοποννησον punctum Ald. Cam. I. II. comma in his post τα ante εγω.

ποιησης) Arch. Paris. A. B. Vind. Brit. Ask. Ald. ex Med. & Pass. ποιῆς. Post πρωτα μεν abest comma Ald. Cam. I. II.

συμβαλοντες) συμβαλοντες Arch. Post εςι punctum Ald. Cam. I. II.

Post αυτις δε abest comma Ald. Cam. I. II. δε desit Arch. & Vindob. post περιγινεται punctum, post ες την comma Ald. Cam. I. II.

ὑπεκκειται) νυν ςυκειται Arch. Vind. post τεκνα τε comma Ald. Camer. I. II. in queis & comma post τε ante και.

περιεχεσθε) περιεχεσθε μαλιςα, ὁμοιως Med. Pass. Ask. περι εχεσθαι μαλιςα, ὁμοιως Arch. & Brit. alii cum Ald: περιεχεσθαι μαλιςα χρεων. ὁμοιως. Praeclare scripta exemplaria atque ex illis

illis Gronovius, quem ὁμοίως αυτῶ — καὶ πρὸς τῷ Ἰσθμῷ illuſtrantem L. VI, 139 viſi. *Weſſel.*

προναυμαχήσεις) προναυμαχεεις Paſſ. προσ ναυμαχησεις Ald. Cam. I. II.

γε και) abſunt duae voculae Arch. Vind. Commata poſt τα & ελπιζω Ald. Cam. I. II.

εκαςερω) ἑκατέρῳ Arch. poſt κοσμω punctum Ald. Cam. I. II, in his comma poſt Αιγινη, punctum poſt Σαλαμινι, comma poſt εν τη.

μη οικοτα δε) μη δε οικοτα Paſſ. Arch. Ask.

ad Cap. LXI.

Comma poſt τω ante μη εςι Ald. Camerar. I. II.

Ευρυβιαδεα) Arch. Vind. prius Ευρυβιαδην cum Ald. contra morem.

εων) εων Arch. cum Vind. Vide Suidam in Αδειμαντος.

απολι) απολιδι Arch. Haeſitavi, hoc probarem an απολιδι, quod multo receptius. Arch.? Re conſiderata viſum illud formae fuit, cuius Ισιος, τῃ Ισι, Οσιριος, τῃ Οσιρι, κανναβιος &c. in ſuperioribus. *Weſſeling.* Poſt ανδρι punctum Ald. Cam. I. II.

προσφερε) προεφερετο Ask. Paſſ. Steph. ora. Poſt ηλωκεσαν τε comma Ald. Cam. I. II.

αἱ Αθηναι) non eſt in Arch.

τοτε δη) Scribendum τοτε δε δη —. Ad iſta namque c. 60, Τοτε μεν ηπιως προς τον Κορινθιον αμευψατο: haec reſpondent: Τοτε δε δη ὁ Θεμιςοκλεης κεινον τε και της Κορινθιες πολλα τε και κακα ελιγε. *Valkenar.* Poſt Θεμιςοκλεης comma Ald. Cam. I. II.

κακα)

κακα) καλα perperam Arch. poſt πολις comma Ald. Cam. I. II.

μεζων ηπερ κεινοισι) μεζω & εκεινοισι Arch. Vindob.

αποκρυσεσθαι) iidem Paſſ. quod verius: antea αποκρυερθαι cum Ald.

ad Cap. LXII.

Poſt τω λογω comma Ald. Cam. I. II.

αιατρεψεις) αιατρεψεις Brit. prave. Poſt πολεμυ comma Ald. Cam. I. II.

ποιησεις) ποιησης Paſſ. Arch.

αυτην δεειν) Iidem Vind. Med. Ask. olim cum Ald. αυτεων. Mox in Ald. δεον κτισθηναι.

τοιωνδε) iidem omnes: ex Ald. τοιυτεων, mox μεμνησθε margo Steph. Paſſ.

ad Cap. LXIII.

Poſt δε μοι abeſt comma Ald. Cam. I. II.

αναγη) Arch. Vind. antea αγαγη. Quidni rediret, quod Herodoteum habetur? Antea c. 57 ως ειη δεδογμενον αναγειν τας νηας προς τον ισθμον· & ανηγον τας νηας επι την Σαλαμινα c. 70 &c. Weſſel.

ad Cap. LXIV.

Οὑτω) ἑτοι Arch. Vindob. Poſt Σαλαμινα abeſt comma Ald. Cam. I. II.

εγινετο) εγενετο Ald. Cam. I. II. colo poſt vocem poſito, comínate vero poſt ανιοντι & poſt γη.

εγενετο) εγινετο Paſſ.

μεν εκ) μεν abeſt Vind. & Arch. qui cum Valla deinceps Διαιτα τον Τελαμωνος, quod fulcire

cire videtur c. 121, ubi soli Aianti, nulla patris Telamonis habita ratione, victores triremem ex manubiis mittunt Salaminem & dedicant. Qui voluerint, eorum sequi auctoritatem poterunt, mihi non nihil dubii superest. *Wessel.* Post επεκαλεοιτο punctum Ald. Camer. I, II, commata in his post Αιακον & Αιακιδας.

απεςειλον) Med. Pass. Ask. Arch. Vindob. vulgo cum Ald. απεςειλαν & Schol. Hermogenis p. 407, qui & sequentia excerpsit p. 390.

ad Cap. LXV.

Post φυγας τε comma Ald. Cam. I. II.

εκειρετο) Explicat Eustath. ad Poet. p. 364, 25.

τυχειν τοτε) desunt haec duo Arch. Post πεδιω comma Ald. Cam. I. II.

ιδειν δε) Arch. Vind. Med. Ask. Pass. Brit. deerat δε Ald. &c. Haec ob oculos habuit Criticus ad Aristoph. Nub. v. 30.

μαλιςα κη) μαλιςα κϑ Med. Pass. Ask. πε Schol. Hermog. In Arch. Vind. Brit. Parif. B. Ald. μαλιςα κη. Laudavi εκ τριων ετεων κϑ μαλιςα L. VII, 21; quoniam nihil aptius codd. offerebant. Alioqui μαλιςα κϑ Musae solent amare L. II, 75. IV, 174. VII, 30. *Wesseling.*

αποθωϋμαζειν τε σφεας) αποθωϋμαζοντας σφεας Arch. Schol. Hermog. & Passion τε τον κονιορτον, sine isto pronomine. Post ακοειν colon Ald. Cam. L. II.

την φωνην ειναι του) Olim mihi facile persuadebam, vocem hinc excidisse, sic restituendam: την φωνην ειναι [αδοντων, vel εξαγοντων] τον Μυσικον Ιακχον. Nunc paratus sum, vulgata tueri.

ad conflit. lect. Herodot. integritatem.

11. Prior illa coniectura locis nitebatur praesertim a Jo. Meurfio collectis in Eleufin. c. 27. Solebant initiati certo die myfteriorum Jacchum ex facello fuo, quod habebat in Ceramico, deducere Eleufina, magno clamore & ftrepitu, Jacchum cantantes, aut hymnum facrum, qualem, neglectum Meurfio, dabit Ariftoph. Ran. v. 401 &c. Ιακχε πολυτιμητε — Δευρο συνακολυθει προς την θεον, και δειξον ως Ανευ πονε πολλην οδον περαινεις· Ιακχε Φιλοχορευτα συμπροπεμπε με. Tot myftarum vocibus excantatus laetus per viam facram cum illis procedebat Jacchus, quos ut is εξαγειν in Ariftoph. Ran. v. 354, fic illum verius εξαγειν dicebantur; in Schol. ad Ran. 326. Boëdromionis memoratur ἡ ἑκας, εν ἡ τον Ιακχον εξαγεσι· ter quaterve, τον μυσικον Ιακχον εξαγειν legitur apud Plutarch. Vide Cafaub. in Athen. V. c. 14. Nihil intereft, utrum dicatur *dies*, ἡ τον μυσικον Ιακχον εξαγυσιν, an ἡ τον Ιακχον αδεσι· Schol. ad Ran. 324 οἱ μεμνημενοι αδυσι τον Ιακχον· Hefych. Ιακχαζειν, in v. Δι' αγορας, interpretatur αδειν τον Ιακχον. Sed ode facra, quam cantabant, ipfa quoque dicebatur Ιακχος. Hefychius in Ιακχον· και ἡ ωδη, ἡν οἱ μεμνημενοι αδυσι· apud Suid. in v. ὁ Ιακχος ηκυσθη εκ τε Θριασιε πεδιε ὑμνεμενος τε και αδομενος· hoc fenfu Herodoti dicebat Dicaeus οἱ Φαινεσθαι την φωνην ειναι τον μυσικον Ιακχον· clamorem effe myfticum Jacchum, quo, ut ait paullo poft, εν ταυτη τη ορτη ιακχαζυσι· ifthoc utuntur die fefto Jacchum faepius inclamantes. *Valken.* ἰεναι placuit, tefte *Larcherio*, *Villoifonio*, vertenti: *hanc vocem emiffam effe a myftico Jaccho.* Sed vox myftici Jacchi, iure inquit *Larcherius*, num

num tantum differebat ab hominum Deorumque ceterorum vocibus, ut agnosci a Diceo potuerit? Is Atheniensis num perfectam habuit vocum omnium Deorum cognitionem? His aliisque de causis reprobandam censuit Villoisonianam hanc coniecturam, insertam in librum, cui titulus: *Memoires pour servir à l'histoire de la religion secrete des anciens peuples par M. le Baron de Sainte Croix.* Nota 5. p. 199.

Ελευσινι γινομενων του Δημαρητου) Ελευσινι του Δημαρητου Brit. & Schol. Hermog. quod utique non absurdum. Post Δημαρητου punctum, commaque post αυτον Ald. Cam. I. II.

τοιτο) τοιετον Pass. Ask. απαν iidem.

απ' Ελευσινος) απο Ελευσινος plene Arch. Vind. porro εον ες Pass. in reliquis εον. Pavii & Bergleri coniecturam schedae Pass. certam praestant, tum narrationis cohaesio, & Aristides, quem in re manifesta non describo, Or. Eleus. p. 258. Adfinitas, quae εον & ιον iungit, confusionem peperit L. I, 157 & lib. V, 59, ubi vide. *Wessel.*

συμμαχοισι) Arch. Vind. Pass Ask. olim ξυμμαχοισν. Post Πελοποννησον comma Ald. Camer. I. II.

βασιλει) τω βασιλει Brit. qui & εςαι praeteriit.

τη μητρι και τη κορη) Δημητρι Arch. Vind. κορη Med. solus, haud improbe. *Wessel.* Hic Gronovius ex Med. Cod. Jonicam Proserpinae dare potuerat nominis formam Κυρη. *Valken.* Editis inhaereo: Cererem, μητρος titulo L. IV, 53 nobilem, describi, dubitabit nemo. *Wessel.*

post

ad constit. loE. Herodot. integritatem.

Post μητρι comma Ald. Camer. I. II, idemque post βϑλομενος, post φωνην & post της.

ιακχαζϑσι) ιακχιζϑσι schol. Hermog. prave. Vide Suid. in voce hoc spectantem.

ειπαι) ειπεν Pass. Ask. Arch. Vind. Post Δημαρητον punctum Ald. Cam. I. II, comma in his post σιγα τε.

ανενειχθη) ανενεχθη Pass.

ϑδεις) ϑδε εις idem, Ask. neque male. mox ϑσ' ησυχϑς Ask. erronee. Comma post ϑδεις Ald. Camer. I. II, idemque post τηϑδε & post των, post κονιορτϑ & post φωνης, punctumque post νεφος.

μεταρσιωθεν) μεταρσιον γενομενον Schol. Hermog. ex glossa.

επι το) ες τε Vind. Arch.

απολεεσθαι) απολεσθαι Schol. Hermog. Arch. Post Δημαρητϑ τε comma Ald. Camerar. I. II.

αλλων) των αλλων Vindob. Arch. Eustath. qui ad Hom. p. 155, 28 citat. Post καταπτομενος colon Ald. Cam. I. II.

ad Cap. LXVI.

Post Ευριπϑ colon Ald. Cam. I. II.

δοκεειν) Med. Ask. Pass. Alii cum Ald. δοκεει. Voculam hic vellem libri scripti darent Herodoteo more interiectam, ως μεν νυν εμοι δοκεειν. *Valken.* Post Αθηνας abest comma Ald. Cam. I. II, adest post ηπειρον.

απικομενοι) Omittit Arch. quem praeter si plures proscriberent, in exilium sine sententiae damno posset abire. *Wesseling.*

ἢ ἐπί τε Σηπιάδα) Arch. cum Valla, non ἐπεὶ, ut in ceteris & Ald. Verius est editum, & necessarium ob scriptoris consuetudinem. ἐπὶ & ἐπεὶ facillime permutantur. *Wessel.* Koenius duabus litteris repetitis corrigebat ἐπεί τε ἐς Σηπιάδα ἀπίκοντο. *Valken.* Post ἀπίκοντο comma Ald. Camer. I. II, in his abest comma post ναυμαχίησι, positum post τῷδε.

Μηλιεας) Μηλιεας τε Arch. ultimum aberat.

Θεσπιεων τε καὶ Πλαταιεων) Θεσπιεας & Πλαταιεας Brit. comma post τε Ald. Camer. I. II, punctum habent post Πλαταιεων.

Καρυςιες) Καρυςιας Arch. comma post τε Ald. Cam. I. II, idemque post Τηνιες τε & post παντας.

των επεμνησθημεν.) post των comma Ald. Cam. I. II. επεμνησθημεν Med. Pass. Ask. ceteri omnes επεμνησθην, cui vim non facerem. Parum refert, singulari an multitudinis numero pingatur, etsi prius Herodoto consuetius, atque ita codd. scripti c 95 τε καὶ ολίγῳ προτερον τετεων εχεμνησθην. *Wesseling.*

προσεβαινε) recte literam detrahunt, προεβαινε scribentes, Reiskius & Koenius. *Valken.* Post εἵπετο colon. Ald. Cam. I. II.

ad Cap. LXVII.

ἀπίκατο) Medic. Pass. Askew. Arch. Vind. ἀπίκετο Paris. A. B. Ald. Brit. quod saepe sine caussa mutatur. Commata post Αθηνας & παντες Ald. Cam. I. II.

ἕτοι πλην) Med. Pass. Askew. Arch. Vind. ἕτοι deest Ald. &c.

τη αποβησεται) ἡ Arch. Vind. κη Ask. Paff. Brit. Gemino in negotio καραδοκεοντες τον πολεμον, ἡ πεσεεται L. VII, 163 & 169. At L. I, 32 σκοπεειν δε χρη — κη αποβησεται, ficuti hic tres fcripti. Res momenti videbitur exigui, nec negligenda tamen, neque improbanda. Κῆ fumi poterit ex Etymol. p. 682 fin. at mox iterum τῇ αποβησεσθαι. *Weſſel.* Poſt τη comma, poſt αποβησεται punctum Ald. Cam. I. II.

επιπλωοντων) Arch. Vind. Olim cum Ald. επιπλεοντον. Poſt τυραννοι comma Ald. Camer. I. II, punctum poſt νηων, ſed abeſt comma poſt ιζοντο & poſt πρωτος μεν.

ωλλοι) Ask. Arch. ωλλοι alii.

ειρωτα) Arch. Vind. Paſſ. & mox, antea ηρωτα ex Med. aliisque, abeſt comma poſt ηρωτα Ald. Cam. I. II, neque adeſt poſt εκαςυ.

ποιεοιτο) Arch. Vind. Brit. Pariſ. A. B. Ald. ποιεοιντο Med. Paſſ. Ask. & ora Steph. quos fequentia refellunt.

ad Cap. LXVIII.

ειρωτα) iidem, qui fupra. ηρωτα Ald. & alii.

οἱ μεν δη ωλλοι) δη ωλλοι Arch. Vind. antea μεν αλλοι cum Ald. & tribus Pariſ. teſte *Larcherio*, qui αλλοι iure praetulit. ωλλοι enim idem ac οἱ αλλοι, & οἱ μεν δη ωλλοι idem foret ac οἱ μεν δη οἱ αλλοι, quod ferri nequit. Conf. & Gronov. I, 125.

εξεφεροντο) επεφεροντο Ask. Paſſ. Stephan. margo: απεφ. Brit. Poſt εφη colon Ald. Camer. I. II.

ειπαι) ειπειν προς Arch. Vindob. ειπειν μοι προς Med. Paſſ. Ask. Pariſ. A. B. Brit. in Ald.

ειπαι μοι, quem ob Jonismum laudo, επε μοι Edd. alii. Nolo obluctari membranarum consensioni morique Herodoteo, qualis ω ξειν' αγγελεων Λακεδαιμονιοις — L. VII, 228, & passim alii. Redundantia pronominis, dictioque tota, Homereum spirat Iliad. ξ. 501 εσπεμεναι μοι Τρωες —. Ubi Eustath. εν δε τω εσπεμενοι μοι Τρωες αντι τε ειπατε, περιττον δοκει το μοι κεισθαι. Quo quidem pleonasmo nihil omni in lingua, recte Rittershusio ad Oppiani Cyneg. I, 89 docente, receptius. *Wessel.* Herodotum, pro ειπε μοι, scripsisse suspicor cum Koenio ειπαι μοι προς βασ. quia ειπεν cod. habet Medic. sic autem Nostro adhiberi απαρεμφατα Portus docebit. Supra II, 90 perperam κατεπευν ex Med. posuerat Gronov. pro Jonico κατειπαυ. Ionica certe sunt, quae toties apud Herodotum recurrunt, ειπαι· ειπα· ειπαν· εικας. *Valkenar.* Abest comma post βασιληα Ald. Cam. I. II.

κακιστην γενομενην) Med. Pass. Ask. & αποδεξαμενην, pro quo δεξαμενη Brit. προσδεξ. Arch. Vind. Olim cum Ald. κακιςη γενομενη & αποδεξαμενη. — Illa, quae Artemisia ad Xerxem referri postulat, fide codd. optime procedent, ετε κακιςην γενομενην — ετε ελαχιςα αποδεξαμενην, δεσποτα, τηνδε εεσαν γνωμην με — me neque ignavissimam — neque paucissimis defunctam facinoribus, domine, me talem. aequum est —. Namque την δε εεσαν ad γνωμην aptari sequentia τα τυγχανω φρονεεσα, eadem utique fotora, prohibent. Partem horum disputando nactus est de Pauw, cetera, damnata violentiore coniectura, Reiskius. *Wessel.*

τὴν δὲ ἐοῦσαν) facile liquet, cur voculam interseruerint δὲ, qua eiecta, τὴν ἐοῦσαν γνώμην interpretor *veram animi mei sententiam*, ex Herodoti more loquendi. *Valkenar.* Poſt δεσπότα punctum Ald. Camer. I. II, in quibus comma poſt τὰ ante τυγχάνω, & punctum poſt τάδε λέγω, poſtque ὑμῶν.

ποιέω) ποίεε, οἱ γὰρ Arch. Vind. ποίεο, οἱ Ask. οἱ γὰρ Paſſ. quoque & ora Steph. Poſt τοι & γὰρ ἄνδρες commata Ald. Cam. I. II.

τοῦτον) τοῦτο Paſſ. Ask. Poſt οὐδεὶς interrogandi ſignum poſuit Ald. Cam. I. II.

τοι ἀντέστησαν) ἀιτίσαται Arch.

ἐκείνοις) κείνοις Vind. ἐκείνου Paſſ.

τῇ δὲ ἐγώ) τῇ, δ᾽ ἐγώ Ald. Cam. I. II.

ἀλλὰ τὰς νῆας αὐτοῦ ἔχῃς) αὐτοῦ δὲ ἔχῃς τὰς νῆας Arch. Koenius in literis, coniecceram, ait, σχῇς, quia σχεῖν eo ſignificatu, qui hic requiritur, ſaepe vel in hoc libro apud Herodot. uſurpatum occurrit. *Valken.*

προβαίνων) προσβαίνων Arch. Poſt τοι & δέσποτα abſunt commata Ald. Cam. I. II, comma ponunt poſt τὰ ante ὑμῶν.

ὡσὶ τοι) rectius, me iudice, ſcriptum legitur apud Plut. T. ?, p. 89 ult. ἔσονταί τοι ἀντέχειν a minus attento mutari potuit ob ſequens διασκεδᾷς· ſed hoc idem tempus eſt ac ἔσονται, veteri more ſcriptum, de quo Pierſon. egit ad Moer. p. 124. Herodotea dedit rariora H. Stephan. in App. Theſ. p. 149. *Valken.*

διασκεδᾷς) διασκεδαεις Medic. Paſſ. Ask. alii ſolito more διασκεδᾷς uti Plut. qui Malign. p. 869. F. citat: in Brit. διασκεδάσεις, quod vulgatius.

κατα πολις δε) Pass. Ask. Plut. κατα πολιας δε τοι Vind. Arch. κατα πολεις γαρ Brit. sequor priores. Olim cum Ald. κατα δε πολις. Post φευξονται punctum Ald. Camer. I. II, abest his comma post οικος. Koenius suspicatur legendum ατε αυτε οικος, *neque ibi*: vide mihi sequentia, τες εκεισεν αυτεων ηκοντας quae dum omittit Plut. non sane censeri potest tueri vulgatum αυτες. *Valkenar.* In Aldo παρα recte, loco παρεςι, alii παρα.

ατρεμεων) ατρεμιεων Askew. ατρεμησων Plut. alia etiam mutans. Illud opportunius videtur *Wesselingio.*

ναυμαχησαι) ναυμαχεειν Arch. Vind.

προσδηλησεται) Med. Pass. Askew. Paris. A. προδηλησεται Plut. Ald. & alii, non bene.

βαλευ) Ald. Brit. Arch. Vindob. Paris. B. βαλεο Medic. Pass. Ask. βαλλε Stob. Serm. 60. p. 85, haec describens. L. VII. 51 ες θυμων αν βαλευ. Qui βαλεο maluerint, Homereum ου δ᾽ ενι φρεσι βαλλεο οπως Iliad. α. 297 adhibebunt. *Wessel.* Post ανθρωπων comma, post γενεσθαι colon Ald. Cam. 1. II.

εν — ειναι. desit εν & ειναι Arch. Post Αιγυπτιοι τε comma, post Παμφυλοι colon, post των comma Ald. Cam. I. II.

ad Cap. LXIX.

τι πεντομενης) τι non habet Ask. Post ποιεεσθαι punctum, post οι δε comma Ald. Camer. I. II. Cuncti εκ εα, multo rectius εκ εα, non sineret. *Wessel.* Vide ad lib. II. 30, sed est & illud apud Herodot. verantis; nam η Πυθιη εκ εω,

IV,

IV, 164. & ὁ θεὸς ἐκ ἴσα κινέειν VIII, 36 quorum tum non recordabar. *Valken.*

ἀγαιόμενοι) ἀγεόμενοι Arch. poſt τε comma Ald. Cam. I. II.

τετιμημένης) Med. Paſſ. Ask. Vind. Arch. τετιμημένῃ Ald. & Edd. Retinuit *Weſſelingius* τετιμημένης obſecundans praeſtantiſſimis membranis, quod & *Valkenario* placuit. Perquam egregio Mſ. τετιμημένης, ut ſervetur ſermonis forma, quam inchoavit in proximis, ubi licet praemiſerit in dativo τῇ Ἀρτεμισίῃ, tamen ſubnectit ὡς πεισομένης, perinde in hoc membro. Quin etiam ſolet Herod. ſic abſolute loqui, non obſervato, qui caſus antecedat, ut c. 90 διεβαλλον τὰς Ἰωνίας, ὡς δι᾽ ἐκείνας ἀπολοίατο αἱ νῆες, ὡς προδέντων. Sic & c. 108. *Gronov.*

ἀνακρίσι) κρίσι Arch. Vind. Brit.

πλέοσι Paſſ. Ald. Cam. I. II. πλέωσι Arch. Vind male in Edd. πλείωσι. Turpis eſt deterſa macula, poſt Aldi & Camerarii aetatem editis adſperſa. *Weſſel.* Poſt καταδέξαι punctum Ald. Camer. I. II.

Εὐβοίῃ) Εὐβοίης Arch. Poſt αὐτε colon Ald. Cam. I. II.

ad Cap. LXX.

Ἐπειδὴ δε) Arch. Vindob. in aliis Aldoque ἐπεί δε. Scripſi ex codd. ἐπειδὴ δε, quod & alias factum, uti II, 2. VII, 36 &c. recordor. *Weſſel.* Scribendum puto ἐπεὶ δε παρήγγειλεν ἀναπλέειν, Xerxes nempe, qui tum aderat, non παρήγγελλον. *Valken.* idque rectiſſime. Poſt Σαλαμῖνα punctum Ald. Cam. I. II.

εξεχεητο) εχρησε Brit. poſt ἡμερη comma
Ald. Cam. I. II.

ποιεεσθαι) ποιησασθαι Arch. Vind. Paſſion.
Ask. qui cum Med. επεγενετο omnes: olim cum
Ald. εγενετο. Poſt οἱ δε comma Ald. Cam. I. II.

ᴂκ ἡκιςα) ᴂκηκιςα Ald. Camer. I. II, in his
punctum poſt μελοιεν.

απολαμφθεντες) απολαφθεντες Paſſ. ex correct. tum πολιορκητεσθαι Ask.

ad Cap. LXXI.

Poſt νυκτα comma, poſt Πελοποννησον punctum Ald. Cam. I. II.

εσβαλλοιεν) εμβαλλοιεν Arch. Vind.

Λεωνιδεα) iidem, Λεωνιδην ceteri. Saepe ſuperiore libro τον Λεωνιδην formarunt exſcriptores, communiorem amplexi adſuetudinem,
cum τον Λεωνιδεα, ut hinc & ex c. 15 liquet,
debuiſſent: idem crebro in τον Ευρυβιαδην & alios deſignarunt. *Weſſel.*

συνδραμοντες εκ) συνδραμωντες τε Arch.

Σκιρωνιδα) Σκειρωνιδα Arch. neque praeter
morem.

οικοδομεον) idem, Vind. Paſſ. alii cum Ald.
ᴂκοδομεον. Poſt τειχος comma Ald. Cam. I. II,
colon poſt πολεων.

ηιετο) ora Steph. Paſſion. Brit. prius ηνιετο
fuit ex Ald. Planiſſime L. I, 189 οἱα δε ὁμιλᴂ
πολυ εργαζομενᴂ, ηιετο μεν το εργον. *Weſſel.*

και πλινθοι) non leguntur in Med. qui peccat, has voces omittendo, neque dignus patrocinio erat arceſſito *Weſſel.*

εσεφεροντο) Arch. Vind. ceteri εσεφεροντο
cum

cum Ald. Editum melius de dialecti usu. *Wesseling.* Post νυκτος comma Ald. Cam. I. II.

ad Cap. LXXII.

Οἱ δε βοηθησαντες) Ald. & reliqui. Βαθησαν-
τες Eustath. ad Homer. p. 288, 16. Idem in
vicinis olim fuisse, nullum mihi dubium, cui
ducis coddque iudicio destitutus, sedem illaba-
tam relinquo, quamquam invitus. Vide supra c. I.
Wessel. Post Ελληνων punctum Ald. Cam. I. II.

Ερμιονεες) Ερμινεες Arch. Post κινδυνευσον
punctum Ald. Cam. I. II.

εμελε) εμελα Arch. Pass Ald. peccato saepe obvio. Conf. Jungermann. ad Pastor. Lon-
gi p. 229.

ad Cap. LXXIII.

Πελοποννησον) Spectavit haec Eustath. Homer. p. 289, 9.

Post τα μεν δυο abest comma Ald. Camerar. I. II.

ιδρυται νυν τε και) De his septem Peloponnesi gentibus agens hoc capite Herod. nonnulla tradit, quae vix, ut puto, reperientur
apud alios, & ne apud Strabonem quidem vel
Pausaniam. Sed haeret initio menda, codd.
forsan antiquior, facile tamen tollenda: de
septem istis, τα μεν δυο, inquit, αυτοχθονα εοντα, κατα χωρην ιδρυται νυν, την και το παλαι οι-
κεον, Αρκαδες και Κυνεριοι, vocala τε tantum in
την mutata, sic commode mihi correxisse Koenius noster videtur. *Valken.* Hanc Valkenarianam emendationem expressit *Degenius*, eandem
iam coniecerat *Goldhagen*. Sentio τῇ νυν τε —
hic fuisse, eamque vocem ab ultima praeeuntis
verbi

verbi syllaba absorptam: series illam sibi expostulat, aut την certe, quam alii maluerunt. *Wessel.*

Αρκαδες τε,) Arch. Pass. Vind. Ask. hinc enclitica venit, quae aberat Ald. &c. Post τεσσερα comma, post ετι colon Ald. Cam. I. II.

Δωριεων μεν) sine praeposito και, quod exstat in Ald. &c. Pass. Ask. Vind. Paris. B. Med. Valla, quos laudo. Quae de Elide sequuntur, Eustath. ad Homer. p. 303, 38 exscripsit.

πολις) πολιες Ald. Cam. I. II; post μενη in his punctum.

Ἑρμιονη) Ἑρμιων Med. Pass. Ἑρμιονη Vind. Arch. Ask. Brit. Paris. A. B. Ald. Valla. Homeri Iliad. β. 560. Ἑρμιονην Ασινην τε — amplecti malui, quam Med. recentiorem urbis titulum. *Wessel.*

Καρδαμυλη) Steph. Byz. in v. citat.

Παρωρηται) Παρωρεαιηται Arch. Παρωρεηται Jonum hic more, Παρωρεαται L. IV, 148, ubi & Lemnia eorum origo. *Wessel.*

εκδεδωριευνται) εκδεδωριαται margo Stephan. Brit. εκ δε Δωριαται Ask. Pass. Ferri posset εκδεδωριαται, quomodo boni codd. modo contractum recte videretur, εκ τε εκδεδωριεαται, quae Porti doctrina. *Wesseling.* Monstrat illud δε, in vicinia fuisse μεν. Ab Herodoto tamen scribi non potuit, δοκεουσι μεν μοι ειναι Ιωνες, quae viri docti est coniectura; videbantur enim nostro αυτοχθονες Cynurii. Commode scribi poterit: Οἱ δε Κυναριοι, αυτοχθονες εοντες, δοκεουσι μεν ενιοις ειναι Ιωνες· εκδεδαρ. — δε υπο — Αργειων αρχομενοι· quae tum sequuntur viris doctis emendanda relinquam vel explananda.

Quom

Quum dixerat Strabo VIII. p. 514. B. Λειφθηναι — εν τη Πελοποννησω τα δυο εθνη, το, τε Λιςλικον και το Δωρικον, cauſam tradit veram, cur Arcades & Elei purius Λιςλιςι διελεχθηςαν, cum in reliquis civitatibus mixta quadam uterentur dialecto; δοκυςι δε, addit, Δωριζειν απαντες δια την ςυμβαςαν επικρατειαν. Verbo Herodoteo εκδεδωριευνται H. Steph. aliique caute abſtinuerunt: diverſam dat lectionem margo Steph. εκδεδωριαται quae facile verti poſſet in flexum legitimum εκδεδωριδαται· nam quae Portus fingit, ſermonis analogiae repugnant: ſed a verbo δωριζειν, me iudice, neque εκδωριζειν neque εκδεδωριςθαι formari potuit. Adhiberi forte potuit δωριευεςθαι· dantur enim & huius flexus imitativa, ſed pro δωριζειν vel δωριαζειν. Unicum reſtat, quod hic congruit apte, quodque, a Δωριος ductum, analogiae reſpondet εκδωριαθαι· in Dorienſium naturam veluti degenerare, Lingua uti, moribus & inſtitutis Doricis. Huius formae verba plurima praebet praeter caeteros Plato: unum de multis nobis ſufficiet ad εκδωριωθηναι proximum accedens εκβαρβαρωθηναι. Plato Epiſt. 8. p. 353. A. κινδυνος εγενετο εςχατος Σικελια τη των Ελληνων, υπο Καρχηδονιων αναςατον ολην εκβαρβαρωθειςαν γενεςθαι· explicat illud paulo poſt ηξει ςχεδον εις ερημιαν της Ελληνικης Φωνης Σικελια παςα, Φοινικων η Οπικων μεταβαλυςα εις τινα δυναςειαν και κρατος· quae in hunc Herodoti locum conveniunt, quo ſcribendum arbitror εκδεδωριωνται. Euripidis in Oreſte verſum 485 Βεβαρβαρωςαι χρονιος ων εν βαρβαροις· ſic invertit Apollon. Tyran. Epiſt. 34, Εβαρβαρωθην — χρονιος ην εν τη Ελλαδι.

E 5 Jo-

Jocosum hinc facile verbum intelligatur Alexidis Πεφιλιππιδωσαι, de quo L. Küster ad Suid. in Φιλιππιδης. *Valkenar.* Post αρχομενοι comma Ald. Cam. I. II.

Ορνενται) Arch. Vindob. Brit. Parif. B. in Med. Paff. Ask. Ορνεαται. Comma post vocem Ald. Cam. I. II. ως τε Ορνενται coniectura *Larcherii.* εοιτες videtur infertum effe, aut pro eo scribendum οι τε *Goldhagen.*

περισικοι) οι ante περισικοι recte abest Arch. Vindob.

πολις) Ask. & fupra quoque, non πολιες. Post παρεξ των comma Ald. Cam. I. II, punctum post εκατιατο.

ειπαι) ειπειν Ask. Vind. Arch.

κατεμενοι) κατημενοι Ald. Cam. I. II.

ad Cap. LXXIV.

συνεςασαν) συνεςησαν Ask.

δρομε) δρομον Eustath. ad Homer. p. 1264, 15, & δρομε p. 242, 20 sicuti codd. & edd. Conspirant in δρομε vocem scripti omnes, unus Eustathius, nec sibi tamen constans, δρομον habet, cui post Portum primas darem. Solemne in talibus; τον περι σωτηριας αγωνα τρεχειν, apud Eunapium, vit. Maxim. p. 100, aut τον περι της ψυχης θεειν, in eiusdem Juliano p. 115 τρεχων περι ψυχης infra IX, 36 tacita αγωνος aut δρομε voce. Plura Budaeus, Stephanus, & Portus, qui τω ελαμψεσθαι, quod Herodoteum testabatur Hermogenes, positumque fuit lib. I, 80, operam non negarunt. *Wesseling.* Post θεοντες punctum Ald. Cam. I. II.

ελ-

ἐλάμψεσθαι) ελαμψεθαι Ald. Cam. I. II,
ενλαμψεθαι ex correct. Paff.

Σαλαμινι) Omittuntur Εληντες, qui in Ald.
&c. leguntur, in Med. Paff. Ask. Parif. A. B.
Brit. Valla: iuffuque codd. eiecti funt a *Weſſelingio*, neque opus erat, ut ὁμοιως fingeretur;
ὁμως, quae & Abrefchii opinatio, fufficit.
Confimiliter enim, atque ad Ifthmum illi, fu-
periora auditione accipientes, formidaffe fibi,
traduntur. *Weſſel.* Poft Πελοπονησω punctum
Ald. Cam. I. II.

θαῦμα ποιευμενοι) θωμα Arch. Ask. & ποι-
εομενοι Vind. Arch. ποιευμενοι Med. Paff. Ask.
in Ald. Parif. A. B. ποιευμενος. Poft μεσαν colon
Ald. Cam. I. II, idemque poft εγινετο.

χρεων) χρεον Arch. Poft κινδυνευσιν colon
Ald. Cam. I. II.

δορυαλωτα). δοριαλωτυ Arch. Vind. ad Diodor. XVI, 20. Poft μενοντας comma Ald. Camer. I. II.

αμυνασθαι) αμυνεσθαι Vind. Paff. Ask.

ad Cap. LXXV.

Poft λαθων comma Ald. Cam. I. II, idemque poft τα ante λεγειν.

χρεων) χρεω Arch. Vind. Comma poft τω
ante ονομα Ald. Cam. I. II.

Σικυνος) Paff. Brit. Arch. Valla, & deinceps. Σικινος Ald. &c. Scripfi Σικιννος, uti Edd.
c. 110, & hic fcripti, inque Plutarcho, Poliae-
no I, 30, 2. Clem. Alex. Paedag. I, 7. p. 130.
Etymologo atque aliis. *Weſſel.* Poft τον ante ὁη
comma Ald. Cam. I. II.

Θεμι-

Θεμιστοκλεης) ὁ Θεμ. Arch. comma post vocem inseruit Ald. Cam. I. II.

πολιητας) Arch. Ask vere; πολιτας prius ex Ald. Colon post ταδε Ald. Cam. I. II.

με) deficit in Pass. Ask. colon post Ελληνων Ald. Cam. I. II, idemque post τα βασιληος.

κατυπερθε γινεσθαι) κατυπερτερα γινεσθαι Arch. antecedens μαλλον negligens, sicuti & Vind. qui γινεσθαι cum Pass. Ask. olim γινεσθαι cum Ald. — Haereo, hoc servem, an ex codd. κατυπερτερα; posterius lib. VII. c. 23.3 ὡς δε ενδον κατυπερτερα των Περσων γινομενα τα πρηγματα. Vide c. 136. Omitti & μαλλον, quod damnant schedae, poterit, ut alibi indicatum. *Wesseling.*

εργον ἁπαντων) εργον παντων Arch. Vind. In Aldo quoque εργον & Valla; postea εργων finxerunt.

ὁμοφρονεαι) ὁμοφονεαι Ald. ex errore typographi a Camerario emendato.

ητε: ητετι Arch. Vindob. Valla, voluerunt ητε τι, neque incommode.

ναυμαχεοντας) μαχεοντας Brit.

ad Cap. LXXVI.

Post τοισι δε comma Ald Cam. I. II.

εγενετο) εγινετο Arch. Pass. Vind. Sequentia hinc habet Steph. Byz. in Ψυτταλεια, ubi Pined. errat. Post Ψυτταλειαν & κεμενην commata Ald. Cam. I. II.

απεβιβασαντο) απεβιβασαν Arch. Vindob. forte verius, απεβασαντο Pass.

Post Κεον τε comma, post τεταγμενοι colon Ald. Cam. I. II.

κατε-

ad conflit. lect. Herodot. integritatem. 77

κατεχον) κατειχον Arch. Vind. Ask. mox
παρα τον πορθμον Med. Paff Ask

εινεκα). ωιεκεν Arch. Vind & mox. Poft
εξη colon Ald. Cam. I. II.

μηδε φυγεειν) μη φυγεειν Arch. Vind.

απολαμφθεντες) απολαφθεντες Paff.

τισιν) τισι Ald. quod vitium typogr. Camer. correxit. Poft καλεομενην comma Ald.
Cam. I. II.

γενηται) γνητε Paff. γινηται Ask. Poft ανδρων comma Ald. Cam. I. II.

ναυηγιων) ναυηγεων Arch. uti folet. Colon
poft vocem Ald. Cam. I II.

πορω) πορρω Ald. & Edd quidam, abfurde.
της ναυμαχιης Paff. Cum Heilmanno ȣ γαρ δη
πορρω legendum cenfuit Degen. πορθμω coniecit
Goldhagen.

εσεσθαι) defit Arch. Vindob. Poft της μεν
comma, poft περιποιωσι colon. poft της δε comma Ald. Camer. I. II, quibus abeft comma poft
νυκτος.

της νυκτος) Hinc hiatus in Arch. & Vind.
usque in cap. 84, & οι αλλοι Αμεινιη.

ad Cap. LXXVII.

Poft εσβλεψας punctum Ald. Camer. I. II.
ρηματα legendum fufpicatur *Goldhagen.*

χρυσαορε) Paff. Ask. ora Steph alii cum
Ald. χρυσαορον. Melius codd. poft ατην comma
Ald. Cam. I. II.

μαινομενη) μαινομενοι Camerarius vulgavit in
Epigrammatibus, Theocrito ab ipfo adpofitis,
de coniectura puto. *Weffel.*

σβεσυβεσει) οβεσοη Ald. Cam. I. II, quod non annotavit *Wesseling*. Post κορον abest comma Ald. Cam. I. II.

μαιμωντα) και μωνον τα Brit.

πυθεσθαι) πειθεσθαι Pass. πιθεσθαι Valla, quorsum Pass. vergit. Comma post vocem Ald. Cam. I. II.

Φοινιξει) Φοινιξη Ald. Cam. I. II, quod non annotavit *Wessel*.

αντιλογιης) Scripta exemplaria consentiunt, quibus, etsi αιτολογιας in Diss. Herod. maluerim, non pugnabo. Desit oblitterata praepositio, reditura, Βακιδι modo δι' αντολογιης revocetur. An vero δι' αντολογιης λεγων, contradicendo obloqui, iniustum sit, fateri, ob varium in isto genere sermonis usum, erubesco. Aliter qui sentiunt, ut Abresch. ετε αυτος ελθειν τολμεω refingunt. Quae sane dictio & elegans & trita est, ab ipso Animadv. ad Aeschyl. L. I, 3. p. 15 & Valken. in Phoeniss. Eurip. v. 482 doctissime illustrata. *Wessel*. αντιλογιης commode corrigit Wesseling. in Diss. Herod. p. 201. *Valken*.

ad Cap. LXXVIII.

Post ςρατηγων comma Ald. Cam. I. II.

περιεκυκλευντο) Med. Pass. Ask. In Ald. & Paris. B. Brit. περιεκυκλευντο.

ad Cap. LXXIX.

Συνεςηκοτων) Quod συνεςηκατων vertebatur *congregatis*: sed vide I, 207. IV, 132. *Wesseling*. Post τον ante εγω comma Ald. Cam. I. II, quod abest post νενομικα, sed ponitur post Αθηνησι & post

post πνευμενος, & colon post ισθμον, punctumque post τάδε.

εν τε τω) Paffion. deerat enclitica Ald. &c. Abest comma post εν τάδε.

την πατριδα) Med. Paff. Ask τῃ πατριδι Ald. & alii. Optime MS. & Gronov. Probatiffima Noftro, Thucydidi, Xenophonti, aliisque ea ftructura, a Thoma M. ad Δρω laudata. Dubito vero, fitne ex ufu τοι, fiquidem illud commodiorem poft pauca locum occupat, & neceffarium hic non eft. *Weffel.*

δε τοι) Askew. Paff. Medic. antea cum Ald. λεγω δε fine τοι, in Brit. δε ὁ ισων. Poft ετι νυν abeft comma Ald. Cam. I. II, nec ponitur poft θελωσι, fed poft Ευρυβιαδης.

ad Cap. LXXX.

Poft τοιάδε colon Ald. Cam. I. II, idemque poft ηγγειλας, & comma poft τα.

ηθελον) ηθελον Ask. Poft συ δε abeft comma, colon poft λεγειν Ald. Cam. I. II, idemque in his poft λεγεις.

ταυτα δη τα καλλιστα) Si qui ταυτα ὁντα praeoptaverint, cum doctiff. viro Mifcell. Obf. Vol. III. p. 142, non valde obnitar. Loquendi genus plenius hoc loco quam plerumque, eiusdem & If. Cafauboni ad Athen. V, 2 follertia exemplorum cumulo manifeftius, quam pridem, habetur. *Weffeling.*

ad Cap. LXXXI.

ὁ Αριστειδης) undecim fequentia non habet Brit. culpa fcribae. Malunt ταυτα ελεγε Θεμιστοκλεςοκλης· παρελθων δε ο Αριςειδης — Verum concisus sermo scriptoris est, respiciens illa, σημην γον αυτος παρελθων, ως εχει neque enim opinor, molestum videri, ελεγε — Φαμενος, cui simillima in Musis conplura. *Wesseling* Post μετεςηκεε punctum, comma post τωνδε Ald. Camer. I. II.

αμφισβασιη) Pass. Ask. recte. Antea cum Ald. αμφισβησιη. Vide lib. IV, 14, tum οι γαρ πλευνες iidem. Post εξαγγελθεντα colon Ald. Cam. I. II.

ad Cap. LXXXII.

Post της ante ηρχε comma Ald. Cam. I. II, punctum post Σωσιμενεος.

αληθινην) αληθεινην Ask. Post Ελλησι & ογδωκοντα commata Ald. Camer. I. II, punctumque post νηας.

ad Cap. LXXXIII.

Post Ελλησι comma Ald. Cam. I. II.

ηως τε δη διεφαινε) εφαινε Medic. Pass. Ask. colon post διεφαινε, & δη non habet Ald. Camer. I. II, Med. & aliorum scriptura, cui similem ex Arch. enotavi L. VII, 217, ex praecipua parte fallit. Ita ibi, ηως τε δη διεφαινε, και οι ηγεοντο — placuit accessio τε δη: quamquam & ea vox lib. IX, 46 haud conspicitur. *Wesseling.*

και οι συλλογον &c.) Indigent verbo, fortasse olim scripta και οι συλλογον των επιβατεων ποιησαμενοι ηγορεωντο, & hi propugnatorum convocato consilio concionabantur. Sic apta omnia. Alioqui και οι — ποιησαμενος προηγορευε,

ετνε, ut Themistocles, popularibus suis coactis, habita oratione dixerit ista. Memini ab aliis excogitata alia, quae praetereo. *Wessel*
Haec perperam coniecturis tentata, nominativi sunt absoluti, quorum vice scribi potuerat. ηως τε διαφαυνωσης, και τουτων συλλογον των επιβατεων ποιησαμενων, paucis Themistocles populares suos ad pugnam inflammavit: qualia tum probabiliter dicta sunt, dedit Aeschyl. in Pers. 402 ω παιδες Ελληνων ιτε, Ελευθερουτε πατριδ', ελευθερου- τε δη Παιδας, γυναικας, θεων τε πατρωων εδη, Θηκας τε προγονων, νυν υπερ παντων αγων· audiebantur ista secundum Tragicum, Επει γε με τοι λευκοπωλος ημερα Πασαν κατεσχε γαιαν iuxta Herod. *prima luce;* simul atque ηως διεφαινε· frequentius legitur υπεφαινε· Herodoteum est αμα ημερη διαφαυσκουση, vide ad III. c. 86 αμα εω, & αμα τη εω leguntur apud Thucyd. p. 00, 64. 196, 11. 311. 2 haec ad manum si fuissent Dukero p. 299, 2 ne dubitasset quidem, quin C in E mutato προσω corrigi deberet in προ εω· ut εξ εω, sic προς εω recte leguntur in Aristoph. Eccles. v. 85, 312, & εις εω apud Isaeum Or. VI. p. 71, 28. Huc spectabat Harpocrat. in εις εω, αντι τη αρχομενην ημεραν· non alium Isaei locum, quo referens ista H. Vales. illic sincerum εισω sollicitabat. *Valken*

Post Θεμιςοκλης colon Ald. Cam. I. II.

τα κρεσσω) τακρεσσω una voce iidem.

φησιν) κρησιν Passion. & mox εκελευσε. Post εσεβαινον punctum Ald. Cam. I II.

οι Ελληνες) desit Pass. & Ask.

ad Cap. LXXXIV.

ἐπὶ πρυμνην ἀνεκρουοντο) Citavit Suidas in ἐπὶ πρυμνην, tum ωκελλον Paff. punctum poft νηας Ald. Camerar. I. II, abeft ab his comma poft Ἀθηναιος.

οἱ ἀλλοι Ἀμεινη) οἱ ἀλλοι ἁμα νηι Arch. finito hiatu.

γενεσθαι της ναυμαχιης) της ναυμαχιης γενεσθαι idem & Ask. Poft Αιγυπται δε abeft comma Ald. Cam. I. II, qui habent poft φανεισαι δε & poft ωςε.

ςρατοπεδον των Ἑλληνων) των Ἑλληνων ςρατοπεδον Arch. Ask. Colon poft ταδε Ald. Cam. I. II. Neceffitudo nulla, ut πικροτερον aut προθυμοτερον formetur. *Weffel.*

μεχρι κοσε ετι) Priori quoque fede fic fcribendum arbitror, non ἐπι, fed ετι πρυμνην ἀνεκρουοντο, quia ἐπι non adhibetur apud veteres in phrafi πρυμναν ἀνακρεσθαι. *Valkenar.*

ad Cap. LXXXV.

Poft Ἀθηναιες comma, poft Ιωνες punctum Ald. Cam. I. II, abfunt commata poft αυτων δε εντολας, colon pofitum poft ολιγοι in iisdem.

τριηραρχων) τριηραρχων Arch.

Θεομηςορος τε) Θεμηςορος Paff. prave. Vide IX, 89.

τεδε εἱνεκα) τεδε δε cum Abrefchio praeferrem. *Weffeling.* Jonum nomina, qui veteris Graeciae ceperint naves, reliqua prudenter reticet Nofter: τεδε δε εἱνεκα, sit, μεμνημαι τετεων μενον· fic fyllaba fcribendum puto repetita pro τεδε εἱνεκα. *Valken.*

Poft Θεομηςος μεν comma Ald. Cam. I. II.

οἱ)

οἱ) Non est in Arch. Paff. Ask. Poft Περ-
σις colon Ald. Camer. I. II, in quibus comma
poft τυτυς.

ad Cap. LXXXVI.

εκεραΐζετο) Euftath. ad Homer. p. 364, 25
illuftrat. Colon hic in Ald. Cam. I. II, idemque poft διαφθειρομεναι.

ναυμαχεοντων) abeft Brit.

ȣ τεταγμενων ετι) Kosnio noftro fcripfiffe
de Barbaris videbatur: ȣ τεταγμενως τι ȣτε συν
νοω ποιεοντων ȣδεν. de Graecis dixit, συν κοσμω
ναυμαχεοντων κατα ταξιν. Valken. Poft ετι abeft comma Ald. Camer. I. II, ponunt id poft
συροισεσθαι.

τε εκαςος) τοι εκαςος Paff. tum θεησασθαι
Vindob.

ad Cap. LXXXVII.

επαι) επειν Idem, Askew. Arch. & in feqq.
Poft ηγονιζοντο punctum Ald. Cam. I. II, in his
comma poft Αρτεμισιην.

επειδη γαρ) Med. Arch. Paffion. Ask. olim
cum Ald. επει.

νηες) νεες Ask. Arch. Vind. poft η δε αυτης,
& poft το ante και commata Ald. Camer. I. II,
poft ποιησασῃ colon habent.

Δαμασιθυμȣ) Σαμασ. Brit.: Steph. Byz. in
Καλυνδα gentile urbis hinc haufit.

εγωγε εχω επαι) Arch. antea cum Ald. εχω
γε. Cultius Arch. & verius. Sic cap. 128 αρχην εγωγε ȣκ εχω επαι. Eo vero cupidius id re-
pofui, ut fcabrities, ad quam vir doctus ultro
offendit, detergeretur. *Weſſeling.*

ꞌτε) ειτε, & denuo, Askew.
κατα τυχην) κατα τυχεν Paſſion.
ανεβαλε τε) ανεβαλε Arch. comma poſt τε Ald. Cam. I. II.
ειδε) οιδε Arch.
νηα της) νεα την Askew. Ald. & Edd. της Arch. Paſſ. forte & Med. de quo Gronov. nihil, vetuſtum tamen mutari paſſus. *Weſſeling.*
Poſt ετραπετο colon Ald. Cam. I. II.

ad Cap. LXXXVIII.

συνηνεικε γενεσθαι) Corrigenti γενεσθαι μηχος τε διαφυγεειν — nec ſchedae veteres, nec creberrime in Muſis iteratum συνενεικε γενεσθαι proſunt. Nam διαφυγεειν τε και μη απολεσθαι Herodoteae conſuetudinis & ubertatis extra omnem eſſe culpam, cumulus exemplorum, unde pauca delibavit Abreſch. Diluc. Thucyd. L. 6, 87 maniſeſtat. *Weſſeling* Poſt τετο δε comma Ald. Cam. I. II, quod defit poſt λεγεται γαρ. Poſt παρεοντων in his punctum, poſt και τον & και τες commata exſtant.

σαφεως) Med. Paſſ. Vind. Arch. Pariſ. A. Ask. Olim cum Ald. σαφως. Ab exemplaribus ſcriptis nihil deflecto Eſt cui σαφεων, ως το — in coniecturam incidit, non illam damnabilem, modo ab ipſa re expoſtularetur. *Weſſel.* Poſt διαφθαρεισαν comma, quod non ponunt poſt αλλα Ald. Cam. I. II.

Καλυνδικης) Καλυνδιης Arch. quod non diſplicet. Sed vide I, 172.

Poſt οἱ μεν ανδρες comma Ald. Camer. I. II. Hinc Euſtath. ad Homer. p. 211, 23 & 668, 43. Poſt ειπαι colon Ald. Cam. I. II.

ad

ad Cap. LXXXIX.

Commata post πολλοι τε & Περσιων, punctum post συμμαχων Ald. Camer. I. II. Abest his comma post τεταγμενοι.

προσθε) Pass. Vind. Ask. Brit. Arch. alii cum Ald. εμπροσθε.

ad Cap. XC.

των τινες Φοινικων) post των comma, Ald. Cam. I. II. Φοινικων ora Stephan. olim Φοινικες cum Ald. comma post των Ald. Camer. I. II. Quibus ex pluteis & quo cod. H. Steph. acceperit Φοινικων, dicere non habeo. Herodoteum est. Πεμπει των τινας δορυφορων L. VII, 146. Gronovium consule lib. I, 85. Wessel. Φοινικων corrigendum vidit Koenius; praebet hoc margo Steph. absque codd. recipiendum: των τινα εταιρων in Pausan. p. 594. Jonicam Sylburg. vocat αιαςροφην. Nostro frequens, apud alios hic illic observata fuit; vide T. H. in Lucian. p. 82 & P. IV in Diss. Herod. p. 137. Qui loquendi saepe figuras usurpat elegantes & rariores, amat Eustath. hanc etiam voculam Herodoteo sic more transponere: huius immemor Casaub. in Athen. I. p. 22. B. pro των Ὁμηριδων τις, p. 56 verius iudicabat & elegantius, των τις Ὁμηριδων· quod praebet Eustath. in Odyss. 9. p. 316, 47. Sed centenis forte locis sic scribit Eustath. semel Athenaeus. *Valkenar.* Post απολοιατο αἱ νηες abest comma Ald. Camer. I. II, in quibus punctum post προδοντων.

διαβαλοντας) Arch. Vind. Pass. antea cum Ald. διαβαλοντας, mox iidem τοιοιδε cum Med. Ask. ceteri τοιυτον cum Ald.

Σαμοθρηίκιη) Σαμοθρηκιη Arch. Vind. & statim. Poſt κατεδυετο colon Ald. Camer. I. II. κατεδυσατο Arch.

Αιγιναιη) Med. Ask. Paſſion. olim Αιγινεη. Poſt νηυς comma Ald. Cam. I. II.

απηραξαν) Olim απηερραξαν, cui alteram caninam ex Valkenarii voluntate detraxi. Conf. Sylburg. ad Dionyſ. Halic. VIII. p. 494. *Weſſel.* Verbum illud careat hoc loco litera ſuperflua; apud Suidam etiam απαραξεις, & απηραξεν, απεκυψεν· ſcribendum, non litera ρ duplicata: recte ſcribuntur alibi apud Noſtrum αρασσομενοι, συναρασσονται &c. *Valken.*

επεβησαν τε) Medic. Ask. Paſſ. Vind. Ald. Valla: απεβησαν male prius. Poſt τε comma Ald. Cam. I. II, idemque poſt γενομενα, & poſt υπερλυπεομενος τε.

και παντας) Arch. Pariſ. B. Med. Vindob. Paſſ. Ask. Παν antea ex Ald. quod vertit: *eos omni modo accuſans*, & longe praefert de Pauw: nam *cunctos* ſi rex incuſarit, Jonas in idem incurriſſe periculum. Quod illi vitio non verto, conſenſionem MſT., cuiusmodi nullum inſpexerat, ignoranti. Αιτιωμενος παντας *omnes* Phoenices, quorum αρξαντων της φυγης αιτιωτατες απεκτεινε Diod. XI, 19. *Weſſeling.*

υρεἶ) ορᾶ Arch. Vind Attigit haec Schol. Aeſchyl. Perſ. 466. Commata poſt Σαλαμινος & poſt το Ald. Camerar. I. II, idemque poſt τριηραρχον.

προς δε ετι) προς δ ετι Arch. Vindob. poſt προς δε comma Ald. Camer. I. II, idemque poſt Περσης. Omittunt τε poſt τετε iidem. — Aut aliquis latet error, aut Latina peccant:

pra=

prava esse, non ambigo. Unde enim Ariamenem cladi Phoenicum victimam accessisse, confit? Qua hominis culpa? An προσεβαλετο τ8τ8 τ8 Φοινικηι8 παθεος haec indicare apta sunt? Saltem alius verbo casus adfuisset. Porro οἱ μεν δη — quae continuo post Phoenicum postulant poenas, nullas Ariamenis. At obscurum & molestum perseverat προσεβαλετο — τ8τ8 τ8 Φ. παθεος, neque dissipatur Pavii Latinis, ab eo increpabatur praesens propter hanc Phoenicum poenam, quam deprecari voluerat; nam deprecari Ariamenem voluisse, unde nobis patet, & ubi προσβαλεσθαι tali notione? Errorem latere arbitror, & προσελαβετο, quae elegans Reiskii coniectura, fingendum, ut innuatur, Ariamenem, virum Persam, Jonum amicum, cum praesens adesset, calamitatem illam Phoenicum adiutasse criminando. Placet Abreschii Φιλος Ιωνων εων, adeundi Diluc. Thucyd. p. 112. *Wessel.* quocum *Larcherius* sentit Reiskianam probans coniecturam felicissimam, quam & *Degesius* recepit.

ad Cap. XCI.

Post οἱ μεν comma Ald. Cam. I. II.

ὑποσαντες) προσαντες edit. Genev. 1618. Valde inprudenter & sine excusatione. Post αντισαμεναις comma Ald Cam. I. II, colon ponunt post ηων, comma post Αιγυπται.

εκπλωσαες) Arch. Vind. ceteri cum Ald. εκπλευσας.

ad Cap. XCII.

Post επ᾽ ης comma Ald. Cam. I. II, idemque post των ante οἱ Περσαι.

εκπαγλεομενοι) εκπλαγεομενοι Askew. Vide
VII, 181. Comma poſt τον ſequens Ald. Cam.
I. II, in queis colon poſt Σιδωνιη, ſed abeſt
comma poſt συνοι, & punctum ponitur poſt
ςρατηγιδος.

Θεμιςοκληα) Θεμιςοκλεα Arch. Vind. Ask.
& iterum. Poſt Πολυκριτον comma Ald. Camer. I. II.

ad Cap. XCIII.

Comma poſt των ante αι νηες Ald. Camer.
I. II, ſed abeſt hoc περιεγενοντο, inſeritur autem
poſt ναυμαχιη ταυτη.

αριςα Αιγινηται) Citat Schol. Vind. Iſthmi-
on. V fin. & Plut. Themiſt. p. 120. D. Poſt
Αθηναιοι punctum Ald. Cam. I. II.

Αθηναιοι) Arch. Vind. Paſſ. Valla: ſingu-
lare in ceteris & Ald. Melius plurale: ambo
erant Athenienſes. Weſſel.

Αναγυρασιος) Αργυρασιος Arch. comma poſt
vocem Ald. Cam. I. II, in his punctum poſt
Παλληνευς.

επεδιωξε) idem, Vind. Paſſ. Ask. Stephan.
margo. Alii cum Ald. απεδιωξε. Illud rei con-
gruentius. Sic c. 108 & 111 επει τε σφι απεδοξε
μητ' επιδιωκειν ετι προσωτερω &c. Weſſel. Colon poſt vocem Ald. Cam I. II.

πλωει) πλεοι Paſſ. Arch. Vind. Ask. qui η
non agnoſcunt.

τριηραρχοισι) τριηραρχησι Arch. Vind. nec
illud male, & παρεκεκελευςο.

γαρ τοι) γαρ τι Arch. Vind. Poſt μεν δη
abeſt comma Ald. Cam. I. II, adeſt poſt ειρηται,
poſt αλλοι & poſt των.

ad

ad Cap. XCIV.

Ἀδειμαντον δε) Tangit haec Dio Chryſ. in Corinth. p. 458. D. & Plutarch. Malign. p. 870. B.

κατ᾽ αρχας) καταρχας uno verbo Ald., Camer. I. II.

εκπλαγεντα τε και υπερδεισαντα) Non aliter legiſſe Plutarchus videtur, ſed interpretis malevoli perfunctus officio. *Valken.* Poſt εκπλαγεντα τε & αειραμενον commata Ald. Cam. I. II.

το ιρον) abeſt Arch. Paſſ. Brit. Legendum videtur *Goldhagenio* απο της Σαλαμινος.

Σκιραδος) Σκιρραδος Arch. Poſt πομπη punctum, poſt τον comma Ald. Cam. I. II.

Τοισι Κορινθιοισι) Non legunt iſta duo Arch. Vind. & Valla. Abeſt comma poſt κελητος Ald. Cam. I. II.

αποςρεψας) Plut. haec verba conpendifaciens, negligit Malign. p. 870. Poſt ναυς comma Ald. Cam. I. II, idemque poſt οι δε.

αυτοι) αυ Arch. Poſt ταδε λεγειν punctum Ald. Cam. I. II.

αποςρεψαντα) Med. Paſſ. Ask. Arch. Pariſ. B. in aliis & Ald. αποςρεψαντες. Vere ex ſchedis Gronov. diſtracto itidem, quamquam ex coniectura επ᾽ εξειργασμενοισι. Nunc quod legitur, Jonum & Herodoteum eſt. Vide lib. 4, 165. *Weſſel.*

επ᾽ εξεργασμενοισι) επεξεργασμενοισι Ald. Edd. & fortaſſe Plut. επ᾽ εξεργασμενοισι Paſſion. Arch. Vindob. quibus Pariſ. A. B. & D. accedunt teſte *Larcherio.*

ad Cap. XCV.

Poſt τε ante και comma Ald. Cam. I. II.

ολιγω) ολιγον, ut ſaepe. Vide VII, 113. *Weſſeling.* qui teſtes pro hac varietate non nominavit.

εμνησθην) επεμνησθην Ask. Arch. Vind. Stephan. ora, quomodo ſupra. Poſt γενομενω comma Ald. Cam. I. II.

οι παρατεταχατο) Med. Paſſ. Ask. Arch. Vind. Brit. Olim cum Ald. οι πολλοι παρατεταχατο. Poſt αγων colon Ald. Cam. I. II.

ad Cap. XCVI.

κατειρυσαντες) Med. Paſſ. Ask. Arch. Vind. Brit. ante cum Ald. κατερρυσαντες. Poſt ναυηγιων comma Ald. Camer. I. II, idemque poſt ναυμαχιην.

ο ανεμος) ο ante ανεμος defit Arch. & abeſſe poteſt.

ωςε αποπλησαι) Ex ſuſpicione eruditi viri αποπλησθηναι, quomodo πλησεσθαι apud Sacros N. Teſt. ſcriptores. At noſter ad των ναυηγιων τα πολλα aptavit, quae ad Coliadem delata fidem oraculis conciliarint. *Weſſel.* Comma poſt τον ante τε αλλον Ald. Cam. I. II, in quibus & Μυσεω, & poſt ετεσι comma, colon poſt χρησμολογω & comma poſt το, colon iterum poſt Ελληνας.

Κωλιαδες) Habet Strabo IX. p. 611 & Euſtath. ad Homer. p. 284, 24.

Φριξυσι) Ultima haec oraculi iucunda *Kuhnius* & leni medicina reparavit ad Pauſan. I, 2 Φρυξυσι· tantam videlicet remorum, ad Coliadem

ad conftit: lect: Herodot. integritatem.

dem eiectorum, futuram abundantiam, ut illis inter torrendum mulieres uti possent. Quam quidem opem codd. Strabo Eustathiusque recusant, non infituaturi, modo liceret, φρυ-γειν ερετμοις matronis adprime convenire, φριτ-τειν ερετμοις, etsi meticulosum hoc genus, quidpiam arcessiti atque incommodi possidere. Haec pro Kuhnio, vincta mea caedens. *Wessel.* ερετμοισι φριξυσι remis horrebunt mulieres Coliades; an Horret capillis ut marinus asperis Echinus aut Laureus aper? non opinor. Lenissima mihi quoque placet Kuhnii correctio, legentis φρυξυσι, quae, Berglero probata, Reiskio quoque venit in mentem, aliisque: remis sic usurae secundum Kuhnium mulieres dicuntur, ut φρυγετρεις, *frictoriis*: φρυγειν latinum est *frigere*, de quo N. Heinsius agit ad Ovid. Medic. faciei v. 70. *Valkenar.* Consentit his *Larcherius*, Alciphronis citans Epist. lib. 3. Epist. 27. p. 334 & not. Bergleri. Kuhnii φρυξυσι recepit *Degenius.*

απελασαντος) Med. Pass. Ask. Ceteri cum Ald. εχελασαντος.

ad Cap. XCVII.

πλωειν) πλεειν Arch. Vind. Pass. Ask.

κινδυνευση) Med. Pass. Ask. & ex coniectura Pavius. κινδυνευσει Arch. κινδυνευσαι prius cum Ald.

εβυλευε) Ask. Pass. Med. In aliis, Aldoque, εβυλευσε.

επιδηλος) επιδημος Arch. Post διαχεν punctum Ald. Cam. I. II, comma ponunt post εωσι.

ηπιςεατο) επιςεατο non male Arch.

παρεσκευασται) Idem, Vind. Med. Paffion.
Ask. Antea παρεσκευαςο ex Ald. &c.
τε αμα) τε non agnoscit Arch.

ad Cap. XCVIII.

θνητον εον) Siccine vero nunciis his Persicis nihil mortale celerius? an ne columbae quidem velociores essent censendae, quibus & olim ad domesticos deportandas literas alligabant? qua de re Casaub. egit in Athen. IX. c. 11. Levissima mutatione pro θνητον libenter corrigerem αννιον, sive ανθρωπινον εον, unius ponam, aliis omissa, de iisdem loquentis Xenophontis verba K. Π. VIII. p. 137, 35 οτι γε των ανθρωπινων πεζη πορειων αυτη ταχιςη τυτο ευδηλον· aliorum de his loca dederunt Brissonius de R. P. p. 190 & Stanlei. ad Aeschyl. Pers. 247. Herodotus saepius ανθρωπινον scripsit, quam ανθρωπινον. *Valkenar.* Nobis haec non tentanda videntur.

Post λεγυσι γαρ comma Ald. Cam. I. II.

ιπποι τε και ανηρ) Arch. Medic. Pass. Ask. Brit. Alii cum Aldo εκαςην τεταγμενοι tantum. Laudibus Gronovium fero, amplioribus ornaturus, modo Brissonio & Stanleio comiorem sese praestitisset. Neuter schedas Herodoti manu exaratas versaverat, & vituperabuntur ob vocum, in MSS. latitantium, ignorantiam? Voces bene redierunt, clariusque cursum hunc, cuius Cyrus auctor & inventor, exponunt. Videndus Brisson R Pers. lib. I, 238 & M. Paulus Venet. L. 2. Reg Orient. c. 28 non dissimilem vehicularem apud Tartaros cursum enarrans. *Wessel.* Post τυς comma Ald. Cam. I. II.

τὰς ἄτε) haud moveo: in diſtributione, ut dicere amant, numeri ſolens ſaepe mutatio. *Weſſeling.*

ἔργες) Askew. Paſſ. Ald. ἔργες Vind. Alii ἔργες, uti Homer. Iliad. β. 617.

ἑωῦτω) αυτω Arch. Paſſ.

Poſt δραμων comma, poſt δευτερω punctum, poſt δευτερος comma Ald. Cam. I. II.

λαμπαδηφορίη) λαμπιδοφορίη Arch. poſt την comma Ald. Cam. I. II

ad Cap. XCIX.

Poſt απικομενη abeſt comma Ald. Cam. I. II.

ετερψε) ετερψεν Arch. Vitioſe.

μυρσινησι) μυρσινη Paſſ. Arch. Vindob. Brit. margo Steph. Viſe lib. VII, 54. Poſt θυσιησι τε comma Ald. Cam. I. II. De Graecis ſi loqueretur, ſola mihi forma loquendi nova videretur, ειναι εν θυσιησι In Graecia ſaepe την θυσιαν Θαλεια ſequebatur, convivium ſacrorum cauſa fieri ſolitum, interprete Caſaub in Athen. p. 745, θεων θυσιαι, θαλιαι τε iunguntur in Ariſtoph. Nub. 308, qui in Pacis v. 780 αιδρων τε δαιτας dixit, και θαλιας μακαρων. Quando vero de Perſis verba facit, Herodotum ſcripſiſſe ſuſpicor: ες αν εν θαλιηισι τε και ευπαθιησι quorum prius iuxta Noſtrum notat χαρμοσυνα εποιεον, vel κεχαρηκοτες εορταζον, laeti velut feſtos dies agitabant: θαλειαν εορτην αγειν & θαλειαν αγειν Graecis etiam dicebatur: Euſtath. in Odyſſ. Φ. p. 759, 6. Epiſt. Socrat. p. 43, 18. Jam vide Herod. III, 27 in Apidis natalibus Aegyptii ἐσαν εν θαλιηισι. Feſto die bonarum rerum affluentes copiae dicuntur εν ευπαθιησι οντες Herodot.

dot. I. c. 22 & 191, ubi χαρευειν και εν ευπαθησι
εσναι, Et πινειν και ευπαθεειν II. c. 133. C. 174.
Nusquam iuncta reperi θυειν και ευπαθεειν sed
cum istis bene conveniunt, quod laeti Persae τας τε οδες μυρσινησι πασας εςορεσαν, και
εθυμιων θυμιηματα vide Brisson. de R. P. p. 340.
— *Valken* cuius ingeniosissimam emendationem recepit *Larcherius* & *Degenius*.

Post επεξελθυσα comma Ald. Cam. I. II,
idemque post βοη τε.

αυτιη) αυτιησι ora Steph. Brit. Post ταυτα
abest comma ante τον παντα Ald. Cam. I. II.

ad Cap. C.

Αθηνεων) Αθηναιων solemni vitio omnes,
praeter Vallam.

κρεσσον) κρεισσον Pass. Vind. Arch. vetante
dialecto. Post τον βιον abest comma Ald. Camer. I. II.

πλεον) Pass. Vind. Arch. Ask. bene: olim
cum Ald. πλεω. Mox η abest Arch. & οἱ Pass.
Post τονδε colon Ald. Cam. I. II.

μηδεμιην) μηδεμιαν Ask. Vind.

δοκεει) δοκεειν Arch.

παρεχει) παρεχε idem. Post εκδυσις abest
comma Ald. Cam. I. II, ponunt comma post
λογον των.

σες) τας Arch.

ποιεε) ποιεειν idem, quod pro Nostri more
melius; tale lib. ς, 23 επεαν δε αυτον περιλαβης,
ποιεειν οκως μηκετι — απιξεται. Vide c 67 &
IV, 126. *Wessel*. Post βεβελευται abest comma
Ald. Cam. I. II.

απεᾳ

απαγειν) απαγαγειν Arch. Post Περσας abest comma Ald. Cam. I. II.

Περσησι τοισι) τοισι Περσησι Arch. Positura vocis τοισι multis molesta. Maluit σοισι quamquam fluctuans, de Pauw, τοισιδε Reiskius; inmutatam qui relinquit Abresch. τοισι δεδηληται *ab illis* explicat *Graecis.* Mihi ordo ab Arch. enotatus placet. Negat Mardonius, Persarum rebus damnum allatum. Classe quidem victores Graecos abiisse: at ibi ξυλων αγων, ηκ ανδρων και ιππων. Aegyptios, Cyprios, Cilices & Phoenices superatos esse, Persas minime. Unde idem in Epistola ad Graecos, νενικηκατε θαλασσιοις ξυλοις χερσαιης ανθρωπης in Plut. Arist. p. 324. C. *Wesseling.* Duarum literarum mutatione incommodum ex τοισι natum evitari poterit, & apta enascetur sententia: Ου μεν γαρ εν Περσησι τα τι δεδηληται των πρηγματων: — εν δε Φοινιχες &c. non enim Persarum culpa quidquam vetus tuis allatum est detrimenti. Δηλησασθαι significat βλαψαι· sed δεδηλησθαι notat βεβλαφθαι, *laesum esse*, hinc fluxerunt omissa Lexicographis, κεντρηδαλητος πανδαλητος & ξιφοδηλητος, Hipponactis & Aeschyli vocabula; Δεδηληται in Eurip. Hippol. 175. MS. cod. Paris. redditur βεβλαπται — Nihil vetat, εν Περσησι hic interpretari δια Περσων, ut apud Thucyd. VII. c. 8 εν τω αγγελω. *Valken.* Nos cum *Larcherio* & *Degenio* in Valkenarianam abimus sententiam. Post πρηγματων colon Ald. Camer. I. II. In his post Φοινικες τε, & Κυπριοι τε commata ponuntur, sed nullum post Κιλικες.

παραμενειν) παραμενεειν Arch. & τα εωυτε. Post

Post απελαυνε abest comma Ald. Camer. I. II, idemque abest post δεδυλομενην.

ad Cap. CI.

ταυτα ακυσας Ξερξης) Non aliter ab Herodoto scripta. sic suo situ verba quoque potuerant collocari: ησθη τε ταυτα ακυσας Ξερξης, και ως εκ κακων εχαρη· ut III. c. 34 ησθη τε ταυτα ακυσας Καμβυσης, και — ubi eiectum rediit in suam sedem ακυσας. *Valkenar.* Post Ξερξης & κακων & εχαρη τε commata, post ησθη punctum Ald. Cam. I. II.

αποκρινεσθαι) αποκρινασθαι Brit. Ald. Scriberem: αποκρινεεσθαι, οκοτερον ποιηση τυτεων; ut legitur inferius, οκοτερα ποιεων επιτυχω. *Valkenar.*

ες συμβυλην) Med. Ask. Pass. ceteri cum Ald. επι συμβυλην. Optime hic & c. 102. Gronov. cui paria cur faciam, scribere memini ad L. III pritic. *Wessel.*

μυνη) desit Arch. perperam. Post τα comma Ald Cam. I. II.

μετασησαμενος) μεταπεμψαμενος male Brit.

πειρασθαι) Arch. Vind. Medic. Ask. Pass. antea αναπειρασθαι, post Πελοποννησυ comma Ald. Camerar. I. II, in his idem σφι, & post τυ ςρατυ.

τα εμα) Ask. Arch. Vind. alii cum Ald. τα 'μα. Post ο μεν comma Ald. Cam. I. II.

ad Cap. CII.

Post Η δε comma, post λεγει ταδε punctum Ald. Cam. I. II.

ad conflit. lect. Herodot. integritatem.

εθελει και υποδεκεται) εθελοι Ald. υποδεδεκται Arch. Post τυτο μεν γαρ abest comma, positum id post τα Ald. Cam. I. II.

εθελειν) θελειν Pass. Ask. εθελει Arch. Ald. & mox και οι προχωρησει Arch. προχωρησει Ald. comma post τα Ald. Cam. I. II, omissum id in his post εργον & δεσποτα.

οι γαρ σοι δυλοι κατεργασαντο) σοι δυλοι κατεργασαιντο Abresch. Post τυτο δε abest comma Ald. Cam. I. II.

και εκεινων των πρηγματων) Ultimam harum vocum abrasam vir doctus cupit: ego ad εκεινων allidor, & ευ κειμενων refingo. Lapsus εκεινων & ευ κειμενων facilis, sententia probior: *te salvo & bene habentibus domus tuae rebus.* Par Philostr. V. Apoll. VIII, 7. p. 352 οδ ευ κεισασθαι τα εαυτυ εφασκεν. Ille rem suam bene se habere dicebat. *Wessel.* Quocum una cum *Larcherio*, & *Degenio* sentimus. Post Μαρδονιυ δε abest comma Ald. Cam. I. II, quae comma ponunt post νικωντες, punctum post απολεσαντες, & comma post των ante εινεκα, postque Αθηνας.

ad Cap. CIII.

δη τη συμβυλιη) defit δη Arch. συμβυλιη Medic. Pass. Ask. in Ald. & reliquis συμβυλη.

επενοεε) ενοεε ora Steph. Arch. Vind. Pass. Ask. Brit. neque improbe. Post εμενε αν abest comma Ald. Cam. I. II.

Αρτεμισιην, ταυτην μεν) Αρτεμισιην ταυτην, την μεν Arch.

συνεσποντο) Med. Pass. Parif. B. συνεσποντο Arch. Vind. Parif. Brit. Ald. συνεποντο Ask.

Appar. Herod. Vol. V.

ad Cap. CIV.

Οἱ δε Πηδασεες) Quae sequuntur de Pedasensibus hic mihi videntur adulterina, atque a mala manu ex marginis scholio interiecta Herodoteis, quae, reiectis istis, hoc modo coibunt: παρα βασιλεῖ, τω μεγιςη τισις &c. Hanc vellem coniecturam, supra iam memoratam, codd. comprobarent, ut illam firmarunt VI. c. 122. Jam primum ponam Herodotea ex L. I. c. 175, paullo Ἰωνικωτερον, quod hic licebit, scripta: Εσαν δε Πηδασεες οικουντες ὑπερ Ἁλικαρνησε μεσογαιαν· τοισι ὁκως τι μελλοι ανεπιτηδεον εσεσθαι, αυτοισι τε και τοισι περιοικοισι, ἡ ἱρηιη της Ἀθηναιης πωγωνα μεγαν ισχει· τρις [δε] σφι τετο εγενετο. Sensum si spectes, hic eadem paene narrantur; his usus And. Donaeus in Demosth. p. 124. hoc, ait, videtur unum esse e splendidioribus Herodoti mendaciis: barbae tamen muliebri patronus citatur Aristoteles: vid. Leopard. Emend. VII. c. 11. XV. c. 24. — Hic tradita spuria videntur, primum quod insunt nonnulla ab Herodotea scribendi facie diversa; deinde quia libro primo posita tantum legisse videtur Strabo; tandem quia ex Herodoti consuetudine illic suo leguntur loco, ubi Pedasensium fit e Caria mentio; ista talia denique sic non solet Noster eadem repetere. Si adeo erant digna, quae repeterentur, cur non illa reposuisset potius L. VI. c. 20. ubi Pedasenses e Caria iterum commemorantur. Quod primum dicebam, me iudice, rem conficit: interpolator suo fraudem prodit iudicio. Herodotea, τοισι ὁκως τι μελλοι ανεπιτηδεον εσεσθαι sic lecta Straboni, noster interprepretatur: ἐπεὰν τοῖσι — μέλλῃ τι ἐντὸς χρόνου ἔσεσθαι χαλεπόν· τὸ ἔσεσθαι videlicet! requirebat adiectum ἐντὸς χρόνου· velut Grammaticus Ἀνεπιτήδεον, χαλεπὸν· Ἴσχει πώγωνα reddidit φυει. Priora missa facio, ἐν τοῖσι Πηδάσεοισι· & τοιόνδε φέρεται πρᾶγμα γίνεσθαι· fertur. Valla; quod mutari postea potuit in συμφέρεται πρῆγμα. Sed quibus tandem hoc ostento malum portendebatur? an non ipsis etiam Pedasensibus barba suae sacerdotis portentum erat expiandum? hoc utique significatum voluit Herodotus. Et quid tandem interpolatur? quum malum imminueret τοῖσι ἀμφικτίοισι πᾶσι τοῖσι ἀμφὶ ταύτης οἰκέουσι τῆς πόλιος· quae sane non eleganter sunt terenda; Vallae reddita, Amphictyensibus, qui circa eam urbem habitant; Palmerius, Amphictyonas, ait, a Pylaea sua in mediam Cariam sine navi transfretavit. Suspicor, primum huius notae auctorem pro περιοίκοισι, l. c. 175 legisse in suo cod. περικτίοισι· noverat magister ex Homer. Odyss. β. 65 περικτίονας ἀνθρώπους Οἱ περιναιετάουσι· iam vide quam docte scripserit ad exemplar Homeri propemodum ἀμφικτίοισι — τοῖσι ἀμφὶ — οἰκέουσι. Ubi meminit Thucyd. III. c. 104. Deli τῶν περικτιόνων νησιωτῶν· Schol. περικτίονες, inquit, εἰσὶ καὶ ἀμφικτίονες, οἱ περίοικοῦντες. Usus rarioris vocis ἀμφικτίονες exemplum requirenti succurret Androtion apud Pausan. X. p. 815, adiutus a Sylburgio: conterminos Ἀμφικτίονας vocans Tzetzes iuxta Vales. in Harpocrat. p. 276, Scaligerum in errorem induxit, qualis Grotium etiam decepit Stobaei sui Florileg. p. 197 in istis incerti Poëtae: κότ' ἀλκίμον ἕξετε θυμόν, ὦ νέοι, οὐδ' αἰδεῖσθ' ἀμφὶ περικτίονας;

ne-

neque vicinos, iuvenes, reveremini. *Valken.*
Post Πηδασεες comma Ald. Cam. I. II.

Πηδασεοισι) Πηδασοισι τυτοισι Paffion. prius
etiam Vind. Brit. Steph. ora, Πηδασισι Arch.
Post τυτοισι comma Ald. Camer. I. II. Verius
Πηδασευσι, quod L. VI. 20. P. Leopard. legebat Πηδασευσσι Emend. VII, 14. Schedarum
Πηδασοισι, modo commodus a gentili vocabulo
ad urbem Πηδασα processus foret, nec τυτοισι
moraretur, posset ferri. At ferri non potest
συμφερεται, etsi saepius συνηνεχθη γενεσθαι repe-
tatur: id enim *quid acciderit*, non *quid fama fe-
rat*, indicare aptum est. Verum enim vero
multa narrationis huius offendunt. Poni saltem oportuerat επεαυ αυτοισι τε και τοισι —, sicuti lib. I, 175. Gronovius αμφικτιοσι, de cod.
scripto silens, publicavit. Plerique aliter. Se-
quar tamen ob Ask. consensum Ex Vallae Latinis *Amphictyonas* expulsos Leopardus voluit:
eadem mens Nic. Antonio lib. I de Jur. Exul.
c. 11, unice in αμφικτιοσι acquiescenti, neque
alia Palmerio: sunt sane iidem περικτιονες, αμφικτιονες, sive Schol. Thucyd. L. 2, 104 interprete, οι περιοικυντες, quales Callino Ephesio
αμφιπερικτιονες Stob. p. 356. Pedasensium ac-
colas alibi Herodotus περιοικυς eiusdemque verbis dixit Strabo XIII. p. 909. Cui ergo bono
additamentum, τοισι αμφι ταυτης οικευσι της πολιος. Cur δις ταυτον; utique ex ingenio librarii,
rariorem αμφικτιονες vocem explicituri. Porro
δις ηδη εγενετο protinus peccat. Alibi τρις posuit, & cum eo Strabo. Quae cuncta animo
evolventi, plura his inculcata videntur. Con-
su-

fule Valkenar. ad dictum prioris libri caput *Weſſeling.*

Φερεται) Ald. Arch. Vind. Brit. Pariſ. B. συμΦερεται Med. Ask. Paſſ. Poſt γινεσθαι punctum Ald Cam. I. II.

αμΦικτιοσι) Ask. αμΦικτυοσι Paſſion. Vind. Arch Brit. Ald.

ιρην) ιρην Arch. rem attigit Strabo XIII. p. 909. Poſt μεγαν punctum Ald. Cam. I. II.

ad Cap. CV.

Πηδασεων) Πηδασιων Ask. Comma poſt vocem Ald. Cam. I II, in his comma poſt τω ante μεγιςη, & poſt παντων των.

Πανιωνιος) Παιωνιος Arch. Vindob. Valla. Vulgatum in Athenaeo, haec lib. 6. p. 266. E. citante. — Hoccine mangoni nomen parentes impoſuerint, an Παιωνια, ſcripti codd. dubium relinquont: ſi poſterius, reſpectus aliquis ad artem medicam erit, ex qua Apollo, Bacchus & ipſa Minerva Παιωνιοι. Prius illi furcifero accommodatius ex concilio Panionio, cuius Chii participes L. I. 143, atque ita Athenaeus. *Weſſeling.* Poſt Πανιωνιος abeſt comma Ald. Cam. I. II.

ζοην) ζωην Arch. Vind.

και Εφεσον) και ες Εφεσον iidem. Poſt ευνοχοι & πασης abſunt commata Ald. Cam. I. II.

ενορχιων) Paſſ. Ask. ενορχιεων Arch. antea cum Ald. ενορχεων. ενορχιων melius videtur, ob lib. VI, 32. *Weſſeling.*

τυτεων) τυτυ Arch. Paſſ. Ask. Vind. Steph. margo. ποιευμενος εκ τυτυ την ζοην neque damno, neque recipio. Dedit ποιευμενον απο τυτων την

την ζοην L. 2, 36 diversiore in re. Si codd. obsecundamus, εκ τετε postulabit sibi aut εργε aut πρηγματος, quomodo Valla. *Weſſel.* Post και ante ε abest comma Ald. Cam. I. II.

παρα Ξερξη) παρα βασιλει Ξερξη Arch. Vindob. Valla.

ad Cap. CVI.

ωρμα) ορμα Arch. Vind. sine augmento, ut solent Jones. Statim ο omittitur a Pass. Ask. & comma ab Ald. Camer. I. II. Post Αθηνας, sed post την ante Χιοι inseritur ab iisdem.

μεν) abest ab Arch. in quo & Vind. Αταρνεος. Tu adi ad L. I, 160.

Πανιωνιον) Παιωνιον iidem & Valla, semper.

ποιησειν, ην) ποιησει, ην κομισαμενος Arch. Vindob.

οικετας) Iidem & Med. Pass. Ask. Thomas Mag. in οικεται· & Valla: antea παιδας ex Ald. & aliis. Thomas M. & calamo scripti verissime, conf. dicta ad huius libri c. 4. *Weſſel.*

ασμενον) Omittit Thomas, quod hominis cupiditatem adprime sua praesentia indicat. Corrigitur praeterea αποδεξαμενον, cui in Musis alia potestas. *Weſſel.* Post ως δε comma, post ταδε colon Ald. Cam. I. II.

ηδη) Cum ηδη & δη in Codd. alternentur, posterius eligebam. Verum Abresch. ηδη rariore accipit notione pro μεχρι νυν, *huc usque*, qua Pausan. Achaic. C. 22 ipso observante, πυθεσθαι μεν ηδη τα ονοματα αυτων εκ εχομεν. *Wesseling.*

εμων τις εργασατο) Arch. Vind. Valla. Ceteri cum Ald. τις εκ προγονων εργασατο. Pauca,

sche-

schedarum iussu, ut stribiligo in posterum abesset, induxi. Quis enim τι σε εγω — τις σε προγονων —, η σε aequis oculis adspiciat? Deleta librariis transfcripsi. *Wesseling.* Post λησων comma, post εμας colon Ald. Cam. I. II.

ω:ειδιζε), ωνειδισε Pass. Ask. Vind. cuius usus esse potest. Post οντων comma Ald. Camerar. I. II.

η τε τισις) η τισις και Ἑρμοτιμος Arch. Vindob. ο desit & Askew. Post τισις comma Ald. Cam. I. II.

ad Cap. CVII.

εκελευε) Pass. Ask. Arch. Vind. ora Steph. prius εκελευσε.

τυς αν βυληται) τυς βελεται iidem omnes; neque sperno. Post τυς comma Ald. Cam. I. II.

τυτυτον) τουτο Passion. Post νυκτος abest comma Ald. Camer. I. II, abest quoque post Ἑλησποντον.

ταχεος) ταχεος εσχε Vind. Posterius etiam Arch. Idem in Paris. A. & B. teste *Lareberio*, nisi quod ειχεν in B. exstat. Olim ταχεως ex Ald. Statim Vind. Arch. φυλαξυσας. Plut. T. II. p. 610. C. ως μεν ειχε ταχυς και δυναμεως εκαςος· nec Nostri disconvenit L. IX, 58. *Wessel*

βασιλεῖ) Med. Pass. Ask. Vind. Arch. in Aldo & reliquis βασιληα.

ταυτης, εδοξαν) ταυτας εδοξαν, loco ταυτης, Arch. Vindob. A me tacite praetermitti hoc non debet, quippe elegans, & vulgato haud quaquam posterius. Opinabantur enim Persae, minuta ista promontoria naves esse Graecorum, inde

inde formido illis & fuga. *Wesseling.* Colon post εκομιζοντο Ald. Cam. I. II.

ad Cap. CVIII.

εγενετο) εγινετο Pass. Arch. satis bene. οιχακυιας) ωιχωκυιας Arch. Vind.
νυν) abest ab Arch. Vind.
γνωμην απεδεικνυτο) Non agnoscit γνωμην Ask. neque Brit. in Vind. & Arch. επεδεικνυτο. Post απεδεικνυτο abest comma Ald. Cam. I. II.
Post Ευρυβιαδης δε comma in iisdem.

σφεις κακων) σφι Pass. Askew. σφεας Vind. Arch. & κακον. Porro εργασαιτο Arch. Vind. Pass. Ask. Animum multiplex in schedis variatio percussit: quid ea intendatur, non adfirmavero. Ubi pronomine, vario in omnibus, ablato, εργασαιτο probaveris, res solvendi pontis in consideratione erit, universae Graeciae ingens allaturum damnum. Si σφεας malueris, addendum erit και την Ελ. quorum equidem neutrum ausim, vulgato contentus, nec plane aversatus Arch. κακον, cui par c. 75 & IX, 36. *Wesseling.*

πειρατο αν) plene Arch. Vind. pro πειρωτ' αν ex Ald. vulgato. Post οι ησυχιην comma Ald. Cam. I. II.

προχωρεειν) προσχωρεειν Arch. Post Φαρηεεται colon Ald. Cam. I. II.

διαφθαρεεται) Med. Pass. Ask. Arch. Paris. A. Olim ex Ald. διαφθερεεται.

προσχωρησαι) Brit. προχωρησαι, ex quo Laurentii *succedere* fluxit, saepeque legitimi locum, sicuti paullo superius in Arch. & Thucyd. II, 5 invasit. Editum plerorumque consensu munitur,

tur, indicans, Xerxi, modo strenue & prudenter egerit, singula per Europam oppida & nationes, partim captas, ultro partim, sese adjuncturas. Id vero προσχωρησαι velle, nemo ignorat. *Wessel.*

ελθοι) Ask. Med. Passion. ceteri cum Ald. ελθῃ.

Πελοποννησιων) οἱ Πελοποννησιων Arch.

ad Cap. CIX.

Post περιημεκτεον comma Ald. Cam. I. II.

ορμεατο) Arch. Vind. bene. ωρμεατο alii cum Ald. Post βαλλομενοι abest comma, Ald. Cam. I. II. βυλομενοι Arch. Vind. praeteraque ει ωλοι, quod Jonum est. Prius ει οι αλλοι ex Ald. post ταδε colon Ald. Cam. I. II.

πλεω) πλειω Arch. Vind. Commata post αναμαχεσθαι τε & post αυτες in Ald. Camerar. I. II.

ανωσαμενοι) ανασασαμενοι Medic. Pass. Ask. Post ηρωες colon Ald. Cam. I. II, comma post ανοσιον τε.

εμπιπρας τε) εμπιπρεις Med. Pass. Ask. videtur scripturae aberratio verioris. *Wesseling.* Comma post εμπιπρας τε Ald. Cam. I. II.

πεδας τε κατηκε) Ob vicinas duae forte literae perierunt, ut scripserit εγκατηκε, nempe τῃ θαλασσῃ. Diogen. Laërt. in Prooem. λ. 9 dixit: εις την θαλασσαν πεδας καθειναι· κατειναι ες το πελαγος πεδων ζευγος Herodot. VII, 35. *Valkener.*

εχει) desideratur in Arch. Vindob. Post ημιν punctum Ald. Cam. I. II.

G 5 κατα-

καταμειναντας) καταμειναντας, ημ. τ. αυτ. επι-
μεληθηναι Paff. Ask. Arch. Vind. Brit. Stephan.
margo. Antea ex Aldo καταμειναντες — επιμεληθωμεν, commata post καταμειναντες & post
επιμεληθωμεν habet Ald. Cam. I. II.

αναπλασασθω) Arch. Vind. Euftath. Homer. p. 1425, 61. Olim ex Ald. αναπλασσωσθω.

σπορα) σπορας Euftath. Post εχετω abeft
comma. Ald. Cam. I. II.

παντελως) Med. Askew. Paffion. in ceteris
παντελως.

απελασας) αναπελασας Arch. Poft βαρβαρον punctum Ald. Cam. I. II, comma in his
poft Ελησποντυ.

αποθηκην) Med. Arch. Paff. Ask. υποθηκην
ceteri cum Aldo, tum ποιησασθαι Paff. Erant
fortaffe, qui υποθηκην, notione παραινεσεως mo-
nitionis, illuftrata Menagii diligentia in Laërt.
I, 61 praeoptabunt. Equidem in Gronovii partes eo, Vallam arbitratus ex ipfius *fubfidio* αποθηκην inveniffe. Περσεα, Porro ob infolentem
tonum fufpectum, recte pingit Arch. *Weffel.*
Sequentia cum his arbitror iungenda: ες τον
Περσεα ἡα (ην αρα τι μιν καταλαμβανη προς Αθηναιων παθος) εχη αποστροφην. ita tamen, ut partim
etiam ad illa pertineant, τον Περσεα, *Perfam enim
facturus* erat αποθηκην, *ad illam ut haberet receptum
vel refugium*, fi qua urgeret neceffitas, amicum
ad certum tempus velut fepofitum, aliquando
ufu futurum, eleganter vocat αποθηκην, ad απο-
θετον φιλον in Lyfiae P. 158, vide Markland, &,
qui hic αποθηκην egregie tuetur, Abrefch. Diluc. Thucyd. p. 654. *Valken.*

ad

ad Cap. CX.

ταυτα μεν) μεν ταυτα Arch. Vind. & διεβα-
λε Ald. Comma poſt Αθηναιοι de & punctum
poſt επειθοντο Ald. Cam. I. II.

οι ανεγνωσμενοι) οι defit Arch. Vind.

επιςευσε) iidem & Paſſ. Ask. Brit. cum Stephan. marg. Alii επετειλε cum Ald. — Miſit
viros, iuſſos tacere. Valla: τοισι επετειλε σιγαν:
melior mihi lectio videtur marginis Stephan.
τοισι επιςευσε σιγαν ες πασαν βασανον απικνεομενοισι τα αυτος ενετειλατο βασιλει Φρασαι· quos,
utcunque tormentis excruciarentur, fideli cre-
debat occultaturos ſilentio, quae regi mandaſ-
ſet dicenda. *Valken.* Priſtinum επετειλε damnant ſchedae, quibus obſequor. *Weſſeling.*

απικνεομενοισι) Med. Paſſ. Askew. in Arch.
απικομενοισι ων τοτοισι ενετελετο, reliqui απικομενοισι cum Aldo. Poſt τα comma Ald. Cam.
I. II, in quibus punctum poſt Φρασαι & comma
poſt των, & poſt οι μεν, colon poſt πλοιω &
poſt ταδε.

Comma poſt αριςος & poſt τοι Ald. Camerar. I. II.

ο Αθηναιος) τοι Αθηναιος, & ſequens σοι
omittentes, Arch. Vind. non profecto male,
mox υπορ*γ*εειν Paſſ. Ask. cuiusmodi & alibi vidimus. Poſt λυειν colon Ald. Cam. I. II.

απεπλωον) Arch. Vindob. απεπλεον Ald.
& alii.

ad Cap. CXI.

Abeſt comma poſt Ελληνες Ald. Camerar. I. II.

πλω-

πλωειν) επιπλωειν Arch. Vind. cui locus esse poterit.

Post περιεκατεατο abest comma Ald. Cam. I. II. περικατεατο nullo augmento, Arch.

εξελεειν) sic recte Arch. Vindob. antea ex Ald. εξελειν. Post νησιωτεων abest comma Ald. Cam. I. II.

χρηματα αιτηθεντες προς Θεμιςοκλεος) αιτη-θεντες προς Θεμις. χρηματα. Pass. Ask. Arch. Vind. ordine sat bono.

λογον τονδε) τον λογον Arch. Vindob. Post μεγαλες abest comma Ald. Cam. L. II.

Post Πειθω τε comma Ald. Cam. I. II. Plut. Themist. p. 122 citavit. Post χρηματα comma Ald. Cam. I. II.

ταυτα) ταδε Arch. abest comma post vocem Ald. Cam. I. II.

εσαν αρα αι Αθηναι) αρα ησαν Αθηναι Arch. & Vind. Post ευδαιμονες colon Ald. Cam. I. II, commaque post εν.

και θεων) Fingebat de Pauw ται θεων — non absurde, modo necessitas adesset: insuper επι Ανδριες γε εινη γεωπεινας ες τα μαλιςα ανηκοντας — ad Andrios certe non accedere, nisi maxime pauperes, & in primis, deas inutiles & noxias duas numquam eorum insulam relinquere, sed in ea gratum sibi domicilium habere, Paupertatem & Impossibilitatem. Γεωπεινας non homines, sed ipsas respicere deas, sic ab Andriis dicacioribus appellatas; ad Athenienses accessisse θεας χρηςες, ac si semper invisere θεας γεωπεινας, praeterque ceteros Πενιην και Αμηχανιην insulae possessione delectari. Quae, doctissimo viro mirifice olim blandita, minime ex-

exagitabo, incertos, an ipsum αινηκοντες ες τα μαλιϛα, seu potius τα μεγιϛα, uti lib. ϛ, 49 fefellerint, an repetiti toties post επει accusativi; hos certe improbavit, invito Herodoto, & praeceptore structurae H. Steph. de Dial. p. 138. *Wessel.*

τα μεγιϛα) Med. Arch. Passion. τα μαλιϛα Askew. Vind. Brit. Paris. A. B. & Ald. Post ανηκοιτας colon Ald. Cam. I. II.

αχρηϛες) χρηϛες Arch. Valla. Post φιλοχωρεει abest comma Ald. Cam. I. II.

επηβολες) επιβολες Arch. & Vind.

ad Cap. CXII.

λογοισι τοισι — εχρησατο) τοισι και προς βασιλεα εχρησατο Med. Pass. Ask. praeterea χρεωμενες solus Medic. In ceteris λογοισι τοισι και προς Ανδριες εχρησατο post λογοισι, post εχρησατο & λεγων commata Ald. Cam. I. II. Magnas cierunt hic turbas amanuenses, quorum Med. & consentanei veraces si fuerint, χρεωμενος, aut χρεωμενες Medic. exilio damnabitur, summa plerorumque concordia oblatum: salvum illud vocabulum perstabit, ubi de vulgato demutabitur nihil. Neque fatuus propterea sermo erit, tametsi απειλητηριοι λογοι praecesserint. Illa enim generatim minacia verba, haec την Πειθω και Αναγκαιην, nisi imperata praestentur, denunciantia. Verum vide magnum & eruditum Med. patronum. *Wesseling* Incredibile, *Gronovius* inquit, quantum infuscatus locus. Nullos enim nuncios in praecedentibus legitur ad Andrios misisse Themistocles, sed ipsum poposcisse numos προισχομενον eos sermomones, quos audivimus. Deinde abundantia est longe ineptissima, ut is, qui paullo ante dixit, Themistoclem ad alias insulas misisse ἀπειλητηρίας λόγες, nunc, paucissimis verbis interpositis, dicat, eum χρεωμενον λόγοισι τοισι και προς Ανδρίες εχρησατο. Quis enim tam fatuus est, ut non sponte intelligat, eosdem vel certe similes adhibitos fuisse ab eo sermones in tali negotio, quod totum erat minax? Quin & vide, quantopere hic abeat MS., in quo tamen videtur vera manus Herodoti διὰ τῶν αὐτεων ἀγγελων χρεωμενες τοισι και προς βασιλεα εχρησατο. Sic certe ipse ex eo notavi, & statim in eo maxima lux. Nulli enim fuerunt noncii ad Andrios, & fatua manus illos huc adduxit, ubi non erant necessarii, cum omissi sint, ubi debuerant allegari, si fuissent. Eadem ista lascivia interposuit quoque vocem λογοισι. Sed notat Herodot. Themistoclem in imperandis his pecuniis usum esse Sicino, quem in animo habebat locupletare, sicut etiam locupletavisse in superioribus dixit; ad quam rem poterat inservire haec curatio. Itaque adhuc abundat in lectione cod. Medic. vox χρεωμενες qua deleta sunt nitidissima omnia. — Haec *Gronovius.*

Post Ἑλληνων colon, post πολιορκεων comma Ald. Cam. I. II, quod idem ponunt post Καρυσιων τε & punctum post Παριων.

διοτι) ότι Arch. Post Θεμιςοκληα abest comma Ald. Cam. I. II.

αινη) τιμη Vindob. Arch. quod Scholion. Αινη Ald. Cam. I. II.

αλλοι εδοσαν νησιωτεων) αλλων νησιωτεων εδοσαν Arch. Vind. Post Καρυςιοισι comma Ald. Camer.

mer. I. II. Καρυςιοισι τε 8δεν Ask. Καρ. γε 8δεν Paſſ. cui non adverſor.

εφυγον) Med. Paſſ. Ask. in ceteris ex Ald. διεφυγον, cui ſedes potuerat relinqui.

εκτεετο) εκτεατο Med. Paſſ. Ask. Brit. εκάτεετο Arch. ητεετο Ald. & ceteri omiſſo commate. Reiskii εκτεετο genio ſermonis & Arch. ſuffragatione protegitur. Conf. L. IV, 6a. Weſſel.

ad Cap. CXIII.

Poſt Ξερξεα abeſt comma Ald. Cam. I. II, poſitum poſt ναυμαχιην.

εξελαυνον) εξηλαυνον Ald. Cam. I. II.

ανωριην) Arch. Vind. Pariſ. B. Brit. ανωρη Med. Paſſ. Ask. Pariſ. A.

Θεσσαλιη) Ask. Paſſion. Arch. Vind. & ſic ſolet ſcriptor, non Θετταλη, uti Ald. &c.

απικατο) Med. Paſſ. Ask. Alii cum Ald. απικετο.

μεν Περσας) μεν τες Περσας Ask. Paſſ.; μεν τες μυριες Περσας Arch. & Valla. Praefert inſoliti quidpiam: ſaltem παντας omiſſiſſent. Gloſſam atque additamentum ex Lib. VII, 83 arbitror. *Weſſeling*. Poſt βασιληος punctum Ald. Cam. I. II, abeſt his comma poſt μετα δε, ſed ponitur poſt Μηδες τε.

Βακτριες τε) Paſſion. Ask. ultimum deerat Ald. &c.

την αλλην ιππον) την ιππον tantum Arch. Vind. Valla.

των συμμαχων) Med. Paſſ. Askew. Pariſ. A. alii αλλων συμμαχων uti Ald.

κατ' ολιγες) Legi nec poſſe, nec oportere καρτ' ολιγες veriſſima Abreſchii animadverſio,

ad-

advocantis Thucyd. III, 111 ὑπαπεησαν κατ' ολι-
γες· & L. IV, 11 κατ' ολιγας ναυς διελομενοι.
Vide supra lib. II, 93 & Duker. ad Thucyd. L.
VI. p. 400. *Weſſel.* Poſt ολιγας colon Ald. Camer. I. II.

ει τεοισι τι χρησον) ει τι οἱ χρησον Arch. tum
συνειδες cum Paſſ. Forte lectio non eſſet deterior, και ὁτεοισι τι χρησον συνηδες πεποιημενον.
Eſt illud ὁτεοισι Homericum & Herodoteum;
Sophocleum ὁτοισι. Ad Homeri Iliad. O. 491.
Euſtathio adnotantur ὁτεοισι, ὁτε, ὁτω, ὁτων,
αντι τε ὡντινων, και ὁτοισι· de quibus unum reſtitui poterit Aeliano de N. An. V. c. 39 ad
praedam a leone relictam τα αλλα ζωα ἡκοντα
και αισθανομενα, ὁπε· ſcribendum ὁτε λειψανον
εςι το κειμενον, cuius iſta ſint reliquiae. *Valken.*

Poſt αἱρεετο abeſt comma, poſitum poſt
ςρεπτοφορες τε, & punctum poſt ψελιοφορες Ald.
Cam. I. II.

δε πληθος) δε το πληθος Paſſ. Ask. poſt μεν
comma Ald. Camer. I. II, colon in his poſt
Περσεων.

ἑσσονες) ἡσσονες Vind. Ask. contra morem.
Poſt συμπαντας abeſt comma Ald. Cam. I. II.

ad Cap. CXIV.

Εν δε τετω) εν τετω δε Ask. Poſt χρονω &
εν τω commata Ald. Camer. I. II, in his colon
poſt φονε, & punctum poſt ελεγε ταδε, comma
habent poſt απο Σπαρτης, & poſt γελασας τε.

ὡς οἱ ετυγχανε) ὡς ετυχε Arch. Vind. Poſt
εστε colon Ald. Cam. I. II.

τοιγαρ εφι) τοιγαρ τοι Arch. Poſt τοιαυτας
com-

comma, idemque post ὁ μεν, neque post δη Ald. Cam. I. II.

ad Cap. CXV.

εν πεντε) Abest εν Arch. & commata post ἡμερησι & μερος absunt Ald. Cam. I. II.

ειπαι) ειπειν Arch. Vind. Pass. Ask.

ἁρπαζοντες) συναρπαζοντες Arch. comma post vocem Ald. Cam. I. II, idemque post οἱ δε.

δενδρεων) δενδρων Arch. Vind.

καταδρεποντες) καταδιεποντες Pass. Citat Suidas in Δρεπω, ᾑσθιον legens. Post καταδρεποντες comma Ald. Cam. I. II, quod non habent post κατησθιον, sed ponunt post ἡμερων & αγριων, & colon post λιμω.

επιλαβων δε λοιμος τε του) Med. Vind. Pass. Askew. Arch. antea λοιμος τοτε του, & in Ald. λιμος. In επιλαβων exemplarium consensus est. Vid. ad lib. VI, 27 λιμος quoque a manu prima Parisiensium unus, in quo a manu recentiore λοιμος, teste *Larcherio*, qui addit *Toupium* in Emend. in Suid. P. 3. p. 333. edit. Britann. λιμος praetulisse, morbumque a Graecis λιμοψωρον dictum, quem Scorbutum vocare solemus, hic intelligendum, de quo Polybius lib. 3. p. 333 scripsit, cuiusque etiam meminit in Excerpt. ex Polyb. de virtut. & vit. T. 2. p. 1469 iisdem usus verbis, quae Herodotus ex Toupii hac correctione habet. — Post δυσεντεριη comma Ald. Camer. I. II.

εφθειρε) διεφθειρε Arch. Post τας δε comma Ald. Cam. I. II, quod abest his post πολισι.

γινοιτο) Arch. Vind. Med. Pass. Ask. Prius cum Ald. γινηται.

Appar. Herod. Vol. V. H

μελεδαινων τε) defit τε Paff. & Ask. Poft Διος abeft comma Ald. Cam. I. II.

απαιτεοντος) απαιτεοντων των περι omiffis mediis Arch.

οικημενων) Arch. Vind. Paff. Ask. Brit. Stephan. margo οικεομενων ceteri, comma poft vocem Ald. Cam. I. II.

ad Cap. CXVI.

Poft Κρησωνικης abeft comma Ald. Camerar. I. II.

Θρηιξ) Θρηξ Arch. Vind.

υπερφυες) Paff. Ask. Arch. Vind. in aliis & Ald. ειργασατο.

οιχετο) ωχετο Askew. Paffion. & ορος Vind. Arch.

αλογησαντες) αλογισαντες Ald.

Περση) Ξερξη Arch. Vindob. Valla. Poft παντες abeft comma Ald. Cam. I. II.

ad Cap. CXVII.

Poft διαλελιμμενας comma Ald. Cam. I. II.

δη κατεχομενοι) de Paff. Placebat olim addita litera κατερχομενοι, huc delati, five reverfi, ut in Aefchyleo, a Comico acerbius perftricto; ηκω γαρ εις γην τηνδε και κατερχομαι. Quoniam fchedae vetant, patior vulgatum, retentos aliquantifper ifthic declarans. *Weffel.*

σιτια πλεω) τε πλεω Paff. Askew. non abfurde.

Poft ελαγχανον punctum Ald. Cam. I. II.

ad

ad Cap. CXVIII.

λεγομενος λογος) λογος λεγομενος Ask. Pass. & Arch. Post ὡς abest comma Ald. Cam. I. II.

Αθηνεων) Αθηναιων omnes, Valla excepto, quem fequor. Justissimum ἐξ Αθηνεων, toties totiesque in Musis pravum. *Wesseling.*

ενθευτεν) abest Arch.

διεχρεετο) Ald. Arch. Vind. Brit. Paris. A. B. διεχεντο Med. Pass. Ask. Bonum ex Aldo atque aliis διεχρεετο, Jonici enim commatis' χρεεσθαι eiusdemque composita. Vide I, 21. *Wessel.* Post Ελλησποντον colon Ald. Cam. I. II, idemque post Ασιην.

πλωοντα) Arch. Vindob. ante cum Aldo πλεοντα.

Στρυμονιην) Laurentii a *Strymonia* ansam docto viro praebuit corrigendi Στρυμονηθεν, quo facile carebimus. Ab amne ventus Boreas Στρυμονιος & Στρυμονιης, isque impetuosissimus. Callim. H. in Del. 25 Τηχεα μεν και λαες υπαι ειπης κε πεσοιεν Στρυμονιꙋ Βορεαο. Hinc Aeschyli ἤνοαι δ' ἀπὸ Στρυμονος μολυσαι κακοσχολοι Agam. v. 200. Callimachum respexisse Hesych. videtur in Στρυμονιος. *Wessel.*

γαρ ιτι) deficiunt ista duo fragm. Paris. in Arch. μαλλον γαρ τοι.

κυβερνητεα) κυβερνιτην Passion. Post και τον comma, post ειπαι punctum Ald. Camer. I. II, idemque post proxime sequens ειπαι.

οικε). Med. Ask. Pass. male alii εοικε. tum ειναι εμοι σωτηριην Arch. Pass. Post υμεων & τον μεν commata Ald. Cam. I. II.

εκπηδαν) εκπηδεειν Arch. Vind. Perplacet-
εκπηδεειν, ut ενδιαιτεεσθαι, καταμεργεειν, &
χρεεσθαι. *Wesseling.* Post προσκυνεοντας comma
Ald. Cam. I. II.

δωρησασθαι) δωρησαι χρυσεω στεφανω Arch.
Vind. qui δωρησασθαι. Post κυβερνητεω punctum
Ald. Cam. I, II.

ad Cap. CXIX.

αλλος λεγεται λογος) αλλος λογος λεγεται
Arch. αλλος etiam Vind. & sine articulo λογος
Pass. Valla non dissimile habuit: antea cum
Ald. αλλος λεγεται ὁ λογος. Scripta exempla,
quod impeditum erat, sic optime explicant.
Respectus est ad initium c. 28. *Wessel.* Post
πιστος colon Ald. Cam. I. II.

ερρηθη) ερεθη Pass. ερρεθη Vind. ερεθη in
Pass. nihil habere damnabile, ostendi ad lib. 4,
157, atque alibi. *Wessel.* Post αντιξοον abest
comma Ald. Cam. I. II.

μη ουκ) μη desit Arch. Vind. Post τοιονδε
comma Ald. Cain. I. II, idemque post τας μεν.

επι τω) εκ τω Arch. Vind. Valla, & forte
verius. Post καταςρωματος abest comma Ald.
Cam. I. II.

των δ ερετεων) και των ερετεων Arch. abest
comma post ερετεων Ald. Cam. I. II.

προτερον μοι) Medic. Pass. Ask. ab aliis &
Ald. pronomen negligitur.

ad Cap. CXX.

τιηη χρυσοπαςω) Arch. Vind. Valla, τιηεω
Med. Ask. Pass. τιηεει Paris. tres, Ald. Brit.
Donasse dicitur Abderitanos aureo acinace, και
τιηεν

τιηρη χρυσοπαςω· quod ex codd. revocabitur;
tiaram tamen infrequens fuisse puto Regium
donum; Acanthios eodem, quo Abderitanos, honore Rex dignatus VII. c. 116 εδωρησατο εσθητι
Μηδικη. Nusquam etiam *auro distinctam* χρυσοπαςον memoratam legi *tiaram*: de qua praeter
Brisson. multa Gataker A. M. P. c. 24, sed alibi reperias χρυσοπαςον εσθητα, & τα χρυσοπαςα των ειδυματων. *Valken.* Ex Vallae Latinis locum instauravit de Pauw: recte factum Mss. testantur. Medic. & paucorum τιηρεα formam
praefert insolitam, nec usquam obviam, cedereque meliori debuit. Quid de docto in Germania viro (*Heilmanno,* cui hanc tribuit sententiam *Degenius*) existimabimus, Aldinum τιηρεα
χρυσοπαςω, tuente, & poculum auro inductum
excogitante? Quid? sed mihi tempero. Τιηρης, si qua apud audaciorem poetam, in Musis
& solutae orationis auctoribus, de *poculo* nusquam. Mos quoque Persicus, uti ad hunc diem in Oriente, donare vestes, tiaras, acinaces,
Wessel. Post και ante ως abest comma Ald. Camer. I. II.

εμοιγε εδαμως πιςα) Pass. Ask. Arch. Vind.
Brit. ora Stephan. alii cum Aldo μεν εδαμως
εμοι πιςα.

εξ Αθηνεων) εξ Αθηναιων omnes praeter Vallam, Αθηνεων recte legentem. Post οπισω abest
comma Ald. Cam. I. II.

προς τε Ελησποντε &c.) τα δε Αβδηρα ιδρυται προς τε Ελησποντε μαλλον η τε Pass. Askew.
Arch. Vind.

ad Cap. CXXI.

Abeſt poſt Ελληνες comma Ald. Cam. I. II. εγενοντο) εγινοντο Paſſ. Vind. Arch. & εξελεειν Arch. Vind.

δηιωσαντες) δῃωσαντες Arch. Vind.

νυν τοισι) νυν deſit Ask. poſt ακροθινια comma Ald. Cam. I. II.

διεδασαντο) εδασαντο Ask.

απεπεμψαν) Med. Paſſ. Ask. Brit. alii cum Ald. επεμψαν. Poſt εκ των comma Ald. Camerar. I. II.

δυωκαιδεκα) Med. Askew. Paſſ. ceteri cum Ald. δυωδεκα, Valla tantum *decem.* Mox εςηκε Arch. Vindob. Poſt ετος comma Ald. Camer. I. II.

ad Cap. CXXII.

Πεμψαντες) Haec apud Plut. Malign. p. 871.

οι Ελληνες) abſunt iſta duo Askew. qui mox cum Paſſ. επειρωτεον non επηρωτεον, ut antea ex Ald. Poſt ο δε comma, & εχει Ald. Cam. I. II.

αλλα απαιτεε) Arch. Vind. Askew. plene, αλλ' Aldus &c. poſt αυτες comma Ald. Camerar. I. II.

Κροισεω) Med. Paſſ. Ask. in Arch. χρυσε, male, etſi crater aureus fuerit. Redi ad L. I, 51, in ceteris Κροισε.

ad Cap. CXXIII.

Poſt λητης comma Ald. Cam. I. II, idemque poſt ςρατηγοι.

διενεμον) Med. Paſſ. Ask. διενεμοντο Pariſ. A. B. Brit. Ald. Steph. εφερον Arch. Vind. Nolo, lo, quamquam locuplete pristinum auctoritate munitur, litem recepto movere. εΦερον, quod duobus in codd. adstipulatores Aristiden T. II. p. 218 & Plutarch. Them. p. 120. D. nanciscitur: hic enim απο τȣ βωμȣ την ψηφον εφερον οἱ ϛρατηγοι, plenius ille, καὶ Φερουτων την ψηφον απο τȣ βωμȣ τȣ Ποσειδωνος περι των αριϛειων· unde Canterus Chaeronensis arae Neptuni, Ποσειδωνος, titulum instauratum voluit, Nostro praeeunte. Ambo vero in latis sententiis ab Herodoto abeunt, & sumtas ex ara tabellas, sive ψηφȣς significant, nec prave, pro diverso respectu. *Wessel.* Revocarem reiectum διενεμοντο. Athenis, caussa utrimque dicta, qui iudicibus distribuebant singulis τας δυο ψηφȣς, hi dici poterant διανεμειν τας ψηφȣς. Sed apud Herod. Graeci duces inter se calculos dividentes, quibus ferrent suffragia, διενεμοντο τας ψηφȣς· & quidem επι Ποσειδεωνος τῳ βωμῳ· ad altare Isthmii Neptuni; ut Dei maiestate moti sancte iudicarent; του πρωτον καὶ τον δευτερον κρινοντες (sive κρινεοντες, iudicaturi) εκ παντων. Herodotea Plut. interpretatur in Themist. p, 120. D. Hoc Athenis etiam nonnumquam factum liquet ex Demosth de Corona p. 162, ubi η βȣλη η εξ αρειȣ παγȣ dicitur απο τȣ βωμȣ Φερȣσα την ψηφον. Or. c. Macart. p. 601 την ψηφον, καιομενων των ιερων, απο τȣ βωμȣ Φεροντες τȣ Διος τȣ Φρατριȣ, — εψηφισαντο τα δικαια. *Valken.* Post παντων comma Ald. Cam. I. II.

αυτεων) abest Arch. Vind.

εκαϛος) Sic omnes; εκαϛον edit. Gronov. operarum error est. Vise lib. 3, 82.

Θεμιστοκλῆα) Θεμιστοκλέα Arch. Vind. Ask. Post οἱ μὲν comma Ald. Camer. I, II, idemque post Θεμιστοκλέης δε.

ad Cap. CXXIV.

ἐβώσθη τε καὶ ἐδοξώθη) Vindicavimus prius ab iniuria H. Stephani L. VI, 131. Ἐδοξώθη in eadem recensione voc. Herod. legi posse ἐδοξώθη, quod utique ipse, Aldo deserto, mutaverat, suspicionem movet, nec urget tamen, idque rectissime. *Wessel.*

πολλοῦ) πολλῶν ora Stephan. ex Aldo. Post Θεμιστοκλεῖ punctum Ald. Cam. I. II.

δὲ μὶν) γε Ask. καλλιστεύοντι Vind.

ἀπιόντα) Arch. Vind. Passion. Ask. margo Steph. ἀνιόντα olim. ἀν ιοντα duabus vocibus Ald. Camer. I. II. Legerem ex marg. Stephan. ἀπιόντα· quo honore neminem alium dicuntur prosequuti: hoc apud Thucyd. I. c. 174. Spartanis in memoriam revocat Orator Atticus. *Valkenar.* Non nescio patrocinium, veteri ἀνιόντα paratum. Praestat ex scriptis exemplis depromtum, estque apud Aristid. T. 2. p. 219 in memorabili hoc Atticum imperatorem deducentium & prosequentium comitatu: memorabili inquam; nihil sane ad honorem amplius & ad gloriam magnificentius, publice a Spartanis laudato accedere potuit, quam a CCC. equitibus primae nobilitatis, & regum stipatoribus, L. 6, 56 ad Laconicae fines honorifice deduci. Praedicant hoc eius decus Aristides, Plutarchus, Atheniensiumque legati, ad Spartanos perorantis in Thucyd. L. I, 74. *Wessel.*

ὑρῶν)

ρων) Arch. ηρων alii cum Ald. Poſt ανθρωπων & των commata Ald. Cam. I. II.

ad Cap. CXXV.

Αφιδναιος) Αθηναιος Arch. Valla neutrum
habet, cui Αφιδναιος haud agnoſcenti, nedum
Αθηναιον, modo plures afforent ſuffragatores,
adſenſum cupide praeberem. Timodemus Belbinita fuit. Memini pulcre, Jo. Meurſium inſulam Belbinam Atticae populis ſive pagis ſine
teſte inſeruiſſe, & Sponii meruiſſe cenſuram,
errantis tamen longe ob negatos inſulae inco-
las. Alia omnia Strabo VIII. p. 576 & IX. p.
611. Jam Belbinita ſi Timodemus, quomodo
Aphidnaeus? Nam Αθηναιος Arch. ex ſequenti-
bus, quoniam librarius, ſicuti in Valla, aliquid
deeſſe ſuſpicabatur, huc veniſſe videtur. Fuiſſe vero Belbinitanum acre Themiſtoclis reſpon-
ſum arguit: Simile Platonis de rep. 1. p. 330.
A. & Plut. Themiſt. p. 121. A. quo Seriphio
obtrectatori Themiſtocles, αλλ' ετ αν εγω Σερι-
φιος ων, εγενομην ενδοξος, ετε συ Αθηναιος. Qui
quidem ex inſula Seripho, hic ergo ex Belbina,
inſula ex adverſo Atticae obſcuriore, cuius ha-
bitatores ob vilitatem adeo contemtibiles, ut
Βελβινιτης Graecorum conviciis celebraretur.
Teſtis eſt Teles Philoſophus apud Stobaeum
Serm. 38. p. 233, ubi nunc Βελβηθειτης, ſed
ad Noſtri praeſcriptum de Abr. Ortelii ſententia
reformandus. Si boni tamen commatis Αφιδναιος, quod valde metuo, quippe dicto Themi-
ſtoclem nervos incidens, ſolum ſupereſt, ut
Timodemus, domo Belbinita, ius civitatis
Athenis ob neſcio quae merita, qualis de Pauw
di-

divinatio, confequutus fuerit, & Aphidnaeis additus. *Wessel.* H. Steph. ad h. l. Valla, inquit, Αφιδναιος omifit, aut potius non legit, quod certe fufpectum etiam reddunt, quae fequuntur: Vallae potius fufpectam fuiffe puto codicis fcriptionem Αθηναιος, in Arch. etiam inventam, atque illum omittendum cenfuiffe, quod emendare non poterat. *Valkenar.*

επιφανεων) επιφανεων ανδρων Arch. Vindob. Paff. Valla, Steph. margo: deerat ultimum Ald. &c. Adiuncto ex fchedis, nihil ad hanc rem utilius. *Wessel.* Comma poft επιφανεων Ald. Cam. I. II.

καταμαργεων) Arch. Vind. Valla, non uti cęteri cum Ald. καταμαρπτεωι. Eximiam lectionem καταμαργεων Herodoto vindicavit Wefseling. in Diff. Herod. p. 203. *Valkenar.* Retinendum καταμαρπτεων, an codd. καταμαργεων revocandum, haefitavi. Vifum hoc a Valla, quod Portus coniiciendo tenuit, lectum, aequius melius. Nam καταμαρπτειν in prehendendo tritum, folitarie deponi, vix tolerabile. Contra καταμαργαν ex more Jonico καταμαργεειν, protervi hominis & invidia rumpentis infaniam egregie declarat. Quo qui ingenio μεμαργωμενοι κυνοθρασεις Aefchylo Suppl. 766. *Wessel.* *Larcherius* καταμαργεων quoque invenit in Parif. A.

ες Λακεδαιμονα) ες Σπαρτην iidem. Alterutrum fcholion eft.

εχοι) Med. Paff. Vind. Ask. Parif. B. Reliqui cum Ald. εχει.

επει τε ων επαυετο) Med. Paff. Ask. Arch. Vind. Brit. Valla. Antea ex Ald. ενεκειτο, και ωκ εκ επαυετο. Scholion ενεκειτο καὶ Mſſ. extrudunt, alioqui non in abſurdis, uti L. VII, 158. *Weſ-ſel.* Poſt τοι comma Ald. Cam. I. II.

ετ' αν συ) ετε συ Arch. Vind. Poſt ανθρωπε punctum Ald. Cam. I. II.

τοσετον) Med. Ask. τοσετο Paſſion. Arch. Vindob. levi diſcrimine: praeterea μεν tantum Ask. Med. Paſſ. Ceteri cum Ald. μεν νυν. Vide Miſcell. Obſ. Vol. III. p. 146.

ad Cap. CXXVI.

ςρατε) ςρατε τε Med. Paſſ. Arch. Askew. ςρατε τον Vind. alii ςρατε ον cum Aldo. Poſt ὁ μεν comma Ald. Cam. I. II.

ην) deſideratur in Paſſion. & Medic. non abſurde.

εγενετο) εγινετο Paſſ. Poſt πορευομενος abeſt comma Ald. Cam. I. II.

Ποτιδαιητῃσι) Ποτιδηητῃσι & conſimiliter poſt pauca Arch. Ask.

οἱ γαρ) ε γαρ ex errore typogr. Ald.

εκ της Σαλαμινος) εκ Σαλαμινος idem, Vindob. Paſſ. Poſt ὡς δὲ comma Ald. Cam. I. II.

αλλοι) Arch. Vind. οἱ αλλοι Ald. & alii.

ad Cap. CXXVII.

οἱ εκ' τε) defit οἱ Paſſ.

Κριτοβελω Τορωναιω επιτροπευειν) Κριτοβελω επιτρεπειν Med. Paſſ. Ask. omiſſa media voce Τορωναιω. Non auſim, hinc quidquam auferre aut demutare: non επιτροπευειν, in cura & adminiſtratione civitatis frequens L. 3, 15 & 82; non Τορωναιω ſiquidem Toronaei is generis. De Valla ſileo. Recte caſtigatur, ad unum
Cri-

Critobulum adplicans, quod toti Chalcidicae genti conceſſum, conf. IС. Caſaub. in Strabon. X. p. 685. *Weſſel.*

ad Cap. CXXVIII.

Poſt προθυμως comma Ald. Cam. I. II.

συντιθεται) marg. Steph. Vind. Arch. Paſſ. Askew. Brit. quod placuit: antea συνετιθετο. Poſt αρχην comma Ald. Cam. I. II.

ειπαι) ειπειν Arch. Vind. Paſſ. Brit. punctum poſt vocem Ald. Cam. I. II.

βιβλιον) βυβλιον Paſſ. Arch. etiam in ſeqq. porro Τιμοξενος θελων Arch. Vindob. & ſimiliter mox.

γλυφιδας) Explicat Suidas in voce. Haec minus recte converſa egent levi correctione, τοξευματος περι τας γλυφιδας περιειλιξαντες· verbis adiectas ſic ſolet Noſter repetere praepoſitiones: ad eam rationem Aeneae ſuo Caſaubonus reſtituit: οἱ δε τȣ τοξευματος περι τας γλυφιδας ἑλιξαντες το βιβλιον circa ſagittae crenas epiſtolam volventes. *Valkenar.*

προδιδȣς) παραδιδȣς Ask.

ὁ Αρταβαζος) Articulum non agnoſcit Paſſ. Poſt βληθεντα comma, colon poſt πολεμω Ald. Cam. I. II.

παρην) Paſſ. Ask. Vind. Arch. Pariſ. A. B. Brit. Ald. ex Med. παρησαν, quem deſerui, ſine ullo fulcro incedentem: ſtructura tamen non improba, & L. III, 114, atque alibi ſeſe offerens. *Weſſel.*

καταπληξαι) καταπλεξαι Arch. quod probavit recepitque *Larcher.* μη καταπληξαι Τιμοξενον προδοσιη, de proditionis ſupplicio in Latinis his Vallae fumuntur, indignante, neque iniuria, Porto, qui, ob proditionem Timoxenum metu non percellendum, ex communi eius verbi notione, haud prave. Mihi, ut ingenue dicam, blanditur quodammodo Arch. μη καταπλεξαι — προδοσιη non inplicare proditionis crimine. Notum in Mufis καταπλεκειν ufu diverfiore, nec hunc tamen fermonis genius adfpernatur. *Wefseling.* Poft προδοσιη colon, poft ὁ μεν δη comma Ald. Cam. I. II.

εγενετο) εγεγονεε Arch. Vind. Paffion. ora Steph. haud male, uti c. 139.

ad Cap. CXXIX.

Poft Ἀρταβαζος δε abeft comma Ald. Camer. I. II.

παριεσαν) παρησαν Arch. Ask. loco παρηισαν, quod verius opinor.

μεν μοιρας) μεν abeft Arch. qui mox cum Vind. διοδοιπορηκεσαν fine augmento. Poft τας ante διελθοντας comma Ald. Cam. I. II.

οση) οσην Arch. poft λεγεσι abeft comma Ald. Cam. I. II.

γενομενη) γενομενης Arch. γενομενη Paff. Ask. Poft οἱ μεν comma Ald. Camer. I. II, idem poft επιςαμενοι, & colon poft διεφθειροντο, comma poft επιςαμενες in iisdem.

Ποτιδαιηται) οἱ Ποτιδαιηται & mox iidem: fcribunt Ποτιδεηται Arch. Ask. Poft επιπλωσαντες comma Ald. Cam. I. II, idemque poft ενχιης, & poft πλημμυριδος, colon poft τοδε.

τε Ποσειδεωνος ες τον νηον) ες τε Ποσειδεωνος τον Arch. poft νηον comma Ald. Cam. I. II.

το

το εν τω προάξειω) Quatuor ista negligit Arch. Post Περσεων comma Ald. Cam. I. II.

τοιπερ) οιπερ Arch. Ask. Pass. Vind. Post περιγενομενυς comma Ald. Cam. I. II.

ὑτω επερηξαν) absunt haec duo M d. Pass. Askew.

ad Cap. CXXX.

ναυτικος) ναυτικος ςρατος Arch. Vind. Ald. quorum vocum ultima desit Med. Pass. Askew. Brit. Gronov. Wesseling. Hanc vocem ultimam expellit Ms. ut rursum in principio capitis proxime sequentis, & 9, 95 dicuntur οι τυ ναυτικυ ςρατηγοι. Et toties iam in antecedentibus ὁ πεζος, etiam mox rediens. Quin etiam vox ista huc non convenit. Neque enim classiarius exercitus transfretavit alias pedestres copias, sed nautae & classiarii. *Gronov.* Satis olim commodum ὁ δε ναυτικὸς ςρατος ὁ. — *Wesseling.* Post Ασιη abest comma Ald. Cam. I. II.

εx Χερσονησυ) desunt Ask. διαπορθμευσε Arch.; tum εχωμεριςε Pass. Ask.

επιλαμψαιτος) Codd. etiam praebent I. c. 190 εαρ ὑπελαμπε· hic si darent εαρος δε ὑπολαμψαντος, praeferrem ut usitatius; hoc ubi habet Chariton III. p. 51, 9 dedit Herodotea d'Orvillius, ex επιλαμψαντος hoc in loco maius incrementum colligens; sed confutat illud vox adiecta πρωιος· paullo etiam post memoratur το εαρ γενομενον, opposite ad εαρ ὑπολαμπον, vel ὑποφαινον. Nusquam apud Xenoph. invenietur, ut puto, εαρ επεφαινε· sed εαρ ὑπεφαινε p. 292, 17. 300, 17 & alibi. Sic Livius orditur libr. 22. Jam ver appetebat, & Hannibal ex hibernis

nis movit: ista codd. lectio ceteris videtur anteponenda. Hic Herodoto scribi quoque potuerat, ut alibi solet, ἅμα τε ἔαρ ὑπέλαμπε, καὶ ὁ ναυτικὸς συνελέγετο ἐς Σάμον: eleganter nunc ponitur, πρωΐος συνελέγετο· maturus, pro πρωΐ, pro ὀψέ, sero, ut Latinis *seras*, non usurpatur, quod sciam, ὄψιμος; sed ὀψίζων· pro σκότους ὄντος, σκοτιαῖος adhibetur, ut *vespertinus*. *Valken.*

πρωΐος) πρῶτος Arch. Vindob. ex Scholio. Post Βαγαίῳ comma Ald. Cam. I. II.

προσελόμενος) προελόμενος Arch.

ὁ Ἀμίτρης) Fuerat Ἰθαμίτρης, sicuti lib. 9, 101, cuius priore obsolescente litera, mutataque altera, id prodiit, quod cernitur: nam eundem describi, dubio vacat. Fueritne Ἀρτύντης Ἰθαματρέω L. 7, 67 huius frater, & patris hinc corrigendum nomen, non adfirmavero. *Wesseling.*

προηΐσαν) προῄεσαν Arch. Vindob. προῄσαν Ask. προηΐσαν Pass. antea προῄεσαν ex Ald. verius προηΐσαν ex codd. discorde scriptura, & τὸ πρὸς ἑσπέρης, quod cap. 132. *Wessel.*

τὸ πρὸς) Pass. Ask. alii τὰ.

Post ἔδεις punctum Ald. Cam. I. II. ἔδει εἰς Arch. Vind.

ὁ μὲν) ὁ μὴν Ask. & sic Reiskius.

ἐλεύσεσθαι) margo Steph. Pass. Ask. Arch. Vind. Brit. quod satis; προσελεύσεσθαι antea. Post φυλάσσειν comma Ald. Cam. I. II. colon in his post θυμῷ.

πολλῷ) πολλόν Arch. Vind. bene. Vide c. 13 & VII, 7.

ἐβουλεύοντο) ἐβουλεύσαντο Pass. comma post vocem Ald. Cam. I. II.

ει τε) ει τι Ald. Cam. I. II.
δυνιατο) Paff. Ask. Med. Arch. Vindob.
antea δυναντο. Poft ποιεεν colon Ald. Camer.
I. II, comma poft ωταχυτεον in iisdem.

ad Cap. CXXXI.

Poft εων comma Ald. Cam. I. II, idemque
poft πεζος & poft ναυτικος.

Ηγησιλεω) Ησιλεω Arch. Valla. τε η Γησι-
λεω Ald.

Χαριλυ) iidem, alii Χαριλυ cum Ald. Amplexus Χαριλυ fuum nomen, obtemperans Paufaniae, pluribusque aliis: vide Χαριλαυ apud
Plut. Lycurg. frequentatur titulus Weffel.

Poft Ηρακλεες comma Ald. Camer. I. II,
quod abeft his poft παντες.

δυων) δυων Arch. Poft οι αλλοι abeft comma Ald. Cam. I. II.

Ex Enrythenidarum familia Ηγησιλεως L.
VII, 204 leniore eft fpiritu; hic lib. VI, 65,
Αγις, non fine lite. Reliqua Proclidarum feries, ubi fcriptores prifcos in confilium miferis,
multis premetur difficultatibus. Omnes ait reges fuiffo, exceptis duobus primis poft Leuty-
chiden depofitis. Ubi vero Anaxandridae regis, filii Theopompi, nepotisque ciusdem Ar-
chidami, pronepotis Anaxilai, & abnepotis Leu-
tychidae inter Spartanos reges mentio? Paufanias III, 7. Proclidarum fucceffionem multo
digeffit aliter, habetque fibi fuffragatores mag-
nae in talibus auctoritatis. Ifta ad incommoda
cum Palmerius animum attenderet, noffetque
Ariftodemum, Ariftomachum, Cleodaeum,
Hyllum in Spartacorum regibus haud cenferi,
scrip-

scriptum fuisse decrevit, πλην των δ' ὑϛατων και των ζ΄ μετα Δευτυχιδεα πρωτων καταλεχθεντων, exceptis quatuor ultimis, & iis septem, qui post Leotychidem recensiti sunt. Exercit. in G. Auct. p. 39. Quae optimi viri medicina modum excedit, nec pravis sanitatem reddit. Prava reliquit, quae fingi debebant, Χαριλλȣ, τȣ Πολυδεκτεος, τȣ Ευιομȣ· nam Charillus Polydectis fuit filius, Eunomi nepos, sicuti Jo. Meursius Regn. Laced. c. 16 & Ed. Simsonius Chron. A. M. 3107 docuerunt. Perperam abest *Sous*, Euryphontis pater, Proclis filius, eodem Meursio c. 15 monstrante. Omnes hae turbae & errores iniuriae temporum & librariorum debentur, expeditu, silentibus codd. inextricabiles. *Wessel.* Leotychidae pater & avus memorantur etiam supra VI. c. 65 proavus, abavus, ceterique maiores ad Theopompum usque aliunde ferme sunt ignoti, quippe qui Spartae non regnaverint. Sed si septem isti, qui post Leotychidem primi memorantur, non fuere reges, scribi non potuit hoc capite: ὑτοι παντες πλην των δυων· corrigendum videtur: ὑτοι παντες πλην των ἑπτα των μετα Λευτυχιδεα πρωτων καταλεχθεντων, εἰ αλλοι βασιλης εγενοντο Σπαρτης· levissima correctio, quae Jac. Palmerio debetur, fit unius literae mutatione, reliqua Palmerii molimina probari nequeunt. Reges Proclidas enumerans Herod. forsan in generis auctore Procle substitit, aut in primo potius iuxta Lacedaemonios rege Aristodemo; atque hunc etiam ultimum posuerat recensens Eurysthenidas VII. c. 204. Ab aliis dissentientes Lacedaemonii VI, 52 λεγȣσι αυτον Αριϛοδη-μον

μον τον Αριϛομαχυ, τυ Κλεοδαιυ, τυ Ἡλυ, βασιλευοντα αγαγειν σφεας: quantillum iam fuit exemplaria Herodotea corrigentibus illinc repetitos Aristomachum, Cleodaeum, Herculem, ad utramque feriem adiicere, aut in margine memoratos in contextum recipere. — Septem iftis omiffis hic, fi vera fufpicor, decem reges memorarentur Lentychidae progenitores ex Heraclidis fati, Ariftodemus, Procles, Sous, (hunc recte, opinor, Jo. Meurfius interferit reliquis, Eurypontis patrem, de R. Lacon. c. 15.) Euryphon, Prytranis, Eunomus, Polydectes Charillus, Nicander, Theopompus: hic, Herodoto decimus, alias regum dicitur ex ifta familia nonus, quia non Ariftodemus, fed primus rex ftatuitur Procles. — In his noftris, Jonice fcriptis, mirari licet formam nominis, Ευρυφωντος, illam quidem inftar aliorum ex αων contractorum legitimam, fed in hoc nomine inauditam; in quo fcribenda nota noftrorum tantum exemplarium, fed & veterum eft inconftantia, quam expofuit F. Sylburg. ad Paufan. p. 208, hinc incerti fluctuant recentiores P. Faber Agon. III. c. 18. Jac. Palmer. Exerc. p. 381. N. Cragius, Jo. Meurfius, Ez. Spanheim ad Julian. p. 129. Ευρυφων, hoc loco pofitum, commendat, quam genuinam, puto, fcriptionem Ευρυπων, Paufaniae, me iudice, tribuendam & Plutarcho, in cuius T. I. p. 662. E. pro Ευρυπωντι δε, fcribendum Ευρυπωντιδαι — παρεσχον. Rariffimam formam patronymicam nobis fervavit, Etymol. p. 397, 12. Ευρυπωδης, quae non fane cenferi debet ex Ευρυποντιδης κατα συγκοπην nata, fed potius ex οιδης con-

contracta, ficut Μινωδης & fimilia. *Valken.* — Corruptus finę dubio locus. Herodotum Spartanorum regum genealogiam & fucceffionem ignoraffe, vix credibile. Librariis ergo errores debentur. Quare cum *Valkenario*: ἤτοι παντες, πλην τῶν ἑπτα, τῶν μετα Λυτυχιδεα πρωτων καταλεχθεντων, οἱ ἄλλοι βασιληες εγενοντο Σπαρτης· corrigendum cenfemus; τȣ Σωȣ librariorum culpa poft τȣ Ευρυφωντος excidiffe, ibique inferendum, & Polydectem, & Eunomum transponendos cum *Larcherio* iudicamus. Eunomus enim Prytanis, & Polydectes fuit Eunomi filius, uti recte in Paufania collocantur. Sic omnia expedita.

ad Cap. CXXXII.

ες την Σπαρτην) ες Σπαρτην Arch. Paffion. Vindob.

ςασιωται)-ςρατιωται Arch.

Στρατтι) Στατтι Arch. Valla. Poft επιβα-λευοντες de comma Ald. Cam. I. II.

εγενοντο) εγινοντο Ask. Paff.

εξενεικαντος) εξενεικαντες Ald. Cam. I. II.

Poft ȣτω δη comma Ald. Cam. I. II. ούτοι οἱ λοιποι Arch. poft εοντες comma Ald. Camerar. I. II.

ὑπεξεσχον εκ της) ὑπερεσχον της Χιȣ Arch. της abeft Ask.

οἱ προηγαγον αυτȣς) προηγαγον δε αυτȣς Arch. Vindob.

προσωτερω) πορρωτερω Arch. Poft Ελλησι colon Ald. Cam. I. II.

εμπειροισι) απειροισι Arch. poft εναι punctum Ald. Cam. I. II.

ηπίςεατο) επίςεατο Arch. Vindob. neque id prave.

τοιȣτῳ) τοιȣτον Arch. concinnius, sive τοιȣτο, quae & Pavii coniectura, belle observantis, planiorem futuram descriptionem, si τὸ πρὸς ἑσπέρης κακωτέρῳ Σάμȣ & τὸ πρὸς τὴν ηω ανωτέρῳ Δηλȣ Scriptor maluisset. Sic manifestior Persarum ex orientis plaga progressus infra Samum & Graecorum ab occidente ultra Delum. Verum noster maluit vulgatum, habita utriusque itineris diversa ratione & respectu. *Wessel.* Post βαρβάρȣς comma Ald. Cam. I. II.

Δηλȣ) Δῆλος Pass. & mox δε ες τὸ cum Askew. loco δεος melius εφύλασσε iidem, Arch. Vind. Brit. ora Steph. Valla: antea εφύλασσον cum Ald. δεος τὸ μέσον εφύλασσε ab ipsa re & schedarum auctoritate commendatur. Conf. L. IX, 89. *Wesseling.*

ad Cap. CXXXIII.

Comma post Ἕλληνες Ald. Cam. I. II, idemque post Μακεδόνιος δε.

ὁρμεώμενος) ὁρμεόμενος Arch. & κατὰ χρηστήριον. Post τω ante ȣνομα comma Ald. Cam. I. II, idemque post Μυς.

χρησάμενον) χρησόμενον Arch. Vind. Post των comma Ald. Cam. I. II.

σφι) minus accommodum, scribique mallet Koenius των οἷά τε ἦν οἱ. *Wesseling.* Quod probavit recepitque *Larcher.* & *Degen.*

ad Cap. CXXXIV.

ἀπικόμενος φαίνεται) φαίνεται ἀπικόμενος Askew. Pass. Arch. In Vallae Latinis *Telebadiam*, miro

miro errore. Post Τροφωνιον punctum Ald. Camer. I. II, comma in his post χρηστηριον.
και ες) και abest Arch. Vind.

Ισμηνιω) Ισμινιω Arch. prave. Post ες, de abest comma Ald. Cam. I. II.

ιροισι) Literas aliquot a vicinis abforptas fufpicor, & pro καταπερ εν Ολυμπιη, ιροισι restitui commode posse, καταπερ εν Ολυμπιη, εμπυροισι αυτοθι χρηστηριαζεσθαι, ignem victimarum vaticinum illic (in Ismenii Apollinis Thebis) confulere licet, ut Olympiae. De multis pauca fufficient: Pindar. Olymp. 8, 3 Ολυμπια Δεσποιν αλαθειας, ινα μαντιες ανδρες Εμπυροις τεκμαιρομενοι παραπει — Ρωνται Διος αρχικεραυνε Schol. in Olymp. VI, 112 Μαντειον ην εν Ολυμπια, ὁ αρχηγος γεγονεν Ιαμος τη δια των εμπυρων μαντεια, ἡ και μεχρι τε νυν οι Ιαμιδαι χρωνται. De oraculo Apollinis Ismenii Thebis Schol. ad Sophocl. Oedip. Tyr. 21 επ' Ισμενε τε μαντεια σποδω] αντι τε βωμω, οτι δια των εμπυρων εμαντευοντο οι ιερεις, ως φησι Φιλοχορες. Valkenar, Probavit recepitque Larcherius εμπυροισι, cui & nos calculum aducimus. Recepit hoc & Degenius, Reiskius in Miscell. Lipf. Nov. Vol. 8. p. 503 ιρηιοισι coniecit, ad mentem Porti.

κατεκοιμισε) Scribi malim κατεκοιμησε ες -Αμφ. sive casus censeatur secundus, atque ufitatior in talibus; feu potius quartus & rarior. quia legebatur ante εις Αμφιαραον: cubitum ivit in aedem Amphiarai: Triclin. ad Sophocl. Oedip. Tyr. 114 απηλθεν — εις Απολλω. Apollod. III. p. 203 εις Πυθιαν ηλθε. Lucaneum in A. A. XVI, 40 εισηλθον εις την Λυδιαν, est & illud ad

Atticam normam Aristoph. Π. v. 237. Demosth. p. 733, 79. Lysiae p. 339, 7. *Wessel.*

Αμφιαρεω) Medic. Arch. Vind. Pass. Ask. Paris. B. alii cum Aldo Αμφιαραον, post τοδε punctum Ald. Cam. I. II.

εκελευσε) Med. Passion. Arch. Vind. Ask. Paris. A. εκελευε Paris. B. Brit. Ald.

Αμφιαρεως) recte Askew. Αμφιαρεος Arch. Olim Αμφιαραος cum Ald. post απεχομενες punctum, post οι δε comma Ald. Cam. I. II.

εγκατακοιμηθηναι) Pass. Ask. ora Stephan. quod placet. κατακοιμηθηναι prius ex Ald. Non reiicerem, si plures darent codd. lectionem marg. Steph. εγκατακοιμηθηναι. In Amphiarai templo εγκοιμησομενοι qua solerent abstinentia praeparari, ad somnium fatidicum accipiendum tradit Philostr. de V. A. II. c. 37. Propria erant de his verba εγκοιμασθαι, εγκαθευδειν, incubare; vid. Wessel. ad Diodor. I. p. 63 & Davis ad Cicer. de Divin. l. c. 43, ubi vulgatum *excubabant* forte tuebitur Xenoph. εξεκαθευδον, p. 278, 37. In Aesculapii fanis suo quisque ordine εγκοιμησομενοι interim circa templa excubabant aegroti: tales intelligendi sunt περι τον θεον θεραπευται apud Aristid. T. I. p. 531. Vide T. H. ad Schol. in Aristoph. Plut. p. 450, tales etiam latent in voce perverse scripta apud Pausan. II. p. 236 περιοικεσι μεν δη και αλλοι, και το πολυ οικεται (L. ικεται) τα θεε. *Valken* Amphiaraus της δι ονειρατων μαντικης censebatur auctor Pausan. I, 34. Cuius in fano propterea sciscitaturi pellibus incumbebant stratis somnosque petebant. Illud autem εγκοιμασθαι dicere cum soleant, remque ipsam εγκοιμησιν εν τοις ιεροις Diodor.

odor. I, 53, cur pro reiiculo εγκατακοιμηθναι praestantium schedarum censebimus. *Wesseling.*

ad Cap. CXXXV.

Τοδε δε) τοτε δε Ald. Cam. I. II, in quibus nullum comma post Μῦν.

Πτωον) Reponunt Πτωε scriptis non addicentibus. *Wesseling.* Comma post λιμνης, quod abest post ερει Ald. Cam. I. II.

Ακραιφιης) Ακριφιης Arch. Valla. Conf. Sylburg. ad Pausan. IX, 23.

δε οι) Med. Pass. Ask. Ceteri δε omittunt, nec Ald. habet.

Θεσπιεων) Θεσπιεεων Arch. Vind. more Jonum, post τα comma, post εμελλε colon Ald. Cam. I. II.

την προμαντιν) τον προμαντιν Pass. Vindob. Brit. τον μαντιν Arch. Proba haec si sunt, habuit Ptous Apollo aeque ac Delphicus suam Προμαντιν, suum προφητην, nullaque necessitas υπο της προφητιδος in vicinis ex Reiskii voluntate fingendi, quae quidem, improba ista si fuerint, nulla tamen aderit. Ostentant scripta exemplaria τον προμαντιν. Strabo solum προφητην τυ μαντεω Ptoi lib. 9. p. 633 novit, itidem Plutarch. T. 2. p. 412. A. atque erronee, aut corrupte, φωνη Αιολιδι respondentem, loco Καρικη, quam in vit. Aristid., lapsus nonnihil, illi tribuit, h. e. βαρβαρικη διαλεκτω, qualis Carium, non Aeolensium, L. I, 171. Pausaniae, haec excerpentis IX, 13, iusto iudicio. Hinc manare videtur, τον προμαντιν Ptoi Apollinis & προφητην, quorsum insequentia vergunt, unum eumdemque fuisse. Talis Amphicaeae προμαντις

τις δε ὁ ἱερευς εςι· Χρα δε εκ τῶ Θεω κατοχος. Paufan. X. p. 884. *Weſſel.* Poſt χραν comma Ald. Cam. I. II, in quibus nullum comma poſt εχειν, ſed exſtat poſt Μῶν, & poſt την ante εφερ οντο, pro quo εφερον Arch.

γραφειν) γραφην Paſſ.

γλωσση) φωνη Arch. Vind. punctum poſt χραν Ald. Cam. I. II.

ad Cap. CXXXVI.

λεγοντα) defit Askew. poſt Μακεδονα punctum Ald. Cam. I. II.

οἱ προσκηδεες οἱ Περσαι) οἱ Περσαι προσπηδεες οἱ Arch. Sumſit hinc Pollux III, 7 & 30. Poſt εσχε punctum Ald. Camer. I. II, abeſt comma poſt Ασιῃ.

τω μητροπατορος) το μητροπ. Arch. Vindob. Comma poſt τω ante δη Ald. Cam. I. II.

Αλαβανδα) Steph. Byz. Αλαβαςρα & αμα δε Ask. quod verum, olim αμα τε. Poſt νεμε ϑαι punctum Ald. Cam. I. II.

προξενος) προξεινος dialectus poſtulat. Poſt ειναι comma Ald. Camer. I. II. In his comma poſt ειναι, punctum poſt αλκιμον, comma poſt κατεργασαμενες.

ηπιςατο) επιςατο Arch. Vind. probabiliter.

προσγενομενων) προγενομεναν Arch.

ταπερ αν και η.) ταπερ ην και ην Ald. male, error typographi.

πολλον) bene Arch. alii πολλω. Vide VII, 7.

Ελληνικων) Ελληνων Arch. Valla, ſatis ex uſu, & mox cum Vind. ταχα δε και.

προλεγοι) Medic. Paſſion. Askew. in Arch. Vind

Vindob. προλεγϰοι ex Ald. Brit. προλεγει, & sine commate post vocem.

οἱ ποιεεσθαι) οἱ ποιησασθαι Arch. Vind. Inde pronomen accessit, quod aberat Ald. &c. Post πειθομενος comma Ald. Cam. I. II.

ad Cap. CXXXVII.

Post τϰτϰ comma Ald. Cam. I. II.

Περδικκης) Περδικης Arch. Ask. perpetuo. post εςι abest comma Ald. Cam. I. II, in queis comma exstat post τυρραννιδα.

Ιλυριας) Ιλυρικϰς Arch. Vind. Valla.

Γαυανης) Γαβανης Ask. Commata post τε & post Αεροπος Ald. Cam. I. II.

ενθαυτα και εθητευον) ενθαυτα δε εθητευον Arch. Vind., pro quo δη Passion. & Steph. margb. Post βϰς punctum Ald. Cam. I. II.

γαρ) δε Arch. Vind.

μϰνον) vere Passion. ceteri μονον, post δημος colon Ald. Cam. I. II.

οπτωτο) Arch. Vind. Brit. Paris. A. B. Ald. longe verius, quam quod reieci οπτωη Medic. Pass. Ask.

ἑωυτϰ) ἑωῦτω Ald. male.

ανδρα ἑωῦτης) ανδρα τον ἑωῦτης non prave Arch. Pass. Ask. Vind. cui subdunt τον δε ακϰσαντα εσηλθεν αυτικα, ὡς, sicuti est in ora Stephan. ὡς δε ηκϰσα, επηλθε οἱ αυτικα ὡς ειη olim ex Ald. Vulgata haec non est sane deterior lectio Arch. & marg. Steph. vide not. in P. 53', 64, hic adeo quid praeferendum sit, codd. decernent. *Valkenar.* Quo moti vim his librarii fecerint, non assequor. Corruptelam sustuli imperio excellentium codd. eoque cupidius, ut fua fcriptori venuftas rediret. De loquendi genere abunde lib. 7, 46 ftabilito, taceo *Weſſel.* Poft αυτικα abeft comma Ald. Cam. I. II.

Φεροι ες μεγα τι) Φεροι μεγα Paff. Stephan. margo, fervandum, quod vulgatur. *Valken.*

εκ γης της) εκ της εωυτε Arch. Vind. nec difplicet.

απολαβοντες) Paff. Medic. Ask. veriffime. Vide Küfterum in Clerici Bibl. Vet. & Nov. T. V. 404. απολαβοντας Arch. Vind. Brit. Ald. Poft βασιλευς abeft comma Ald. Cam. I. II, nec exftat poft ειπε, fed ponitur poft αποδιδωμι.

ο Αεροπος) negligitur ο in Arch. fcribit autem πρεσβυτατοι cum Vindob. poft πρεσβυτεροι comma Ald. Camer. I. II, quibus abeft comma poft εκπεπληγμενοι.

τα δε, ωδε) Ask. Medic. Paff. quod fignificantius. ωδε deerat Ald. &c. Non inutili augmento Mf. fi diftinxerimus ειπας ταδε, ωδε δε κομεθα. *Hoc modo accipimus*, ut paullo infra ωδε εγεγονεε. Sed ubi videbis fidem libri veteris 9, 28 ετασσοντο ωδε οι επιφοιτωντες *Gronov.* Comma poft τα ante διδοις Ald. Cam. I. II.

ες το εδαφος) Viud. Arch. Askew. Paff. ες τουδαφος antea cum Ald.

τε ηλιε) Medic. Vind. Paff. Ask. Brit. alii cum Aldo εκ τε.

μετ εκεινε) Medic. Paff. Arch. Ask. Vind. Parif. A. B. μετ αυτε antea cum Ald. Mox απησαν Ask. απησαν bene. Paff. in aliis & Ald. απισαν, & comma poft δη Ald. Camer. I. II. Summae in his Mff. confenfioni non derogo. Απησαν Joniac mos, quo *vis*, απης, επησαν, & fimilia, tuebitur. *Weſſeling.*

ad

ad Cap. CXXXVIII.

Poſt παρεδρων comma Ald. Cam. I. II.
κεινων) Paſſ. loco vulgati Aldini εκεινων.

δεδομενα) διδομενα Paſſ. Ask. Vind. Arch.
Scribi malim: ως εν νοω (vel ως νοω) εκεινων ο νεωτατος λαβοι τα δεδομενα· id eſſet, ni fallor, ως αυτων ο νεωτατος ενθυμιον ποιοιτο το ρηθεν, ſive τον δεδομενον ηλιον, eorum natu minimum, quae rex dederat, in animum demiſiſſe, velut vocem divinitus miſſam, quae laetum omen portenderet. Rem animo diligenter conſiderare Herodoto dicitur εν φρενι & εν νοω λαβειν aut omiſſa praepoſitione νοω λαβειν IX, 10. III, 41, 51. Noſtro loco νοω λαβειν ſignificat, quod ſaepius dicitur ενθυμιον ποιεισθαι, nonnumquam ενθυμεισθαι & θειον ηγεισθαι: hoc dabit Xenoph. p. 287, 38. Εισηλθε μοι τι θειον Eurip. Cycl. 410, quod ille dixit εντεθυμημαι δ' εγωγε και τουτο, in K. A. III. p. 177. 14. Soph. Oedip. T. 748. Conf. & Thucyd. p. 478, 4. *Valken.* Poſt τω ante θυεσι comma Ald. Cam. I. II.

σωτηρι) Paſſ. Ask. Vind. Arch. ora Steph. Valla, σωτηρια ceteri. Certum vocabulorum delectum habere, ſaepe difficile: τω θυεσι — σωτηρια videtur adpoſitum. Alexander ubi a vulnere convaluerat, θυσας θεοις σωτηρια, μεγαλας εστιασεις των φιλων εποιειτο Diodor. XVII, 100. Crebro alii, beneficiorum & ſalutis impetratae memores, convocati a Deſ. Heraldo Adverſ. I, 5. Peiusne vero τω θυεσι — σωτηρι eamquam Deo ſoſpitatori? Negabunt, quibus notus vocabuli eſt uſus, ab Spanhem. Diſſ. VII de praeſt. numism. p. 456 clara in luce poſitus,
eoque

coque magis, quod σωτηρος titulus latiffime porrigitur, & fluvii, Deorum olim in numero, fua fibi templa, aras atque imagines habentes, Paufan. VIII, 24. p. 647. Offert praeterea τω Θυяσι — σωτηρι de Temenidarum pofteris amplius quid & fignatius. Huc itaque inclinb. *Weffeling.* Poft εῤῥυη comma Ald. Camer. I. II. in his poft Γορδιεω punctum.

εν τοισι) εν τετοισι Vind. colon poft φυλλα Ald. Cam. I. II.

Σιληνος) Σιληνος Arch. poft ηλω abeft comma Ald. Cam. I. II.

ως λεγεται) ωσε Paffion. poft κηπων comma Ald. Cam. I. II.

Βερμιον) Βρεβιον Arch. Ask. in Valla corrupte *fons Berbinus*. Rectum vulgatum. Conf. notam Schurzfleifchii ad Diodor. T. 2. p. 643.

υπο χειμωνος) υπο χιωνος legendum fufpicabatur Koenius. *Valkenaer*. Cum Koenio fenfit *Degenius*.

ad Cap. CXXXIX.

Poft Περδικκεω comma Ald. Camer. I. II. εγενετο Med. Paff. Ask. Brit. Parif. A. B. malui receptum.

παις ην) πατηρ ην Ask. & Stephan. margo, quod fine ulla controverfia reiiciendum; dubium forfan effe poterit, fitne natum ex errore librari ad vicina aberrantis, an ex erudituli nota, qui in ora libri ad παις pofuerit και πατηρ, memor Alexandro filium quoque dari, praeter Perdiccam fuccefforem, Amyntam, qui privata forte contentus filium reliquerit Aridaeum: vide quae tamquam ex Eufebii Chron. vulgavit

Sca-

Scaliger p. 57, 26. Sed Amyntas Alexandri fuit nepos ex filio Philippo: docente Wesseling. ad Diodor. XII. c. 50. n. 9, quem Philippum velut fratrem Perdiccae, τȣ Ἀλεξανδρȣ, aliquoties Thucydides commemorat I. c. 57, 59. II. c. 95 &c. Conf. Scholia, quae Duker. edidit ex cod. Cass. p. 637, quaeque praefationi subiecit ex Basil. p. 161, 76. *Valken.*

Ἀλκετεω) Ἀλκετης Ask. Ἀλκιτεω Arch. Post Ἀλκετεω δε comma Ald. Cam. I. II.

Ἀργαιος) Arch. Vind. Vallа. Ἀρραιος Pass. Ἀραιος reliqui cum Aldo. Si Goltzii numus ΑΡΓΕΙΟΥ ΒΑΣΙΛΕΩΣ ingenuus, qualis magno visus Scaligero ad Euseb. Ann. 1624. p. 122, Ἀργειος Argeus scribendus & appellandus erit. *Wesseling.* Abest comma post Περδικκης Ald. Camer. I. II, in queis colon αρχην.

ad Cap. CXL.

αποπεμφθεις) Ora Steph. Arch. Vindob. Pass. Ask. Brit. πεμφθεις olim ex Aldo.

Post ελεγε ταδε colon Ald. Cam. I. II. λεγει Askew. mox Ανδρες &c. usque εμοι, imprudenter negligens. Post λεγει colon Ald. Cam. I. II.

ηκε) ηκει Arch. Vind. Pass. Ask. non inconcinne, &, si malueris, vere. *Wessel.* Post ȣτω colon Ald. Cam. I. II, in his comma post πασας, & post τȣτο μεν.

εθελωσι) θελωσι Arch. Vind.

ην μη το ὑμετερον αιτιον γενηται) Hic lector attentus exspectabat κωλυση, *impedimento fuerit,* vel simile quid; neque enim bene cohaerent, *mihi necessitas incumbit, istis vos beneficiis ornare,* ην μη το ὑμετερον αιτιον γενηται· una lineola adiecta

iecta scribamus ἀντιον γενεται, id est, ἀντιαθη. Herodotea sunt ἀντιος & ἀντιαθαι· eleganter τὸ ὑμετερον vestrum dixit pro ὑμεις· τὸ εμον, τὸ σον & similia frequentantur Platoni praesertim, cuius sunt ista, το γ' εμον ετοιμον, εαν ᾑτος εθελῃ, T. I. p. 128. B. το γ' εμον ᾐδεν κωλυει επαδεσθαι ὑπο σᾑ οσαι ἡμεραι, me quidem quod attinet nihil impedit quominus &c. p. 176. B. τα μεν ὑμετερα ακαειν, ὡς εοικεν, ετοιμ αν ειη T. 2. p. 643 A &c. Plura dabit H. Steph. App. de D. A. p. 115. 116. *Valkenar.* cuius in sententiam cum Larcherio & *Degenio* abire nulli dubitamus. Post ταδε colon Ald. Cam. I. II.

ἀνταειρομενοι) αειρομενοι margo Steph. Pass. Ask. Brit.

παρ' εμε ἐυσαν) Arch. Vind. Eton. Passion. Ask. Ora Steph. ceteri παρευσαν μοι cum Ald. Editum, fide codd. egregie munitum, cur ierit mutatum, caussam non adsequor, nisi rariore fuerit in structura. Solet plerumque παρα casui tertio adiungi επι εμψυχε, h. e. quoties de re animata sermo. Homerus, Thucyd. Plato. Lucian, quacum, & poëtae exemplo Noster, adstruxerunt. Vide Thom. Mag. in ἡ παρα. *Wessel.* Duo tresve codd. dudum innotuerant, in quibus haec Herodoteo more districta leguntur, την νυν παρ' εμε εὐσαν δυναμιν. Paullo quoque rarius illud παρ' εμε· supra VI. c. 86; ex codd. recte receptum θεσθαι παρα σε· quae lectio altera παρα σοι non debuerat dici deterior. Lexicon Coislin. p. 483 παρ' ἡμας οικει, αντι τᾳ παρ' ἡμιν· Αλεξις Φιλαθηναιῳ. Soph. Electra 184 ὁ παρα τον Αχεροντα θεος ανασσων· vere Schol. και εν τῳ πεζῳ λογῳ εν χρησει αὐτη ἡ συν-

συνταξις της παρα προθεσεως. Ifaeus p. 70. 25. καθημενοι παρ' αυτον. Thucyd. III. c. 3 τριηρεις — βοηθοι παρα σφας παρυσαι, ubi vide Abrefch. *Valken.*

τυπερ) τοπερ Arch. Paff. Ask. Poft ελπις abeft comma Ald. Cam. I. II.

φρονεετε) Med. Paff. Ask. Arch. Vind. Parif. B. Brit. alii cum Ald. φρονεοιτε. Mox παρα εςαι Ask.

παρισευμενοι) Arch. Vind. Herodoti haec manus. Supra L. IV, 166 παρισευμενος Δαρειω διεφθαρη. Olim cum Ald. παρισυμενοι. *Wefseling.*

αυτων) εωῦτεων Ald. Cam. I. II.

καταλυσασθε) Arch. Paff. Ask. Vind. Brit. καταλυσεσθε Med. peffime. καταλασσεσθε Ald. &c. Poft καταλυσασθαι colon Ald. Cam. I. II, comma in his poft ωρμημενυ, nullum poft ελευθεροι, fed habent poft δολυ.

ειπαι) ειπειν Arch. Vind. Paff. Poft υμεων comma Ald. Cam. I. II.

εν ὑμιν) Med. Paff. Ask. Arch. Vind. Parif. A. Brit. Antea ex Ald. ενον υμιν. Potuiffea τυτο ενον εν υμιν, uti c. 60, 2 και τοδε εν αυτοισι ενεςι. Noluiffe membranae docent. *Weffel.*

τυσδε) Arch. Vind. Med. Paff. Ask. Parif. B. olim τοισδε ex Aldo. Poft τοισδε colon, poft εςι comma Ald. Cam. I. II.

ων) defideratur in Arch.

επ' οισι) εποισι Arch. perperam. Poft μενων abeft comma Ald. Cam. I. II.

εξαιρετον τι μεταιχμιον) εξαιρετον μεταιχμιον τε Ask. Paff. Vind. In Arch. εξαιρετον μεταιχμιον την. & Brit. εξαιρετον μεταιχμιον τε, codd.

egre-

egregie scriptum desiderant, fortasse haud im‑
probe. Certe si ἐξαίρετόν τε μεταιχμιὸν prae‑
buissent, quis sperneret? *Wesseling.*

ἐκτημένων) κεκτημένων Arch. Pass. Askew.
Vindob.

Post Ἀλέξανδρος μὲν comma Ald. Cam. I. II.
τοσαῦτα Arch. Vind.

ad Cap. CXLI.

Abest comma post λογίων Ald. Cam. I. II.
χρέων) χρεὸν Arch.

ἐκ Πελοποννήσου) ἀπὸ idem, Vind.

κάρτα τε) desit τε utrique. Post Ἀθηναῖοι
colon Ald. Cam. I. II.

τε σφι) δὲ σφι Arch. Vind. non absurde.
Post ἐπ' ὁμολογίῃ punctum Ald. Camer. I. II,
quibus comma nullum post πυθόμενοι τε, sed
ponitur post ἀγγέλους.

ad Cap. CXLII.

Post ἀγγελοι colon Ald. Camer. I. II, post
φέρον habent comma.

γε ἄλλοισι) abest particula Arch. Vindob.
post ὑδαμοῖσι colon Ald. Cam. I. II, sed abest
comma post ἥκιστα.

ἐγείρατι) ἠγείρατι Arch. Vind.

Post βουλομένων colon, Ald. Cam. I. II. βου‑
λευομένων Pass.

ὑμετέρης ἀρχῆς) Pass. Ask. Arch. Ald. alii
ὑμετέρας. Haec Spartani, qui Graeciae ἡγεμο‑
νίην & principatum sibi vindicabant, ad Atheni‑
enses? Arbitror reliquisse scriptorem, περὶ τῆς
ὑμετέρης ἀρχῆθεν ὁ ἀγὼν ἐγένετο, de vestra regio‑
ne

ne primum decertatum fuit, tum sequetur opportune, νυν δε Φερει κ. τ. λ. Simile Themistoclis c. 22 οτι αρχηθεν η εχθρη προς τον βαρβαρον απ' υμεων ημιν γεγονε· & c. 2 περι της εκεινε ηδη τον αγωνα εποιεοντο. Sed esto coniectura. *Wesseling.* Sed dignissima, quae recipiatur, & a *Larcherio* recepta.

απαντων) παντων Arch. Vind. In αλλως τε, τετεων απαντων — labat sententia, ad quam instaurandam variantur suspicionum tumultus. D'Orvillius, ut schedae testantur, εκτος τε τετεων απαντων praeter ea omnia Athenienses &c. Reiskius consimiliter, αλλως τε, ανευ τετεων απαντων —. Ambo ad dictionis principium, cui molestiam non crearem, adhaeserunt. H. Stephanus eiusdem medio manum implicuit, ηγεισθαι δουλοσυνης, primos ex Graecis iugum servitutis subire, reparans, quod vereor, ut Graece doctis doctissimus ipse probaverit; ηγεισθαι ηδονων, illis imperans, non carum auctor, pariliter ηγειται δουλοσυνης, illi imperium inhibens. Vide IX, 1, idem animadvertit J. C. de Pauw, cuius de opinione τετεων απαντων αιτιας, αιτιας γενεσθαι —, aut addita copula γενεσθαι και δουλοσυνης oratio melius procedet. Et procederet profecto, si priori ex Mss. auxilium nasceretur. Simillimam certe iteratae vocis omissionem L. IX, 54 dabit. Sed desino, ne aestus augescant. *Wessel.* In his vocula videtur deesse: Koenius legebat τετεων απαντων εκτος, αιτιας γενεσθαι. Reiskio και post γενεσθαι videbatur inferendum: dare quoque potuissent duabus tantum literis repetitis: αλλως τε τετεων απαντων αιτιας τε γενεσθαι δουλοσυνης τοισι Ελλησι

Appar. Herod. Vol. V.   K   Αθη-

Ἀθηναίες ἐδαμως ανασχετον) *Valkenar.* Haec
summi viri coniectura nobis prae ceteris arridet. Pavium sequutus est *Larcherius.*

καὶ το παλαι) Medic. Ask. Paff. Arch. Brit.
prius erat κατα το παλαι.

πιεζευμενοισι) Arch. Vindob. praeclare: in
Aldo & aliis πιεζομενοισι. Formae est Jonicae
πιεζευμενοισι. Πιεζευμενοι δε οι επικεροι lib. 3, 146.
πιεζευμενοι υπο Θηβαιων lib. VI, 108. *Weſſeling.*
Post ὑμιν comma, post συναχθομεθα punctum
Ald. Cam. I II.

εξερηθητε) Med. Paſſion. Arch. Vind. Brit.
ὑξερηθητε Ask. alii cum Aldo εξερηςθε. Nescio,
cur melius censeri debeat lectio Med. quam
Aldi, cui respondet vicinum οικοφθορηςθε.
Valkenar.

οἱ συμμαχοι) οἱ λοιποι συμμαχοι Arch. Valla,
quos non laudo.

συνεςηκη) συνεςηκε Arch.

δε γε ε) δε γε Arch. Vind. deerat ultimum
Ald. &c.

ετε πιςον) negligit haec duo Brit. sed mox
post αληθες εδεν nectit ετε βεβαιον. Post εδεν
colon Ald. Cam. I. II.

ad Cap. CXLIII.

Post Αθηναιοι δε comma Ald. Camer. I. II.
Post ταδε colon eaedem. τοιαδε Arch. Vind.
Comma post δυναμις Ald. Cam. I. II.

τω Μηδων) των Μηδων Arch. Valla.

δεη) δεει iidem, Paſſ. Ald.

ελευθεριην σκεπτομενοι) ελευθεριης γλιχομενοι
Paſſ. Ask. ora Steph. cum Pariſ. B. teste *Larcherio.* In reliquis cum Ald. ελευθεριην σκεπτομενοι,

liber-

libertatis considerantes commoda, vel praerogativas, sincerum videtur: quod praebent duo minimum codd. ελευθερης five της ελευθεριης γλιχομενοι, non interpretamentum adeo, sed nota videtur marginalis a studioso lectore repetita ex lib. 2, 102, ubi sic ille scriptum invenit in suo cod. δεινως γλιχομενοισι της ελευθεριης, quod mihi nunc ob hanc lectionem MSS. illic probandum videtur. *Valken.* Si morbus his absit, quid aliud quam libertatis considerationem ostendent? Interpretis Latina ex σκεπομενοι fluxerunt. Fallor autem, aut γλιχομενοι ελευθεριης, desiderio libertatis accensi, praestant. Fondus est in bonae notae exemplaribus ex Herodoto II, 102. *Wesseling.* Praetulit orae Steph. & codd. lectionem *Larcher* quae & nobis, Degenioque optima videtur. Post ετω comma Ald. Cam. I. II.

και δυνωμεθα) και defit Arch. Vind.

πειρω) Aldus, uti oportebat, πειρω, inconsulte πειρα deinceps per editiones vulgatum. *Wesseling.*

νυν δε) Arch. Vind. quod verius, alii νυν τε. Post ιη comma Ald. Cam. I. II.

τη περ) τη και Med. Paff. Ask. post Ξερξη comma Ald. Cam. I. II.

πισυνοι) πισσυνοι Arch. ut solet. Interposita litera scribi poterit in his: Diis adiutoribus πισυνοι μεν επεξιμεν, αμυνεομενοι, και τοισι ηρωσι, των εκεινος ουδεμιην οπιν εχων ενεπρησε τες τε οικες — hinc οικες & ex proximis Deorum οικηματα D. Heraldus attigit Adverf. II. c. 9. *Valkenar.* Post ηρωσι punctum, post των & οικες commata Ald. Cam. I. II, idemque post τοιαςδε.

αθεμιςα ερδεειν) ρεζειν Arch. Vindob. Galei αθεμιτα membranae Arch. non agnoscunt. Supra lib. 7, 33 αθεμιςα ερδεσκε, ubi plura. *Wessel.*

παθεειν) Arch. Vind. antea παθειν ex Ald. comma post προξεινόν τε Ald. Cam. l. II.

ad Cap. CXLIV.

Post υπεκριναυτο punctum Ald. Cam. I. II.

καρτα) καρτα μεν Arch. Vind.

το Αθηναιων φρονημα) των Αθηναιων το φρονημα non male Arch.

μεγα) μεγαλη idem, post υπερφερυσα colon, post τα comma Ald. Cam. I. II.

εθελαμεν) θελωμεν Arch. Post μεγιςα abest comma Ald. Cam. I. II.

εμπεπρησμενα) τα εμπεπρ. Vind. εμπεπρημενα Passion. Post μαλλον abest comma Ald. Cam. I. II.

τω ταυτα εργασαμενω) τοισι ταυτα εργασαμενοισι Arch. Vind. Valla. Punctum post εργασαμενω Ald. Cam. I. II.

εον ομαιμον) Arch. Med. Ask. Pass. in Aldo & aliis εον desiderabatur. Post τε comma Ald. Cam. I. II, in quibus colon post ομογλωσσον, comma post κοινα.

των προδοτας) Arch. Vind. ων προδ. Med. Ask. Pass. prius edebatur cum Ald. ων και προδοτας; tum brevi post ην μη και προτερον Arch.

ες ημεας εχυσαν) Vindob. Arch. Olim ex Ald. προς ημεας εχσαν. Nolui, quod suum scriptor agnoscit, adspernari; agnoscere autem, adnotata L. V, 81 commonstrabant. *Wessel.* Reiectis interpretamentis restituetur ex codd. Herodorodotea phrasis την ες ημεας εχυσαν, vide notata p. 412, 72. *Valken.*

Post ἕτω abest comma Ald. Cam. I. II.

και ὑμιν) και ἡμιν in margine Arch. quod si valeat, venustas deminuetur: cessaret enim solita Atheniensium & Spartanorum contra sese positio. Aiunt, quantum ad Lacedaemonios attinet, plenissime illos benivolentiae officio defunctos. *Wessel.*

ἡμεες) ἡμεις Ald. Cam. I. II &c. ἡμεες recte Arch. Post ἡμετερην comma Ald. Camer. I. II, in his comma nullum post αγγελιην, sed adest post των ante εκεινος.

ἡμεας) Mallem ὑμεας, vos Spartanos. *Wessel.*

προσβωθησαι) Arch. Vind. Valla. Olim cum Ald. προβοηθησαι. προσβωθησαι aut προβωθησαι Jonum sermo, de quo VIII, 1 desiderat. Athenienses lib. 9, 6 αντιωσεσθαι ες την Βοιωτιην explicant ipsi, ratumque habent ex Mss. derivatum, & veterum comprobatum usu. Vide Diodori T. I. p. 242, deque Pass. & Med. clausula Melpomenes finem Wess.

Post Βοιωτιην Pass. habet, uti Med. & Valla, principium libri seq. Οἱ μεν ταυτα — ες Σπαρτην, tum cum eodem Med. ΗΡΟΔΟΤΟΥ Η. ΧΧΗΗΗΔΔΗ. In Ald, ΗΡΟΔΟΤΟΥ ΙΣΤΟΡΙΩΝ ΟΓΔΟΗ.

Ad Librum IX.

In Inscript. abest τȣ Ἁλικαρνησσος & επιγραφομενη Ald. Camer. I. II. Ceteri Ἁλικαρνασσεως. Ex Arch. Ἁλικαρνησσος; cui & Brit. desunt επιγραφομενη Καλλιοπη; in Pass. & Vind. tantum Καλλιοπη.

ad Cap. I.

Post ηγεομενοισι comma Ald. Camer. I. II, idemque post προ τȣ.

παρηκε) Arch. Pass. Vind. ora Steph. In reliquis ex Ald. παρεικε. Post Ελλαδα colon Ald. Cam. I. II.

ad Cap. II.

τον Μαρδονιον) Omittit τον Vindob. Arch. Post αυτω comma abest, insertum post λεγοντες Ald. Cam. I. II.

καταςρεψηται) καταςρεψητε Ald. Cam. I. II.

ȣδε εων ιεναι). Si vel codd. praeberent ων, quod hic ponendum censebat Reiskius, ego tamen vulgatum, ȣδε εων, omnino retinuerim in proximis more satis usitato εκελευον, vel simile quid, relinquitur factori supplendum: plene Sosicrates in Schol. ad Aristoph. Aves 521 λεγεται αυτον πρωτον ȣδενα εαν ορκȣς ποιεσθαι κατα των θεων, αλλ ομνυναι κελευσαι χηνα, και κυνα &c. Sicut hoc in loco, supra Herod. VII,

VII, 104 ɛκ εων φευγειν, — αλλα μεμοντας εν τη ταξι επικρατεειν, η απολυσθαι· ubi huius generis alia quaedam leguntur adscripta. *Valkenar.*

κατα μεν γαρ το ισχυρον Ελληνας ὁμοφρονεοντας) ordo verborum insolentior. Succurrebat Reiskii sollertia, Ἑλληνων ὁμοφρονεοντων — περιγινεσθαι, cui scripta exemplaria pugnant valide. Potius erit, Ἑλληνας ὁμοφρονεοντας, siquidem vis abesse debet, accusativos arbitrari consequentiae, quales Gronov. tuetur L. II, 66, videlicet, quantum ad Graecos attinet, concordes si maneant, qua illi & ante sententia fuerant, subigi vix posse. Par opinio Abreschii. *Wesseling.*

περιγινεσθαι) περιγενεσθαι Arch. Vind.

ποιησειας) ποιησεις Arch. Vind. Ask. Steph. margo, non pessime, nec displicet Valkenario. post τα comma Ald. Cam. I. II, quod abest his post παραινεομεν.

κεινων ισχυρα βουλευματα) κεινων βουλευματα sine medio ισχυρα Med. Pass. Ask.

μετα των στασιωτεων) μετα στασιωτεων Arch. Vind. Valla: tum καταστρεψεις.

ad Cap. III.

Commata post οἱ μεν & οἱ δε Ald. Camer. I. II, in queis post επειθετο colon.

δεινος ενεστακτο) δεινος τις Arch. Vindob. Quae vocula, in codd. Vallae lecta, adest, haud ea inconcinna. Oppian. Cyneg. III, 314 και βαλιων δε ποθος τις ενεστακται φρεσι θηρων. Omittitur a Sophocle Trachin. 480. *Wessel.*

ἑλεειν) Arch. Vind. antea ex Ald. ἑλειν, in Brit.

Brit. εχειν, punctum poſt ελειν Ald. Cam. I. II, in quibus comma poſt δια νησων.

τας Αθηνας) Arch. Vind. hinc venit articulos, qui aberat Ald. &c.

υςερην) Med. Paſſ. Ask. Vind. υςεραιην ceteri cum Ald.

ad Cap. IV.

εν Αθηνησι) abeſt praepoſitio Arch. εν Αθηναιοισι Brit.

Μερχιδην) Μερυχιδην Paſſ. Arch. Brit. Valla, ſemper. Poſt λογας & τας commata Ald. Cam. I. II.

ελπιζων) ελπισας Arch.

της Αττικης χωρης) πασης της idem, Vind. Valla, non prave.

υπ' ἑαυτω) colon hic Ald. Camer. I. II. ηδη υπ' ἑωυτω Vind. Arch.

ad Cap. V.

ως εδοκεε) ως οι εδοκεε ſatis bene, fragm. Pariſ.

Poſt αμεινον ειναι abeſt comma Ald. Camer. I. II, quae habent id poſt λογον & τον, omittunt poſt προφερει, ponunt vero poſt ο μεν.

οι και ταυτα) και ταυτα οι Paſſ. Ask. Arch. Poſt εξωθεν abeſt comma Ald. Camer. I. II, in his colon poſt βαλλοντες.

Μερχιδεα) Vindob. Arch. alii cum Ald. Μερχιδην.

των Αθηναιων αι γυναικες) το γινομενον αι γυναικες των Αθηναιων Ask. Paſſ. Arch. Poſt παρεβαλυσα abeſt comma Ald. Cam. I. II.

εικην) οικιη Ald. Cam. I. II, cum commate.

ηεσαν)

νεσαν) ησαν Ask. quod ad ησαν ſive ηίσαν Jonum ducit, quomodo ex membranis ſemel iterumque L. III, 77. *Weſſel.* Poſt αυτοκελεες colon.

κατα μεν ελευσαν) citat Euſtath. ad Homer. p. 601, 24. Poſt τεκνα colon Ald. Cam. I. II.

ad Cap. VI.

οἱ Αθηναιοι) Arch. Paſſ. Ask. hinc articulus. Comma poſt οἱ δε Ald. Camer. I. II, idemque poſt επει δε & οἱ μεν.

τε και) deeſt τε Ask. Vind. Arch.

εν τη Βοιωτιη) ες την Βοιωτιην Arch. Vindob. Pariſ. A. B. Brit. Ald. εν τη Βοιωτιη Med. Paſſ. Ask. Vetus ες την Βοιωτιην concederene recepto ex Florent. debeat, in dubio haeret. Exſtat acervus, ex Muſis a Porro congeſtus, exemplorum in hanc partem. Verum valeat. *Weſſeling.*

επεμπον) υπεμψαν Arch. poſt αμα μεν comma Ald. Cam. I. II.

μεμψομενες) Arch. Vind. antea μεμψομενοι ex Ald. μεμψομενες, quae Reiskii ſuſpicio, volentibus exemplaribus ſcriptis, ſuum in locum collocavi. *Weſſel.*

εμβαλοντα) Med. Paſſ. Ask. Arch. Pariſ. B. antea εσβαλοντα, cum Ald. frequente variatione. Poſt αμα δε abeſt comma Ald. Cam. I. II, quod ponunt poſt μεταβαλοσι.

προειπαν τε) Medic. Paſſ. Ask. Arch. Ald. Cam. I. II, alii προειπε. Ald. & Camer. optime, poſt quorum curas operae, inſcite προειπε corrigentes, aberrarunt turpiter. Geminum germanum earundem delictum in ειπε ex legitimo ειπαι

ειπαι L. 8, 68. Utique Aldinum exemplar, ut hinc & alias frequenter apparuit, ab insecutis contemtius habitum fuit. *Wessel.* Lectionem Mediceam in προειπαν mutandam suspicabatur Koenius: praeterea denuntiarunt, ni venirent Atheniensibus auxilio, hos sibi ipsos tutamen quoddam paraturos: sic redderem Herodotea, ως, και αυτοι τινα αλεωρην ευρησονται· id est αποςροφην ετοιμασονται, vel εκπορισονται. Hoc significatu *sibi parandi*, vel *adipiscendi* veteribus frequentatum ευρεσθαι adhibuit aliquoties Herod. infra bis c. 26 & 28 αδειαν ευρεσθαι, vel ειρηνην, vel αγαθον τι, locutiones sunt usitatissimae: ευρεσθαι παρα των θεων των παροντων κακων απαλλαγην dixit Isocrat. in Evag. p. 191. E. Vide R. Dawes, in Misc. C. p. 258. *Valkenar.*

ad Cap. VII.

Post Λακεδαιμονιοι comma Ald. Cam. I. II.

ωρταζον) ορταζον, sive augmento, Askew. Post ετευχεον colon Ald. Cam. I. II, in his comma post αγγελυς: αγγελοι απ' Αθην. Arch. Vind. επι τυς εφορυς) ις τυς Arch. Vind. Vide infra c. 11, post εφορυς punctum Ald. Camer. I. II, in quibus comma nullum post Αθηναιοι, positum post λεγοντες.

Post ποιησασθαι abest comma in iisdem, ponunt id post δολυ, & post την ante αν.

αλλα απειπαμεθα) ora Steph. Pass. Askew. Arch. Vind. Brit. quibus addit Larcher. Paris. A. B. αλλα παντα τε απειπαμεθα Ald. Camer. I. II. Steph. I & seqq. Editum gravius & elegantius legenti accidit, suadentque membranae. *Wessel.* Latina Vallae, *nos tamen — annuere nolle,*

sed

sed recusare, monstrant lectionem in marg. Stephan. notatam, ἃ κατεινεσαμεν, αλλ' απειπαμεθα· non adprobavimus, sed repudiavimus, illa nimirum omnia, quae paullo ante sibi dixerant a rege Persarum oblata. *Valken.* Post Ἑλληνωι & καταπροδιδομενοι commata Ald. Camer. I. II, idemque post μαλλον.

απ' ημεων) Medic. Pass. Arch. Vind. Ask. mox εον quatuor posteriores non norunt, ἕτως Arch. olim cum Aldo το ημετερον ἕτω ακιβδηλον εον. Placet & mihi Med. lectio ab Arch. firmata: και το μεν απ' ημεων ἕτω ακιβδηλον εον νεμεται επι τῶς Ελληιας· editum ημετερον videtur interpretamentum *Valken.* Και το μεν απ' ημεων ἕτω — a Gronovio ac Pavio summo iure laudatur, idem quidem ac το μεν ημετερον, sed suavius atque ex interiore sermonis usu. Quod autem aderat participium εον, saepe Scriptori in deliciis, abesse codd. iussu potest; neque hic criminationem, in Th Galeum intentatam, metuo, quippe temerariam valde. Ceterum νεμεται επι τῶς Ελληνας in Graecos impenditur, sive distribuitur, bene Portus. *Wessel.*

Post απικομενοι comma Ald. Camer. I. II. απικομενοι ητε Arch.

διοτι) οτι idem, Vind.

εν τελεῖ εσι) iidem & Pass. Ask. Brit. cum Paris. A. B. & D. teste Larcher. non ευτελες, uti ex aliis Ald. Bitem non moveo membranis, quarum εν τελεῖ εσι, haud aliud ac προς τελει c. 8 & Dion Chrys. Or. 61. p. 583. D. Platonis επι τελει Menex. prior., aequatque adeo vulgatum. *Wessel.* Herodoteum videtur εν τελεῖ

λᾶ εςι, quod eſt in marg. Steph. ut paullo legitur inferius ην προς τελεῖ, prope finem. *Valken.*

συνθεμενοι τε ἡμῖν τον Περσην) Scripſerim partim cum Reiskio: συνθεμενοι τε ἡμῖν τῷ Περση αντιωσεσθαι ες την Βοιωτιην· ſaepius in Muſis obvium αντιασθαι ſollicitari non debet. *Valkenar.* τῷ Περση αντιωσεσθαι tritius, aut προς τον Περσην, uti non male Reiskius voluit. Habet tamen illud, quod alius ſignificatum, ſuum in Muſis locum. *Weſſel.*

προδεδωκατε) προδεδοκατε Ald. Camer. I. II, cum puncto poſt vocem.

εσβαλοντα) προσβαλοντα Ask. Paſſion. & Steph. margo.

μηνυσι) μηνυσαι Arch.

δεκωμεθα) Quod ex Arch. Galeus adpoſuit εκδεκωμεθα, erroneum eſt; habet δεκωμεθα. *Weſſeling.*

επιτηδεωτατον) επιτηδεςατον εςι εμμαχεσεθαι Arch. Vind. antea μαχεσασθαι tantum, ex Ald., Diſſ. Herod. p. 131. novas nobis obtulit ex codd. lectiones: της γε ἡμετερης επιτηδεςατον εςι εμμαχεσασθαι το Θριασιον πεδιον quarum lectionum alteta procul dubio eſt genuina: proximum accedit apud Suidam in Ευπλατον· πεδιον — επιτηδειον ἱππω εμμαχεσθαι. Thucyd. II. c. 20 χωρος επιτηδειος εφαινετο ενςρατοπεδευσαι Herod. IX. 25 χωρος επιτηδεωτερος ενςρατοπεδευεσθαι. *Valken.* Etſi επιτηδεςατον Arch. & Vind. optime ex επιτηδης manet, & επιτηδειεςατον Democriti apud Homeri interpretem p. 1441, 16 fere ſit genuinum, eo non utar. Mire blanditur εμμαχεσασθαι, rarioris quidem formae, ſed legitimae, quae ενςρατοπεδευεσθαι caſtra in loco metari,

tari, supra c. 2, χωρος επιτηδεος ενδιαταξαι τε και εναριθμησαι, uti MſſI. τον ςρατον, aptus locus ad exercitum in eo ordinandum & numerandum L. 7, 59. Tale πεδιον εναγωνισασθαι καλεν Appian. B. Cic. IV. p. 1041, rariusque Philon. Iud. L. 2. Vit. M. p. 659. B. επιτηδειοτατον ειναι τον τοπον ενησυχασαι και ενημερησαι· & de Num. Septen. p. 1187. A. πεδια επιτηδειοτατα εμβοσκεσθαι. Negligo alia. Conſtat verbo iuſta compoſitio, & probanti ratio. *Weſſel.*

ad Cap. VIII.

ακεσαν) ηκεσαν Paſſ. Ask. Brit. Arch. Vindob. qui duo αρα non habent.

ανεβαλλοντο) ανεβαλοντο Vind. ενεβαλλοντο Paſſ. tum υπεκρινεσθαι Ask.

και επι δεκα) Paſſ. Arch. Vind. Ald. alii δε και. Poſt τω χρονω comma Ald. Cam. I. II, in his punctum poſt Πελοποννησιοι, colon poſt τελει comma poſt Αθηνας, quod non habent poſt εδεμιην, inſerunt autem poſt αλλο γε.

δεεσθαι εδεν) δεεσθαι εδενος Arch. Vind. prius placuit prae δεισθαι, quod Ald. habet.

ο Αλεξανδρος) ο abeſt Arch. Paſſion. Poſt απετετεχισο punctum Ald. Cam. I. II.

ad Cap. IX.

Poſt τοιοσδε punctum Ald. Cam. I. II.

Χιλεος) Med. Paſſ. Ask. Arch. Vind. Brit. Pariſ. B. antea ex Ald. Χιλεος ονοματι. Poſt μεγιςεν comma inſertum, quod poſt ξεινων abeſt Ald. Cam. I. II. μεγιςα Arch. non male.

των εφορων επυθετο) Med. Paſſ. Ask. Arch. Vind. Brit. Pariſ. A. B. Valla; εφορων ενα επυθετο

ϑετο Ald. Cam. I. II. των εφορων επυϑετο postulant schedae. *Wessel*. Sic mihi quoque scripsisse videtur, omissa voce ένα, quae ut a Medic. sic aliis etiam aberit codd. *Valkenar*. Post λογον & τον commata Ald. Cam. I. II, in his colon post ελεγον.

ακυσας δε ὁ Χιλεος) Med. Pass. Ask. Paris. B. In Ald. & aliis ακυσας δε ταυτα ὁ Χιλιος, colon post ελεγε Ald. Cam. I. II, abest his comma post εχει, positum post εφοροι.

εοντων μη) μη εοντων Arch. Vind. & Suid. in αρϑμια, ubi pessime αμμιν, sicuti αριϑμιων Ask. mox τωδε τω Arch. τω δε τω Vind.

εληλαμενυ κρατερυ) εξεληλαμενυ Arch. & καρτερυ sicuti Pass. Ask.

κλισιαδες) Citavit Eustath ad Hom. p. 78 pr.

εσακυσατε) εσακυσετε Pass. Post φερον colon Ald. Cam. I. II.

ad Cap. X.

Post ὁ μεν comma, post συνεβυλευε punctum Ald. Cam. I. II.

φρενι) Med. Passion. Ask. Brit. Ceteri εν φρενι cum Ald.

εκπεμπυσι) πεμπυσι Arch. & πεντακισχιλιων.

και ἑπτα — εἱλωτων) Septem haec omittit idem cum Vindob. Eton. Valla. Vereor una cum de Pauw, ut haec Herod. scripserit. Valla tresque scripti libri omittunt, habentque c. 28 sedem magis opportunam. Et cui bono ταξαντες post εκπεμπυσι; Non nego, quod Galeus ursit, esse in Plutarchi ea Malign. p. 871, sed hinc derivata, unde constit? Tolle omnia, & orationi ad culturam nihil deerit, modo επιτρε-

ψαν-

ψαντες probetur. Id sane cum exercitus imperium traditur, multo commodius & lenius. Vide III, 155. VII, 52 &c. *Wessel.* Eosdem memorat Plut. in Aristid. p. 325. A. & T. 2. p. 871. E. ubi εξηλθον ες Πλαταιας πεντακισχιλιοι Σπαρτιαται περι αυτον εχων ανηρ εκαςος επτα ειλωτας, atque adeo legit hoc in loco, quae nonnullis in codd. perperam omittuntur. Tot numero ειλωτας ad Plataeas cum Spartiatis stetisse certum est c. 28, & bello Peloponnesiaco saepe cum Lacedaemoniis militasse τες Ειλωτας novimus ex Thucyd. IV. c. 80. V. c. 57. c. 64. VII. c. 19. *Valkenar.*

επιτρεψαντες) Vind. Arch. & εγενετο μεν νυν· prius & Pass. nec prave. Olim επιταξαντες cum Aldo.

εγινετο) εγενετο Ald. Cam. I. II, in quibus post πας punctum, & comma post επιτροπος τε, idemque post εκ τε Ισθμε.

την ςρατιην ο Κλεομβροτος) εκ τε Ισθμε την ςρατιην ο Κλ. Arch.

Παυσανιης) ο Παυσανιης idem, post οι μεν comma Ald. Cam. I. II.

εξεληλυθεσαν) Arch. Askew. non εξεληλυθησαν.

ad Cap. XI.

Post οι δε αγγελοι abest comma Ald. Camer. I. II.

επι της εωυτε) επι την Med. Pass. Ask. Vindob. Arch. non male, ita si velis. Sed vide H. Steph. Dialect. p. 123. *Wessel.* Post εκαςος punctum Ald. Camer. I. II, colon habent post

ταδε,

ταδε, comma poſt αγετε, punctum poſt συμμα·
χυς. Omittunt comma poſt Αθηναιοι δε.
 - χητει τε συμμαχων) χητει συμμαχων Arch.
Vind. Poſt Περση comma Ald. Cam. I. II.
 δη ετι) δη non eſt in Arch. Vind. Ask. Paſſion. quorum plerique βασιλεος. Cohf. lib. 2, 5.
Poſt επι την comma Ald. Cam. I. II.
 ταυτα λεγοντων) ταυτα δε Arch.
 ςειχοντας) ςιχοντας idem.
 ξεινυς γαρ εκαλεον τυς βαρβαρυς) Spectavit
Euſtath. ad Hom. p. 423, 26. Parentheſeos
ſigna in editis ante noſtram non ſunt.
 επειρωτεον), Arch. Vind. επειρωταν Paſſion.
Askew. επηρωτεον Ald. & reliqui. Poſt το εον
punctum Ald. Cam. I. II, comma non habent
poſt δε σφι.
 οπλιται) deeſt Arch. Vind. Valla.

ad Cap. XII.

 Poſt οι μεν comma Ald. Cam. I, II, quae
his abſunt poſt κηρυκα & αριςον.
 αυτοι) αυτω Arch.
 επει τε) τε omittit idem. Poſt ταδε colon
Ald. Cam. I. II, comma poſt τοι in iisdem.
 αυτην ισχειν) αυτοι ισχειν Arch. Poſterius
Vind. Brit. εχειν alii cum Aldo. Sequor codd.
ipſumque Scriptorem, qui Lib. 3, 77 ισχον τε
βυλομενυς — ες το προσω παριεναι & mox c. 13
ωςε και ολιγυς σφεας ανθρωπυς ισχειν. Weſſeling.
Comma poſt ο μεν Ald. Cam. I. II.

ad Cap. XIII.

 η πυθεσθαι) Medic. Paſſion. Askew. Pariſ, A, η aberat Ald. &c. Poſt ανεκωχευε abeſt

ad conſtit. lect. Herodot. integritatem.

eſt comma Ald. Camer. I. II, quod adeſt poſt επημαινε.

εσινετο) εσινεετο Arch. Adi ad L. V, 81.

τȣ χρονȣ) negligit haec duo Arch. Omni illo tempore, quo in Attica armatus confederat. Necefſum enim non puto, διὰ παντος cum Reiskio in διαγοντος, aut προϊοντος converti. Imo ſi Arch. conſentaneos naſceretur, διὰ παντος ſufficeret. Aeſchyl. Prom. 283 τȣς σȣς δε πετȣς χρηζω δια παντος ακȣσαι, quod in ſcholiis δι'ολȣ, ſed idem ac *omni modo. Weſſel.*

τον παντα) Praetereunt τον Paſſ. Ask.

πριν η) πρινὶ Arch.

εμβαλειν) εσβαλειν idem, Vind. Poſt των τειχεων comma Ald. Cam. I. II, idemque poſt καταβαλων.

εξελαυνε τωνδε) εξελαυνε Arch. Vind. Poſt ȣκ ην abeſt comma Ald. Camer. I. II, in queis punctum poſt ςεινον.

και ολιγȣς) non legunt και Med. Paſſ. Ask. Pariſ. A. B. deleant, qui velint, ego non auſim. *Weſſeling.* Poſt αν abeſt comma Ald. Camerar. I. II.

Θηβας) Αθηνας Arch. & συμβαλλειν, quod & in Vind.

ιππασιμη) ιππασιμω Arch. Paſſ. Ask. Vind. & ora Steph.

ad Cap. XIV.

δη ὑπεξεχωρεε) Med. Paſſ. Ask. Vind. Pariſ. B. ſine medio ȣτω, quod exſtat in Ald. &c. porro ὑπεχωρεεν Arch. Comma poſt αυτω Ald. Cam. I. II, quod abeſt poſt προδρομος.

Appar. Hered. Vol V. L αλλην

αλλην ςρατιην) Calculum corrigenti προδρομος αλλη, ςρατιην. — non adpono. αλλην fcribit,
utpote diverfas a fuperioribus Spartanorum co-
piis. *Weſſel.* Poſt εβδλευετο abeſt comma Ald.
Cam. I. II.

θελων) non eſt in Brit. quod, damnatum a
Brit. & docto viro, geminum habere videtur
S. Paulli Epiſt. ad Coloſſ. c. 11, 18 μηδεις ὑμας
καταβραβευετω θελων, i. e. *cupide.* Θελων fane
cupiditatem & lubentiam quandam in Aefchyli
fabulis oſtentat faepe numero. Θελων δε τωνδε
πευσεται λογων, cupide libenterque audiet.
Choeph. 791. Plura apud Abrefch. Animadv.
in Trag. illum lib. 2, 14. Quare εβδλευετο
θελων cupide confultabat. *Weſſel.* Poſt ςρατιην
comma Ald. Cam. I. II.

προσελθδσα) Vind. Valla. Prius προσελθδσα
ex Ald. Quisque videt, Vind. rectum tenuif-
fe. *Weſſel.* Comma poſt vocem ponit Ald. Camer. I. II, idemque poſt Ευρωπης.

ad Cap. XV.

ἧκε αγγελιη) ηλθε Paſſ. Med. Ask. Arch.
Vind. Alii cum Aldo ἧκε, quod patrocinium
ex lib. 8, 140 εμοι αγγελιη ἧκε παρα βασιληος,
& obfervatis d'Orvillii ad Charit. lib. I. p. 37
impetrat. At Aldo congruit L. I, 83 ηλθε αλλη
αγγελιη, & proxime ηλθε αγγελιη προδρομος.
Eurip. Androm. 79 ηλθεν φατις. Junge Raphel.
in Epiſt. ad Galat. 3, 23. *Weſſel.* Poſt αγγελιη
comma Ald. Cam. I. II, & colon poſt ιθμω.

Δεκελεης) Arch. non Δεκελεης ut reliqui
cum Ald. Jones Δεκελεης. Poſt Ασωπιων punctum, idemque poſt Σφενδαλεας Ald. Cam.

Τανα-

Ταναγρην) Arch. Vind. Antea Ταναγραν cum Ald. in qua punctum poſt vocem.

ες Σκωλον) Arch. Paſſ. Valla: male in Edd. ex Ald. ες Κωλον Cur Ταναγρην & ες Σκωλον dederim, nemo mirabitur: mirum vero maxime, turpe illud ες Κωλον, praeſertim Valla viam ad verum monſtrante, hoc tolerari loco quitum fuiſſe. Την κατα Σκωλον παροδον in Boeotiam Poliaen. Strategem II, 1. 11 oſtendet, cui accedere Strabo poterit lib. 9 p. 628 cum Caſauboni nota. *Weſſeling.* Poſt Θηβαιαν comma Ald. Cam. I. II.

εκειρε τες χωρες) Euſtath. Hom. p. 364, 25.

οτι κατα) Scribendum ſuſpicor, οκι κατα εχθος αυτεων. *Valken.* Poſt εχομενος comma Ald Cam. I. II.

βελομενος) Ask contemnit.

τω στρατοπεδω) στρατω margo Steph. Paſſ. Ask. Poſt εκβαιη abeſt comma Ald. Camerar. I. II.

εθελοι) Med. Paſſ. Ask. in Arch. Vindob. θελη. in Ald. εθελει.

Ερυθρεων) Arch. ceteri Ερυθραιων cum Ald. flexus Jonicus, omnino requiritur Ερυθρεων. *Valken.* Peccarunt, uti creberrime, in Αθηναιων, vice Αθηνεων. *Weſſel.* Poſt Υσιας colon Ald. Cam. I. II

παρα τον Ασωπον) Arch. Vind. Ask. Paſſ. ora Stephan. Valla. περι olim ex Ald. παρα oportuit, pro quo επι τω Ασωπω c. 19 & c. 16. Plut Ariſtid. p. 421. B. των βαρβαρων της στρατοπεδειας παρα τον Ασωπον ποταμον παρεκτεταμενης. Apparet inde, caſtris iuxta flumen porrectis, probabiliter Reiskium divinaſſe τεταμετον Herodotum, non τεταγμενον, reliquiſſe. Illud autem τειχος τετραγωνον, cuius ſingula latera denum erant ſtadiorum, impedimentis rebusque pretioſioribus ſervandis muniviſſe Mardonium, Plutarchus adſeverat. *Weſſeling.* Pariſ. B, *Larcherio* teſte, τετυγμενον, ex errore librarii pro τεταγμενον legit.

τοσυτον) ετως Arch. Poſt Θηβαιος abeſt comma Ald. Cam. I. II.

παρασκευασαμενος) Citat Athen. lib. 4. c. 12. Poſt Μαρδονιον comma Ald. Camer. I. II, in his punctum poſt λογιμωτατες, & comma poſt ετοι.

εποιτο) ειποντο Arch. Paſſion. Vindob. ut ſaepe, vide I, 172.

ad Cap. XVI.

Ταδε δε) Ask. Fragm Pariſ. Paſſ. *de* aberat Ald. & rell. comma poſt τα Ald. Cam. I. II, in his comma poſt δειπνον τυτο.

και ςφεων υ χωρις) και ςφεας υ χωρις Fragm. Pariſ. non prorſus damnabile: damnabile autem κλιθηναι ſive κλινθηναι, citra neceſſitudinem obtruſum. Vulgatum eodem vergit, & rectum in Vallae Latinis. *Weſſeling.*

διαπινοντων) ſcripti omnes. Videſ. Valken. ad V, 18. *Weſſel.* Poſt ομοκλινον abeſt comma Ald. Cam. I. II.

οποδαπος) ποδαπος Arch. Vind. Conf. VII, 218. Poſt εςι punctum Ald. Cam. I. II. in his poſt υποκρινασθαι comma, idemque poſt ſtatim ſequens τον.

ειπαι) ειπειν Vind. Arch. Paſſ. Ask.

Poſt θελω comma Ald. Camer. I. II. εθελω Arch.

δαι-

δαινυμενυς) δαιννυμενυς Arch. comma post τον ante ειπομεν Ald. Camer. I. II, abest his comma post οψεαι.

ταυτα αμα τε) ταυτα τε αμα Vind. Arch. πολλα των δακρυων) πολλυς Ald. Cam. I. II.

θαυμασας) θωμασας Ask. Arch. Post αυτον colon Ald. Cam. I. II.

εν αιη) desiderantur haec duo in Fragm. Parif. nulla caussa. εν Αινη Ald. Camer. I. II, quae & comma post τον δε ponunt, & colon post ειπαι, comma iterum in his post πισα λεγυσι.

εθελει) θελει Arch. Vindob. & Stobaeus, haec excerpens, Serm. CV. p. 567.

τυ Ορχομενιυ) Abest articulus Ask. Pass.

λεγοι: Arch. Vind. recte: λεγει olim cum Ald. Quod coniectando perceperant Abresch. & Reiskius λεγοι, sermonis series & codd. ratum habent. *Wesseling.*

προς ανθρωπυς) Miror, quod hic legitur de Thersandro, ως αυτος αυτικα λεγει ταυτα προς ανθρωπυς· cur enim obsecro προς ανθρωπυς; Frequens & hic suspicor haerere vitium, corrigendumque προς αλλυς· ut aliis ista narrasse ante dicatur Thersander, quam apud Plataeas decertaretur: inter voces αλλυς & ανυς, sive ανθρωπυς, perexigua fuit olim scribendi differentia: videtur Valla illud ipsum in suo quoque cod. reperisse; vertit enim: *ipsum haec statim aliis enarrasse:* quod in Ed. Gronovii his fuit substitutum, *per homines sparsisse,* nunquam, ut equidem puto, dici potuit λεγειν προς ανθρωπυς· hinc valde discrepant locutiones εκφερειν εις τυς πολλυς, vel ειπειν, vel λεγειν εις παντας, similesque.

que. Rarius illud Sophocl. apud Stobaeum p. 579, 1 Μη σπειρε πολλοις τον παροντα δαιμονα· pro εις πολλες· ut ibidem v. 11 legitur consueto more. Εκμαρτυρεειν γαρ ανδρα τας αυτε τυχας, εις παντας αμαθες. *Valkenar.*

ad Cap. XVII.

1. Post Ἑλληνων punctum, post Φωκεες comma Ald. Cam. I II.

συνεσιβαλον) συνεβαλλον Arch.

σφοδρα) Med. Paff. Ask. Vind. Arch. Ald. & alii μεγαλως. Revocarem, quod ante Gronov. vulgabatur μεγαλως, pro σφοδρα frequenter ufurpatum Herodoto, & in hac ipfa phrafi infra c. 39, ubi Thebani, ἀτε μηδιζοντες μεγαλως, προθυμως εφερον τον πολεμον. *Valkenar.*

δοκιμωτατος) δυνατωτατος Med. Paff. Ask. quod vulgato non praestat, & mox απικατο cum Arch. Rectius Hermocydes dicitur δοκιμωτατος, quam δυνατωτατος in Medic. ex quo Gronov. optime reftituit εκελευσε σφεας επ'εωυτων εν τω πεδιω ιζεσθαι, feorsim secedere. *Valkenar.*

εκελευσε σφεας — ιζεσθαι) εκελευε Arch. tum επ'εωυτων Ald. Cam. I. II. Med. Ask. Paff. Valla: in aliis απ'εωυτων abfurde. Veriffime Gronovius At cur nulla Aldi mentio? Pavius animadvertit foedam operarum aberrationem, & correxit. Noftri Amazones L. IV, 114 οικεωμεν επ'ημεων αυτεων, habitemus feorsim, & IX. 37. ειχον γαρ και επ'εωυτωι μαντιν. *Weffel.* Post ιζεσθαι colon Ald. Cam. I. II.

επει δε) ὡς δε Arch. Vind.

Μηδων)

Μηδων) Μηδε Arch. Post φημη comma Ald. Cam. I. II.

Φωκεων) defit Arch. Post παραινεε abest comma Ald. Camer. I. II, in queis colon post τοιαδε.

προοπτω) citat Suidas in Προοπτος, ubi παραδωσειν, quod in Ask. & ora Steph.

παντα τινα) Arch. Pass. Ask. quorum posteriores superius ων non agnoscunt, nec Med. antea τινα παντα cum Ald. Justior ordo, qualis c. 88 επιθησεσθαι γαρ οἱ παντα τινα οιετο, & multifariam. *Wesseling.*

χρεων ετι γενεσθαι) χρεον & γενεσθαι Wesseling in var. lect. excerpsit, sed unde? non adscripsit. Post κρεσσον γαρ abest comma Ald. Cam. I. II.

παρεχοντας) exscripsit Suidas in v cunctis in codd. obvium, cui tacitum pronomen ubi aptaveris, quae novandi necessitas? Et Reiskius tamen η περπερευοντας, *inprudenter absurdeque agentes,* sed inprudenter. Περπερευσθαι Graeciae est recentioris & Cilicum dialecti, nisi Salmasius fallit, veterum vestigia premens. Funke Ling. Hellenist. p. 152. Qui quidem falsus si fuerit, arguente Jo. Alb. Fabricio ad Sext. Empir. lib. I adv. Gramm. c. 2. p. 227, obtrudi Herodoto, quod ignorabat, haud oportuit, *Wesseling.*

Post αυτεων comma Ald. Cam. I. II, idemque post βαρβαροι.

ad Cap. XVIII.

Post ὁ μεν comma Ald. Cam. I. II. Ὁ μεν ων Ora Steph. Med. Pass. Ask. ων deerat Ald. &c.

&c. quam voculam ex marg. Stephan. auctori reſtituerem. *Valken.*

Poſt παραινεε colon Ald. Cam. I, II.
επει σφεας) επει τε Arch. Vind.

απολευντες) Arch. Vind. απολεοντες prius ex Ald. in qua punctum poſt vocem.

δη διετεινοντο) δη deeſt Arch.

απηκε) απηκετο Ald. Cam. I, II, quod non enotavit Weſſeling.

Poſt εςασαν abeſt in comma iisdem. εςησαν Arch. Paſſ. Ask. Vindob. nec improbo: tum παντες Arch. Non pugnaturus αυτιοι εςησαν blandientur. Eurip. Oreſt. 1460 Ως καπροι δ᾽ορεςεροι γυναικος αυτιοι ςαθεντες. Ferre autem minime queo παντη συςρεψαντες mutari. Tales fere συςραφεντες εις ικανον πληθος Diodor. III, 36, & infra c. 61 συςρεφομενοι. Vide Valkenar. ad lib. I. c. 101. *Weſſeling.*

συςρεψαντες) Arch. Vind. Pariſ. A. B. Brit. Ald. ςρεψαντες Ask. Medic. Paſſ. συςρεψαντες εωυτες, quum ſe in unum conglobaſſent, Livio VIII. c. 11 intactum reliqui debuerat. *Valkenar.*

πυκνωσαντες) κυκλωσαντες Arch. Vindob. Poſt Θεσσαλων comma Ald. Camer. I, II, punctum habent poſt οπισω, comma poſt Μαρδονιος, & poſt ηθελησε.

μετεχεσι) εχεσι ora Steph. Scribi quidem poterit ει αλκης μετεχεσι, ſed ſcripſiſſe Noſtrum opinor, ut eſt in Marg. Steph. ει τι αλκης εχεσι. *Valkenar.* Poſt ταδε colon Ald. Cam. I. II. idemque ponunt poſt αγαθοι, ſed comma poſt νικησετε.

ΟΤΕ

ὅτι ὦν ἐμέ) Med. Paffion. Ask. Arch. ὦν omittebatur ab Ald. &c.

τοσᾶτον) τοσᾶτο Paffion.

ad Cap. XIX.

λειποι)-defit Arch. Poft Λακεδαιμονίων colon Ald. Cam. I. II.

Poft τῶν ἱρῶν comma Ald. Camer. I. II. Fruftra τῶν ἱρέων corrigitur. Latinis *victima caefa litat*, ut Martiali lib. X. Epigr. 73 victima diti patri caefa litavit, recte Graevius in Sueton. Othon. c. 8. Vide Fr. Oudendorp. ad Lucan. VI, 524. Graecis itidem, quoties faufta exta oftentat, καλλιερεῖ. Nofter c. 37 ὡς δὲ ἐκ ἐκαλλιερεε — ὅτε αὐτοῖσι Πέρσησι, videlicet τὰ ἱερὰ & c. 95 τοῖς δὲ Ἕλλησι ὡς ἐκ ἐκαλλιέρησε. Docte fuper verbo Scholiaftes in Gregor. Naz. Stelit. II. p. 87. Sequens ἱρὰ ποιήσαντες confimile habet ἣν θυσίην τις δημοτελῆ ποιῆται L. VI, 57 & IV, 60 θυσίη ἑβδομένη. Alia hoc de genere If. Cafaubon. Animadv. ad Athen. L. 14, 23. *Wesseling*.

Poft Ἐλευσῖνα punctum Ald. Cam. I. II.

ὡς δὲ) ἐκ δὲ Arch.

ὑπωρείης) Sic omnes, alibi ὑπωρέης.

ad Cap. XX.

ἐς αὐτοὺς) Med. Paffion. Ask. Vind. Arch. antea ἐπ' αὐτοὺς. Poft ἵππον punctum, commaque poft τῆς Ald. Camer. I. II, in his comma quoque poft Πέρσησι & poft τὸν.

Μακίσιον) Μακίσιον Margo Steph. Paff. Ask. Arch. Vind. quod non improbo.

Νίσαιον) Νησαιον Arch. & Ald. Sed adi ad L. VII, 40.

προσε-

προσεβαλον) προσεβαλον Arch. & προσβαλ-
λοντες in proximis Vind. colon poft εργαζοντι
Ald. Cam. I. II.

ad Cap. XXI.

Poft ταχθεντες comma Ald. Camer. I. II.
ἡ τε Arch. Vind. colon poft παντος Ald. Camer. I. II.

και προσοδος) και ἡ προσοδος Arch. Vindob.
neutrum difplicet. Poft πιεζομενοι comma Ald.
Cam. I. II, in quibus colon poft ταδε, fed comma nullum poft ἡμεις.

δεκεσθαι μενοι, εχοντες) Haec ita nexuit
Aldus & Valla, commodius, me iudice, vulgata interpunctione poft δεκεσθαι. Soli Megarenfes equitum impreffionem fuftinere haud valebant, hinc nuncius ad Paufaniam. Atque
hoc Diodor. lib. XI, 30 & Plut. Ariftid. p. 316
E. clariffime. Falfum praeterea, folos tum
Megarenfes ftationem, fibi principio contributam, tutatos. *Weffeling* Virgulam poft μενοι,
non poft δεκεσθαι ponendam cenfuit *Larcherius*,
Aldo & Weffelingio praeeuntibus. Confirmatur haec interpunctio Parif. A. B. & D. ubi colon poft μενοι, quod idem eft. Poft ταυτην &
ες την commata Ald. Camer. I. II. επ ἧς Arch.
Vindob.

πιεζευμενοι) recte iidem pro vulgato Aldino
πιεζομενοι. Cur πεμψητε & πιεζευμενοι iuffu
fcriptorum exemplarium admiferim, nemini
mirum eveniet: pro altero fermonis feries,
dialectus pro altero propugnat. *Weffeling*. Poft
ιυν τε abeft comma Ald. Camer. I. II. πεμψητε
Arch

Arch. Vind. in aliis πεμψετε. Comma poſt ὁ μεν Ald. Cam. I. II.

απηγγειλε). απηγγελε Vind. Paſſion. Ask. Poſt Ελληνων abeſt comma Ald. Cam. I. II.

τε ες) τε defit. Ask. Poſt Αθηναιων comma Ald. Camer. I. II, colon habent poſt λογαδες, comma poſt των.

ad Cap. XXII.

οἱ τε) τε defit Arch. Vindob. προελομενοι Paſſion.

επι της) Med. Paſſ. Ask. Ceteri cum Aldo praepoſitionem non agnoſcunt, quodammodo ſupervacuam, tum in Arch. προσβαλϋσης. Poſt ἱππϋς comma Ald. Cam. I. II.

ἱςαται ορθος) ἱςαται τε ορθος Paſſion. Poſt αυτω comma Ald. Cam. I. II, in his punctum poſt επεκεατο.

τον τε δη ιππον) Vind. την δε τη Arch. Vindob. ſequor. Vide L. 3, 36 & infra c. 26 τον δε ιππον Ald. Cam. I. II &c. Poſt κτεινϋσι abeſt comma Ald. Cam. I. II.

ενεδεδυκεε) ενδεδυκεε ſine augmento Arch. Vind. Jonum more.

θωρηκα) Paſſ. Medic. Brit. Pariſ. B. Ask. Vind. θωρηκα αυτϋ ceteri cum Ald. comma poſt ϋδεν Ald. Cam. I. II.

μαθων) μαθοντες Brit.

ες τον οφθαλμον) Lorica tectum Maſiſtium, primum invulnerabilem, tandem aliquis παιει ες τον οφθαλμον· quod ex Arch. Cod. fuit enotatum, genuinum putat Galeus; ομφαλον pretioſiſſimum ευρημα iudicat Gronovius; vulgatum tamen οφθαλμον pleriſque ſatis tueri vi-
de-

debuntur haec Plutarchi in Arift. p. 327. C. Τετον ᾗ τὸ κρανος ὑπεφανὲ τὸν ὀφθαλμον ακοντιϗ ϛοϱακι παιων τις ανειλεν. Non mirarer, fi in aliis hic etiam codd. altera lectio reperiretur, quum voces ομφαλος & οφθαλμος frequentiſſime fuerint a librariis inter fe vermutatae. *Valkenar.* Pretiofiſſimum ἑυρημα Gronovii, meri carbones pro thefauro. ομφαλον non novit Arch. a reliquis hic non diffidens. Falfus enim eſt Galeus, fefellitque alios. Immo vero fi ομφαλον ifte codex dederat, nequidquam advocaretur. Armatura, quae Mafiftium undique amiciebat, ut omnes ictus eludebat, ita pube tenus porrigebatur, umbilicum egregie protegens. Id Noſtri Plutarchique pictura & Heliodori in primis Aethiop. IX. p. 431 commonſtrat. Quid multa? Plutarchum audiamus, cui aufcultare noluerant, in Ariſtid p. 327. B. a Valken. laudatum. Ecquid liquidius? *Weſſel.*

Poſt επεσε τε comma Ald. Cam. I. II, idemque poſt γινομενα, & poſt γινομενης.

εποθεσαν) Hanc verbi fcripturam concti offerunt codd. Sermonis genius poſtulabat εποθησαν, a quo deflecti poffe, ficuti in fimilibus fubinde, Porti doctrina fert. Macula fi fefe nulla adfperfit, abfentis defiderio tacti fuerunt. De Cambyfe lib. 3, 36 επεθησε τε δη τον Κροισον ε πολλω μετεπειτα χρονω. Efque iſtud fanequam praeſtantius invento Gronoviano επυθησαν, quod valde metuo, ut Graecae habeatur monetae, & umquam intra mare Jonium & Theffaliam, uti alia in re notatum memini, auditum fit. *Weſſel.* Abeſt comma poſt εποθεσαν Ald. Cam. I. II.

τον νεκρον) τον γε νεκρον Vind.

ad

ad Cap. XXIII.

ἀλλ' ἅμα πάντας) Arch. Vind. ἅμα aberat Ald. &c. Additam ex fcriptis exemplaribus vocem fententia defiderabat. Hom. Iliad. ψ. 362 οἱ δ' ἅμα πάντες —. Ἄπας ἐβώθεε, uti eadem exempla, Jonicae confuetudinis eft, reique fatisfacit. Redi ad lib. 8, 1. *Weſſel.* Elifam a vicina ἀλλα voculam ἅμα plures forte codd. hic dabunt ἀλλα ἅμα πάντας· ut in Anglicanis invenit Jof. Waffe: vide ad Thucyd. p. 181, 92. Eandem hic a Valla lectam vidit Koenius; requirit illam oppofitum, ἐκ ἐτι κατα τελεα προσελαυνοντας τας ἱππεας videbant Athenienfes, ἀλλα ἅμα πάντας· omnes fimul irruentes; non, ut ante, κατα τελεα.. Inter varios fignificatus vocis τελος Euftath. ad Iliad. Κ. 56 primum ponit το ςρατιωτικον συνταγμα, turmam militarem: τας ταξιαρχας των τελεων ex Herodot. IX. c. 41 excitat Th. Magift. in τελη. L. 7, c. 211. Perfae dicuntur και κατα τελεα και παντοιως προσβαλλοντες· ad Thucyd. II. c. 81. Vide Jof. Waffe. *Valken.*

ἐβώθεε) Arch. Vindob. alii cum Ald. ἐπεβοηθεε.

γινεται) ἐγενετο Arch. Vind.

ἐπεβοηθησε) ἐπεβοηθησαν Arch.

ἕτω δη ἀκετι οἱ ἱπποται ὑπεμενον) ὑπεμενεν Arch. Med. Paff. Vind. antea cum Ald. ἐπεμενον & ἀκετι non habent Ald. Cam. I. II, quod Wefseling non annotavit. Colon poft ἐπεμενον in iisdem, commaque poft ἐκεινω.

προσαπωλεσαν) προσαπωλεσαν Arch. Vind.

χρεων)

χρεων) χρεον Arch. suo more. Post ποιεειν punctum Ald. Camer. I. II, abest his comma post δε σφι.

ad Cap. XXIV.

Post ςρατιη comma Ald. Cam. I. II.

κειροντες) Attigit Eustath. ad Iliad. ψ. 135. Comma post ιππυς Ald. Cam. I. II.

μετα γε) γε defit Arch. Vindob. Comma post Περσησι Ald. Cam. I. II.

ad Cap. XXV.

προσβαλυσαν) προσβαλυσαν Arch. Vindob. Coma post δεξαμενοι Ald. Cam. I. II.

εθαρσησαν τε) εθαρσησαν Pass. τε omittunt Arch. Vindob. post μαλλον punctum Ald. Camer. I. II.

την θεης αξιος) habet Eustath. in Homer. p. 626, 52, qui ην, sicuti Arch. Ask. Vind. Post εινεκα comma Ald. Cam. I. II.

Τωνδε εινεκα και ταυτα εποιευν) ταυτα εποιευν Ask. non εποιεον, ut alii omnes cum Ald. abest comma post εποιεον Ald. Cam. I. II. Lacunae nulla supererit suspicio, neque supplementis egebimus, si, voce και, quam eiecit Gronov. reposita suo loco, sic ista leguntur τωνδε δε εινεκα και ταυτα εποιεον, και ελεπκοντες τας ταξις, εφοιτεον θησομενοι Μαςισιν. Τωνδε, id est, μεγαθεος εινεκα και καλλεος· ταυτα εποιεον, nempe τον νεκρον παρα τας ταξις εκομιζον. Valken.

Ταξις εφοιτεον) Med. Pass. Ask. Brit. Arch. Vind. quorum ultimi duo εφοιτεον, antea ex Ald. ταξις και εφοιτων. Post ευϋδροτερος comma Ald. Cam. I. II.

Γαρ-

Γαργάφιην) Γαρσαφιην Arch. & iterum, non Γαρσαριην, ut Galeus.

ὑπωρεηϛ) ὑπωρεε ora Steph. Ask.

παρα ὑσιας) iidem & Arch. Vind. Paſſion. alii περι cum Ald. in Brit. περιυσιας. Poſt εθνεα abeſt comma Ald. Cam. I. II.

δια οχθων) plene Ask. Arch. απεδυ χωρε Vind. Arch. Paſſ. marg. Steph.

ad Cap. XXVI.

πολος ωθισμος) πολος Vind. Arch. πολων alii, contra morem. Supra VIII, 78 των δε ‑ εγινετο ωθισμος λογων πολυς, vehemens ſermonis altercatio, & in praelio armato VII, 225 Περσεων τε και Λακεδαιμονιων ωθισμος εγενετο πολλος. *Weſſeling.* Conf. Diff. Herod. Weſſeling, p. 203.

αυτοι ἑκατεροι) Arch. Vind. Paſſ. Askew. Brit. ora Stephan. αυτεων alii. Nihil intereſt, αυτεων legatur, an ex cod. αυτοι ἑκατεροι εχειν το ἑτερον κερας. Scripſerat opinor Plutarch. T. I p. 326. A. Αθηναιοις δε Τεγεαται περι ταξεως ερισαντες ηξιυν, ωσπερ αει Λακεδαιμονιων το δεξιον εχοντων κερας, αυτοι το ευωνυμον εχειν. Siniſtrum ut αρισερον & ευωνυμον, ſic per ευφημισμον ſaepius etiam ἑτερον dicebant. *Valken.* Poſt τυτο μεν abeſt comma Ald. Cam. I. II.

Poſt ταδε punctum in iisdem

της ταξιος) Medic. Paſſ. Arch. Vind. Ask. in Ald. Cam. I. II. της ϛασιος, & punctum poſt ἁπαντων, quod abeſt poſt παλαιον, ſicuti comma poſt νεον.

παλαιον) παλαι Arch. Vindobon. Anceps electio eſt. Scriptor το παλαι depoſuit IV, 180 VII,

VII, 142. IX, 71. το παλαιον VII, 129. Similis discordia VII, 71 electurum frustratur. *Wesseling.* Post χρονυ comma Ald. Cam. I. II.

επει τε) Pass. Ask. Arch. Prius επει tantum, ex Ald. επει τε plenius & plene Ιακεν, teste Eustath. ad Homer. p. 1158, 39. Post Πελοποννησον comma Ald. Cam. I. II. quod non adest post τυτο. Colon ponunt post τειενδε.

μετα) plene Askew. antea cum Ald. μετ' Αχαιων.

αντιοι) αντιον Passion. post κατιυσι comma Ald. Cam. I. II.

χρεων) χρεον Arch. post ςρατον comma Ald. Cam. I. II.

συμβαλοντα) συμβαλλοντα Arch. Vindob. post τον ante αν comma Ald. Cam. I. II.

επι διακειμενοισι) Citat. Eustath. Hom. p. 233, 33, in Vind. & Ald. επιδιακειμενοισι una vox. Post ποιητεα colon Ald. Cam. I. II.

όρκιον) όρκια Pass. probabiliter ex c. 91.

τον Πελοποννησιων) των Arch.

επι τα — Ἡρακλειδας) Haec novem negligens Arch. scriba praetervidit. Post την ςρατιην comma Ald. Cam. I. II.

τε δη εκ) δη non est in Arch.

Φηγεος) Omnes ita, Valla tamen *Phrygis.* *Degenius* Κηφεος ex coniectura recepit. Post εμυνομαχησε τε comma Ald. Cam. I. II.

εν τοισι Πελοποννησιοισι) εν Πελοποννησιοισι τε τοισι Passion. Ask. εν Πελοποννησιοισι τοισι Arch. Vindob. Post τοτε comma Ald. Camer. I. II, idemque post τα ante διατελεσμεν, & colon post εχυντες.

ικνεἱκνεεσθαι) defit Arch. *Larcherius* a librariis praetermiffam putat praepofitionem ες ἡμεας, quam Herod. tali ufurpare folet in verborum iunctura, uti ες τον ικνεεται εχει lib. 6. 57. vid. Valken. ad lib. 2. 16. cui calculum adiicimus.

γαρ τε) γαρ και Arch. Paff. Vind.

Poft αγωνιδαται colon Ald. Camer. I. II. αγωνας αγωνιξ. Ald. Excerpfit Euftath. in Hom. p. 234. 20.

αλλυς) πολλυς Arch.

ἡμεας δικαιον εχειν) Maluit *δικαιοτερον* Pavius, ut αξιονικοτεροι antea, & poftea c. 28. αξιονικοτερυς ειναι εχειν τα κερας ηπερ Αρκαδας. Quae fane frequentior in talibus norma. Còntingit tamen, ut abfolutum comparati, & viciffim fedem teneat Sic ςιβαρωτερον loco ςιβαρυ in Apoll. Rhod. III. 1056. δικαιοτερον αντι δικαιοτατυ Diod. XIII. 30. αλλοτριωτατος Mufa III. 119 nec fugit magnum Animadverforem in Athen XIII. 1. *Weffel*. Poft οἱ μεν comma Ald. Cam. I. II.

ad Cap. XXVII.

Poft Αθηναιοι δε comma, poft ταδε colon Ald. Camer. I. II. in his commata poft λεγειν & τα.

πατερωον εςι) πατρωιαν Arch. Vind. poft εςι abeft comma Ald. Cam. I. II.

μαλλον) omittit Arch., comma poft vocem ponit Ald. Cam. I. II.

Φασι ητοι) ητοι Φασι Arch. Paff. Ask.

τυτο μεν) abfunt haec Arch. Poft ες τυς comma Ald. Cam. I. II.

Ευρυσθεος) Ευρυσθενεος prave Arch. Ald. poft κατειλομεν abeft comma Ald. Cam. I. II.

κεινοισι) εκεινοισι Arch. Vind. Paff.
θαψαι της ημετερης) θαψαι ημετερης Ald.
Cam. I. H. quod non annotavit. *Weffel.*
Αμαζονιδας, τας απο Θερμωδοντος) Paff. Ask.
Arch. Vind. Valla, ora Steph. In Ald. & Brit.
Αμαζονιδας, τας αποθηκας τας απο Θερμωδ. Edebatur Aldi exemplo: quorum ad τας αποθηκας multi merito offenderunt. Quid illa enim ad Amazonas? C. de Pauw τας αυθεκατας *rigidas & severas,* formavit: Gronovius τας αποθητας, *tamquam furias, & minime desiderabiles feminas* De fententia Jo. Taylor Lect. Lyfiac. c, 4. fuerat, τας Αμαζονιδας, τας απο Θεμισκυρας της επι Θερμωδοντος. Aliud fectatus Abrefch. Diluc. Thucyd. p. 655., verborum feriem ordinabat, εν δε και εχει ημιν (κατα) τας αποθηκας (ημων το) εργον (το) ες τας Αμαζονιδας, τας απο Θερμωδ. *Quin & thefauris factorum noftrorum illuftrium habemus illud, quod adverfus Amazonas geffimus:* addit coniecturam aliam, quam ibi legi malim. Atque haec clariffime doctorum viorum fluctuationes, ex praviffimis τας αποθηκας auctas, oftendunt. Quorum equidem divinationes malui proponere, quam ad examen revocare. Sentio enim cum Galeo τας αποθηκας in exilium agendas, quorfum ab fex bonae fidei membranis ablegantur, fortaffe etiam pluribus. Florentiae certe Gronovius nihil fingulare annotavit, cuius quidem bibliothecae exemplari cum paffim Ask. & Paff. confentiant, opinari & illud τας αποθηκας non habuiffe licet. De Parifienfibus, quorum accurata non ufurpavi excerpta, tacere debeo. Abunde mihi videtur corruptiffimas voces ab optimis libris abeffe, natas fcribentis, ut opinor,

incu-

ad constit. lect. Herodot. integritatem.

incuria, ex continuo sequentibus τας απο Θερμ. vocibus. *Wesseling.* quocum sentit *Valkenar. Larcherius* in Parif. A. & B. τας αποθηκας non invenit. Ad Gronovium tamen accedit τας αποθητας emendantem, huiusque coniecturam in versione sua expressit, motus *Toupii* auctoritate eadem probantis in Epist. Crit. p. 82. Brit. & p. 67. Part. 2. Opusc. Crit. edit. Lips. Nobis potius auctoritate codd. praestantissimorum delenda videntur.

Τρωϊκοισι) ἡρωϊκοισι Arch. Vind. Valla. Τρωϊκοισι non sollicito, tametsi Cicero Nat. Deor. III. 21. *Heroicis temporibus,* & εν τοις ἡρωϊκος χρονοις Diodor. XV. 79. tu vide VII. 20. *Wissel.*

ȣ γαρ τι προεχει) Pass. Arch Vind. Ask. non προϋχει uti Ald. Explanavit haec Dounaeus in Demosth. p. 29. *Valkenar.*

γαρ ἀν) Med. Pass. Ask. Arch. Vind., αν non aderat prius, nec in Ald

ὡὐτοι) ἑωὑτοι Arch. Post αποδεδεγμενον & εχοντα absunt commata Ald. Cam. I. II. αποδεδεγμενον Pass. Ask Vind. Arch Brit. recte: vid. c. 71. alii αποδεδειγμενον.

ὡσπερ ἐςι) corrigit. Abresch. οἱσπερ ἐςι, leni, sed parum necessaria medicina. *Wesseling.*

εν Μαραθωνι deest εν Brit. Μαραθωνι sine praepositione ad Aristoph. Acharn. 697. ἀνδρ' ἀγαθον οντα Μαραθωνι & ειτα Μαραθωνι μεν οτ' ἠμεν, exemplum unae schedae, quas iubeo valere. *Wessel.* Post εχεις colon Ald. Camer. I. II. in his comma post πρεπει, nullum post ὑμιν.

ἀρτιοι ειμεν) ἀρτι ιοιμεν Arch.

δοκεει) Arch. Pass. bene. δοκεη alii cum Ald. Scribendum arbitror ἰν' ἀν δοκεη· vel ἱνα δικεες·

iun-

iungitur enim ἵνα, significans *ubi*, ut apud alios, sic apud Herod. indicativo modo. *Valkenar.*

ad Cap. XXVIII.

Commata post οἱ μεν & post Λακεδαιμονιων de Ald. Cam. I. II.

Ἀθηναιες) Omittit Ask. Comma post κερας Ald. Cam. I. II.

ὑπερεβαλοντο) ὑπερεβαλλοντο Arch. Ald. Post επιφοιτωντες τε comma Alt. Cam. I. II.

αρχην ελθοντες) αρχειν εθελοντες Ald, ultimum & in Pass. H. Steph. ob Vallae Latina mutavit in Aldo vitiosa, mutantique scripti codd. resque ipsa addicunt. *Wessel* Post μυριοι punctum, post Σπαρτιητας comma, idemque post πεντακισχιλιοι, & post εἵνεκα, iterumque post χιλιοι Ald. Cam. I. II.

Post μετα δε τετες comma in iisd.

δε σφι)-δε σφι aut σφιν, non ut Ald. & alii δε σφισι, Arch. Vind., quod Ιωνικον: tum ευρον Brit. Post εχομενοι comma, idemque post ειχοντο Ald. Cam. I. II.

Λεπρεητεων) Med. Pass. Ask. Arch. Valla; antea ex Ald. λεπραητεων Commata post Μυκηναιων & Τιρυνθιων Ald. Cam. I. II.

τετες εξασαν) τετες εξησαν Pass. Ask post τετες comma Ald. Cam. I. II. In his comma post Ἑρμιονεων δε, post Ερετριεων τε, post Στυρεων, τε abest Arch. Vind.

δε Χαλκιδεες) Med. Pass. Ask., in Arch tota haec quinque vocum periodus non legitur: Alii cum Ald. δε εχομενοι, χαλκιδεες, neque illi male.

Αμπελ-

Αμπρακιητεων) Αμπρακιωτεων Vind. Arch., perperam. Post Λευκαδιων & Ανακτοριων commata Ald. Cam. I. II.

εςασαν) εςησαν Pass. Ask Post Κεφαλληνης comma Ald. Camer. I. II. idemque in his post τυτυς.

πεντηκοσιοι) Pass. ex more, non πεντακοσιοι, ut Ald. & Edd. etiam supra. Post τυτυς comma Ald. Cam. I. II, idemque post δ' αυτεων.

ad Cap. XXIX.

Post οπλιται abest comma Ald. Cam: I. II.

συναπαντες) Arch Vind prius ex Ald. συμπαντες. post αριθμον comma Ald. Cam. I. II.

τρεις τε) Arch. Vind. Ask. Pass quae particula deerat Ald. Vid. Gronov. I. 98.

Post πεντακισχιλιοι comma Ald. Cam. I. II. idemque post Λακεδαιμονιων.

εων) Negligitur in Arch. Commata post πεντακοσιοι & post τετρακισχιλιοι Ald. Cam. I. II.

και εννεα χιλιαδες) haec tria omittunt Valla, Arch. Vind. Utrum scribarum socordia an alia culpa haec in codd. paucis non adpareant, quaerere nolo. Absunt male; si των ψιλων praescriptus numerus labe caret: Potest disputari, cum Spartani, erant autem ad quinque millia, septenos, & Graeci reliqui singulos iuxta se ψιλυς viderint, ampliorne levis armaturae militum catalogus poni debuerit? Nihil tamen membranae isthic innovant. *Wessel.*

πεντε) επτα Brit.

ad Cap. XXX.

Ἑλληνικῦ) Arch. Vind. bene. τῦ Ἑλληνικῦ cateri cum Ald.

ὁπλιτησι) ὁπλιτοισι Arch. Abest post εσαν comma Ald. Camer. I. II. quod habent post προς δε.

ανδρων) non est in Arch. Post συν δε comma Ald. Cam. I. II. idemque post παρευσι, sed nullum post περιευτες.

ες οκτακοσιῦς) Haud novit ες Arch. Comma post οκτακοσιῦς Ald. Cam. I. II. idemque post ταχθεντες.

εςρατοπεδευοντο) εςρατευοντο Arch.

ad Cap. XXXI.

αντετασσοντο) ετασσοντο Pass. Post Μαρδονιῦ punct. Ald. Cam. I. II. in his comma post Λακεδαιμονιῦς.

περιεσαν) περιεασκν Arch. notabiliter, deinceps οἱ Πεςσαι idem Arch. Pass. Vind., hinc articulus, quem non habet Ald. &c.

εκεκοσμεατο) εκεκοσμηατο Arch. Vind. nulla causa, conf. lib. I. 101. Comma post ασθενεςεροι Ald. Cam. I, II. Sermo de Persis, quorum quod robustissimum contra Lacedaemonios Mardonius opposuit, quod infirmius vero contra Tegeatas. Nonne ergo ὁ, τι μεν ην αυτων — quae elegans de Pauw coniectio? Alioqui το δυνατωτατον τῦ ςρατῦ L. 8. 34. *Wessel.* Commata post Ορχομενιῦς τε, post εχομενῦς, post Επιδαυριῦς τε Ald. Cam. I. II.

Post Λεπρεητας τε comma Ald. Camer. I. II. in queis &c. Λεπραιτας. Λεπρενετας Med. Arch. Vind. λεπρεητας Pass. Ask. Comma post Μυκηναιῦς τε,

τε, poſt Βακτριας, poſt Ερμιονεας τε Ald. Camer.
I. II.

Poſt Στυρεας τε comma Ald. Cam. I. II.
idem poſt Αμπρακινηται τε. Αμπρακιωται Vind.
Αμβρακιωται Arch. Αμπρακινται recte hic & c.
28. ex Jonum ore, quo & Μαιηται, Μαιητις
aliorum Μαιωται ac Μαιωτις L. IV. 123. Scio
Steph. Byz. decretum in Αμβρακια probari ab
Arch. & Vind., quod in Jonia invalidum iuſtius
ſpreviſſent. *Weſſeling*

Σακεων) Σακεας Paſſ. poſt δε comma Ald.
Cam. αυτιον Arch. Vind. poſt Αθηναιων τε
comma itemque poſt Πλαταιεων Ald. Cam. I, II,
quae idem quoque habent poſt Βοιωτας τε.

απαντες) παντες εμηδιζον Arch. Vind. Poſt
αυτεων punct. Ald. Cam. I. II, auctore Pariſ. D.
apud *Larcher* delendum.

Παρνησσον) Arch. Vind. Paſſ. Alii una ſibi-
lante, uti Ald.

κατειλημενοι) Vind. cum Pariſ. A. B. & D.
teſte *Larcher*. loco Editorum κατειλημμενοι. Praeſtiterit Vind. ſcriptura, poſtulante ſermonis in-
dole. Error eſt librariorum απειλημμενυς, κατ
τειλημμενυς & απειλημενυς, κατειλημενυς confun-
dentium. Vid. lib. 2. 141. 9. 69. &c. *Weſſeling*.
Poſt ορμεωμενοι & εφερον τε commata Ald. Camer. I. II. idem poſt ςρατιην. & poſt Μακεδο-
νας τε.

οικημενυς) Med. Paſſ. Ask. Arch. Vind. Prius
οικεομενυς.

ad Cap. XXXII.

Poſt τε ην comma Ald. Cam. I. II. τε abeſt Arch.
Supra υπο Μαρδονιε Paſſ. Ask. Ald. uti c. 30.

ευηασεν)

ενησαν) ησαν Vind. Arch. Comma poft Φευγων τε Ald. Cam. I. II.

Θρηϊκων) Μυσων και Θρηκων Arch. Valla. Poft
Μυσων τε comma Ald. Cam. I. II. idemque poft
Αιθιοπων τε.

Καλασιριες) Κολασιριες Arch. comma poft
vocem Ald. Camer. I. II. quod non habent poft
καλεομενοι prave. In Parif. A. B. & D. tefte Larcherio, interpunctio hic nulla. Poft απεβιβα-
σατο abeft his quoque comma.

τας Αθηνας) Praetereunt τας Vind. Paff.
Arch. Ask.

προτερον δεδηλωται) fine μοι medio, quod
habet Ald. &c. iidem omnes, & Parif. B, quos
duces, quamquam alibi additur, uti c. 100. habeo. *Weffel.* Poft συμμαχων comma Ald. Cam. I.
II. in his colon poft νεισμηθησαν.

επεικασαι εςι) επεικασαι Med. Paff. Ask. ceteri cum Ald. απεικασαι nexum εςι non legit
Arch. Dubitabam in Diff. Herod., hoccine an
priftinum απεικασαι amplecterer? Cauffa amplia-
ta, Gronovii in partes ivi. Inconcinnum huic
certe loco απεικασαι, in affimilando & compa-
rando folens; opportunius omnino videtur, ex
melioribus advocatum membranis. Aefchyl.
Choeph. 976. φιλοι τε και νυν, ως επεικασαι παθη
& Supplic. 252. και τ' αλλα πολλ' επεικασαι δικαιον ην. Sophocl. Oed. Col. 17. χωρον δ' οδ' ιερος,
ως επεικασαι, βρυων δαφνης —, namque fic Mff.
H. Stephano notante. Eadem in fabula 147.
δυσαιων, μακραιων τ' εθ', ως επεικασαι, παρει·
nec citra codd. difcordiam, qualis & in aliis. Illa
vero Sophoclea abfentiam τε εςι ab Arch. legitimam declarant. *Weffel.* Poft ιππος comma Ald.
Cam. I. II.

ad

ad Cap. XXXIII.

παντες) deficit in Vind., qui cum Arch. κατα τε εθνεα, in Paff. και τα εθνεα, prius maluit W.ffel. Post εθνεα comma Ald. Cam. I. II.

εθυοιτο) εθυον τε Ask.

Κλυτιαδην) Κλυτιαδε Arch., in Latinis *Laurentii Clytiades*. F. Urfinus ad Cic. Divin. I. 41. τε Ιαμιδεων και Κλυτιαδων citat, haud fcio unde. Cicero ex P. Victorii, Urfini, P. Leopardi excellente auxilio: Elis in Peloponnefo familias duas certas habet, Jamidarum unam, alteram Clytidarum, haruspicinae nobilitate praeftantes. Jam fi Tifamenus fuerit Clytiades & των Ιαμιδων quemadmodum apud Paufan. III. 11. p. 232. oportet adfinitate nexae fuerint familiae, paterque eius ex Clytiadis. Vide f. Pet. Victor. Var. Lect. XIII. 15. P. Leopard. Emend. IV. 18., neque λεωσφετερον praetervide, h. e. πολιητην σφετερον, uti deinceps. Vir doctus disiuncta voce, λεω σφετερον, alii componunt Hefychii λεωλεθρος η λεωκορητος, παντελως! εξωλοθρεομενος, quae, modo λεως Jonibus & Hippocrati de Galeni & Erotiani opinione fuerit παντελως, aliorfum pertinebunt. *Weffel.* Tifamenum, ob Cic. Div. I. 41., εοντα Ηλειον, και γενεος τε Ιαμιδων, meo quidem arbitratu dicere non potuit Herod Κλυτιαδην· ut mirer de Clytidis & Jamidis agenti Leopardo Em. IV. 18. hunc, Herod. locum mendae non fuiffe fufpectum. Ad ifta γενεος τε Ιαμιδεων, adfcribi potuit a lectore, η Κλυτιαδην, five η Κλυτιαδην. Sed Jamidam fuiffe Tifamenum liquet ex Paufan. III. p. 232. qui, Herodotum in his fequutus, Τισαμενω,
ait,

ait, εοντι Ηλειῳ τῶν Ιαμιδῶν λογιον εγενετο· memoratus IV. p. 317. Ευμαντιν οντα Ηλειον των Ιαμιδων. VI. p. 454. Thrafybulum ex eadem familia & p. 495. vatem Eperaftum τε Κλυτιδων γενες. Infra Herod. c. 36. Graecum vatem fecum habuiffe dicitur Mardonius Hegefiftratum, ανδρα Ηλειον τε και των Τελλιαδεων εοντα. Triplex hoc genus, οἱ Ιαμιδαι, και οἱ Τελλιαδαι, και οἱ Κλυτιαδαι ubi memorantur Philoftrato de V. A. V. c. 25 infelix proftat Olearii coniectura, nefcientis veram lectionem iam demonftraffe Kuhnium ad Paufan. p. 800. *Valken*. Nobis, & adfentientem habemus *Larcherum*, textus quidem corruptus videtur Herodoti, fed accurata veterum Graecarum familiarum notitia deftituti vulnus hoc fanare non audemus. Poft ὁ μεν comma Ald. Cam. I. II. quod non ponunt poft γυμνασιοισι. Omittunt τοισι Vind Paff. Arch.

πενταεθλον) πενταθλον Arch. Vind. Poft ολυμπιαδα abeft comma Ald. Cam. I. II.

μαθοντες δε Λακεδαιμονιοι) λακεδ, δε μαθοντες Arch. Paff. Ask.

πολεμιων) πολεμων iidem tres & Valla. In Vallae correctis Latinis *dux bellicorum certaminum*, adfcito ex praegreffis αγωνων vocabulo: id fi nolueris, ἡγεμόνα των πολεμων, prioribus non pofterius, fcripta fuppeditabunt exempla. Atque hoc Reiskius praeoptavit. *Weffel*.

ποιησαι) ποιησειν Arch. Poft Σπαρτιηται δε abeft comma Ald. Cam. I. II.

εποιευντο και) Arch. Vind. Alii cum Ald. εποιευν τε και.

μετιοντες) iidem, cum Pariff. B. tefte *Larcherio*, non μετιεντες ut Ald. & alii.

ὑτω

ὅτω εφη ετι) ὅτως ετι εφη Paff., prius quoque Ask.

καὶ τον αδελφεον) καὶ non agnoſcunt Arch. Paff.

γινεϑαι) iidem & Vind. recte, γενεϑαι antea, poſt λογοισι comma Ald. Cam. I. II. in quibus colon poſt γινεται.

ad Cap. XXXIV.

Comma poſt ὅτον, ſed nullum poſt Μελαμποδα Ald. Cam. I. II.

ὡς εικασαι — αιτιομενος) cupidiſſime docti viri Pavius & Reiskius αιτιομενον reformant, quippe Tiſamenum ſpectantia, Lacedaemoniorum ius civitatis, non regnum, ſibi poſtulantum. Diceres plauſibilem videri ſuſpicionem. Quid ſi vero interpungatur, ὡς εικασαι βασιληίην τε καὶ πολιτηίην, αιτευμενος, ut regnum & ius civitatis comparem, rogans, quae Abreſchii obſervatio, opusne emendatione? Tiſamenus ius Spartanae civitatis quaerebat, Melampus partem regni Argivorum: pares ambo cupiditate habendi, valde dispares in re deſiderata. *Weſſel*, cuius recepit interpunctionem *Larcherus*, obſervans in Pariſ. A & B. interpunctionem nullam eſſe poſt ὡς εικασαι. Recepit eam quoque *Degenius*.

Poſt Μελαμπυς abeſt comma Ald. Cam. I. II. in quibus & Μανασεων.

προετεινετο) προετεινατο Paff. Ask. ora Steph. προετεινε Arch.

πολλω πλευνες) πολλω omittunt Paff. Ask. margo Steph. Brit. Poſt υποσαντες τα comma Ald. Cam. I. II.

προε-

προετεινατο) προετεινετο Arch. Poſt ὁ δε comma Ald. Cam. I. II. Poſt επορεγετο abeſt comma in iisd. επορεγεται Arch. Paſſ. Ask. & Steph. ora. Non habent comma poſt φας Ald. Camer. I. II.

μεταδωσι) μεταδωσειν Arch. Poſt ποιησειν τα comma Ald. Cam. I. II. quod defit his poſt Αργειοι.

ad Cap. XXXV.

Poſt ὡς δε comma Ald. Cam. I. II. και abeſt Arch. Vind.

Poſt ὁ Ηλειος abeſt comma Ald. Cam. I. II.

ὁτοι) Habet Arch. in margine tantum. Poſt πρωτος abeſt comma Ald. Cam. I. II.

Τεγεητας τε και) Paſſ. Ask., hinc enclitica. Τεγεητας, και antea ex Ald.

παντας) παντων in ora Steph.

ὁ Μεσσηνιων) Arch. Vind. Pariſ. B. Paſſ. Ask. quos laudo: aberat articulus ab Ald. &c.

τω Ισθμω) deeſt τω Paſſ. Ask. punctum poſt ισθμω ponit Ald. Cam. I. II. Bellum Spartanis Meſſenii una cum Helotis, occupata Ithome, conſtarant: iſthic res geſta in decem annos, longiſſime ab Iſthmo; Thucyd. lib. I, 101. & Diodor. lib. XI, 64. teſtes ſunt. Ergo ὁ προς τη Ιθωμη ad Ithomen, veritati, Palmerio Pavioque obſervantibus, congrueret. Pauſanias haec Herodotea apertiſſime aemulatus, nonnihil impedit Lacon. c. 11. τεταρτον δε ηγωνισατο Tiſamenus προς τας εξ Ισθμου Ιθωμην αποστησαντας απο των Ειλωτων. Iſthmum enim Ithomenque paene coniungit, nec ſine ſuſpicione reperti in Herodoto Ισθμου Iſthmi. Sic maculae origo Pauſaniam faniam anteverterat; namque mendam effe, nullus dubito. Illa vero Paufaniae an extra labis culpam? Palmerius Exercit. ad Gr. Auct. p. 41. negat, fcribendumque opinatus, ἐξ Αἰθεα Ιθωμην — quoniam inter rebellantes, qui Ithomen occuparunt, apud Thucyd. Αἰθεεις, five, uti Steph. Byz. citavit, Αἰθαεις. At illorum Αἰθαια, Aethaca, oppidum, Ethnicographo auctore, non Αἰθεος. Pavius, cui Paufanias itidem vitio notabilis, fingebat προς τους ες Ισθμυ Ιθωμην αποστησαντας των Ειλωτων. Ithomen Ifthmi, quippe in Peloponefo atque intra Ifthmum pofitam, difcretamque tali notatione ab Ithome Theffaliae. Bene ego memini Ithomen montium ορων, οποσα εντος εςιν Ισθμυ, nulli magnitudine concedere ex Meffeniac. c. 9, Ithomen Ifthmi non reminifcor. Si Paufaniae voces ες Ισθμυ, ex corruptis Herodoteis fortaffe additae, abeffent, in Pavii correctionem ftudio inclinarem. Alia doctiff. Kuhnius. Quomodo autem cunque de Paufania ftatuetur, hic προς τῃ Ιθωμῃ ad Ithomen, oportuerat. *Wessel.* In ceteris nihil eft difficultatis; quarto loco memoratum exercuit Joach. Kuhnium & Jac. Palmerium; huius mihi in Herodoto verofimilis videtur coniectura, corrigentis Μεσσηνιων ὁ προς τῃ Ιθωμῃ· fed in Paufania neutrius placet tentamen *Valkenar.* Vna cum *Larcherio*, qui correctionem recepit, *Palmerio*, *Wesselingio* & *Valken.* accedimus. τῃ Ιθωμῃ quoque *Degenius* recepit.

ad Cap. XXXVI.

Abeft comma poft Τισαμενος Ald. Camer. I. II.

ἐν τῇ Πλαταιΐδι) Paſſ. Ask. Arch. Vind. Ald. quem articulum poſteriores omiſerunt male. Poſt ἀμυνόμενοισι punct. Ald. Cam. I. II.

ad Cap. XXXVII.

προθυμεύμενω) προθυμενω Arch. Vind. προθυομενω ad Steph. oram. Poſt τα ιρα colon Ald. Cam. I. II.

ἐχρέετο) Pariſ. B. Brit. Ald. ; ἐχρεατὸ Med. Ask. Paſſ., ἐχρατο Arch. Vind. ἐχρέετο perperam mutabatur. ἐχρέατο numeri multitudinis eſt, ſicuti ἐκτεατο VIII. 113. παρηγορεατο V. 104. bonis, uti arbitror, avibus inſtaurata. *Weſſel.*

Poſt Ἡλίον τε comma Ald. Cam. I. II. quod non ponunt poſt ἐχομενος.

πεισόμενος) Arch. Paſſ. Pariſ. A. B., πησόμενος alii cum Aldo, quod non abiiciebam in Diſſ. Herod. ob Aeſchyli verſum, προς κεντρα μη λακτιζε, μη πησας μογης. Agam. 1633. & πησασκε Etymologi p. 624. 50. Dicta non urgeo, quoniam πησόμενος ex πεισόμενος ſcribarum ſaepe peccato progignitur. Exempla ad Heliodorum monſtravi, nec repeto, hic meliores codd. ſequutus. *Weſſel.*

ἐσενεχθέντος) ἐσενεχθεντός Vind. ἐπενεχθεντός Ask. ἐσενεχθεντα Arch. Poſt ειδηρις comma Ald. Cam. I. II.

αὐτίκα δέ) δὴ Arch. Commata poſt παντων & των Ald. Cam. I. II.

σαθμησαμενος) Suidas citat in v.

ἀπέταμε) ἀπετεμε Ask. Suidas. Poſt ποιησας ἱαβεſt comma Ald. Cam. I. II.

ὡς φυλασσόμενος) ὡςτε Arch. Paſſ. Vind. Ask.

quod

quod minime displicet. Post τας δε comma Ald. Cam. I. II.

θαύματι) θωματι Arch. Ask.

τȣ ποδος κειμενον) Arch. Pass. Vind. Ask. Steph. margo. τȣτο κειμενον Ald. & alii, quo licet carere.

ξυλινον ποδα) Spectavit Plut. T. 2. p. 479. B. Post πολεμιος colon Ald. Cam. I. II.

μεν τοι ες γε) μεν τοι γε ες Arch. Vind. Ask.

συγκεκυρημενον) συγκεχωρημενον Vind. Vir doctus, cui in opinionem inciderat συγκεκρημενον, aut, eodem sensu, συγκεκριμενον, prudenter sententiam mutavit. Dudum Portus εχθος συγκεκυρημενον idem esse, ac *odium casu fortuito susceptum*, patefecit. *Wessel.*

ad Cap. XXXVIII.

μεν τοι) μεν νυν Arch. nec praeter scriptoris morem. Post Πλαταιϊκων punctum Ald. Camer. I. II.

ολιγȣ) ολιγω Arch. Post εθυετο τε comma Ald. Cam. I. II.

κατα τε το εχθος) Med. Pass. Ask. Ceteri cum Ald. τε negligunt. Abest comma post μαχεσθαι Ald. Cam. I. II. in quibus comma post Ελληνων.

Τιμηγενιδης) Arch.; Olim ex Ald. Τιμογενιδης. Τιμηγενιδης patriae flagitiosus proditor omnium librorum consensione c. 85. Pausaniae Τιμηγενιδας idem Lib. 7. 10. Optimus dux itaque Arch. codex. *Wesseling.* Post φυλαξαι comma Ald. Cam. I. II.

απολαμψοιτο) απολαμψαιτο Arch. Vind.

ad Cap. XXXIX.

Poſt μαθων abeſt comma Ald. Cam. I. II.
εκβολας) εμβολας Arch. Poſt τας ante Βοιω-
τοι comma Ald. Cam. I. II.
εσβαλοντα) εσβαλοντα Arch.
ȣ Φειδομενοι) Med. Paſſ. Ask., ȣ deerat Ald. &c.
αδην) αδε Arch. male. Citavit Suidas.
παρα τε) Abeſt τε Paſſ. Ask. Vind.

ad Cap. XL.

Poſt των Ελληνων colon Ald. Cam. I. II. in queis comma poſt Μαρδοιιȣ, & poſt προτεκειτο τε, ſed abeſt comma poſt Θηβαιοι, & poſt πολε-μον colon exſtat, & comma poſt εσκον.

ad Cap. XLI.

Comma poſt ημερεων Ald. Cam. I. II. idemque poſt ημερη. Recte, ni fallor, corrigit Koenius ȣδεν ετι πλευν εγινετο τȣτεων quae eadem
infra leguntur c. 106, &c. 120; niſi quod πλεον
ibi ſit. pro πλευν. Valken.
αυτικατημενοισι) Med. Paſſ. Ask. Arch. Pariſ. A. B. Brit., αλληλοισι interponebatur ab Aldo &c. quo nihil ad ſententiam opus. αντικατημενοισι αλληλοισι forte aliis etiam aberant codd.
Vallae non lecta: iam ante dixerat c. 38, ημε-
ραυ δε σφι αντικατημενοισι ηδη εγεγονεσαν οκτω.
Valken. Poſt Γοβρυεω comma Ald. Cam. I. II. in
his colon poſt Φαριακεος.
βȣλευομενων δε) βȣλομενων Arch. poſt δε
comma Ald. Camer. I. II. & punctum poſt
γνωμαι.

μεν

μεν Ἀρταβαζε) μεν γαρ Arch. mox χρεον idem, ſuo more. Poſt Θηβαιον colon Ald. Camer. I. II.

εσενηνεχθαι) εσενηνεχθαι Vind. ενηνεχθαι Arch. Poſt ὑποζυγιοισι punctum Ald. Cam. I. II.

δε και αρχυρον) δε αργυρον, ſine medio και Paſſ., in Vind. ſequens τε omittitur, & poſt τε comma ponitur ab Ald. Cam. I. II.

τυτεων φειδομενυς) τυτων δε φειδομενυς Arch. Poſt Ἑλληνας colon Ald. Cam. I. II. idemque poſt πολισι.

συμβαλλοντας) συμβαλοντας Arch.

μεν ἡ αυτη) Med. Paſſ. Ask. Arch., alii μεν νυν. Noſtro tritum; tum εγινετο Arch. Paſſ. Vind. Ask.

Poſt Μαρδονιε δε abeſt comma, poſitum poſt ισχυροτερη τε Ald. Cam. I. II.

κρεσσονα ειναι) κρεσσον ειναι Arch. & ςρατηιην. Poſt ἑλληνικης abeſt comma Ald. Cam. I. II.

πλευνας των συλλελεγμενων) πλευνες των omiſſo medio γινεθαι, Med. Arch. Paſſ. Ask. Pariſ. B. Brit. Porro τον συλλελεγμενων Paſſ. Vind. Antea ex Ald. γινεθαι των συλλεγομενων Nolo tot Codd., γινεθαι exturbantibus, obluctari; par Gronovii conſilium. Auctius autem participium ad orationem, meo arbitrio, aptius, in Reiskii quoque coniectura. Quod ille autem ex μηδε βιαζεθαι fingit μηδε Ιαζεθαι, neque Graecorum mores imitari in extiſpiciis & victimis, laudare nequeo. Quis enim ita? Mardonii, nolentis τα σφαγια βιαζεθαι, ut invita litarent, mentem intellexit interpres, Abreſchio plauſore. Alia in re Plutarch. Virt. Mulier. p.

Appar. Herod. Vol. V,   N   244.

244. C. ει δε μη, χαιρειν εαν και μη προσβιαζεθαι. *Wessel.*

Post βιαζεθαι punctum Ald. Camer. I. II. Hoc frustra forte tentatum, vir quidam doctus in φραζεθαι censet mutandum: sententiae, fateor, satisfaceret, vulgatas literas prope accedens, μηδε φραζεθαι neque considerare, sive, neque ad illa animum advertere; sic usitato παραλληλισμω duo propemodum ισοδυναμεντα hic quoque coniunxisset: τα σφαγια — εαν χαιρειν μηδε φραζεθαι. *Valkenar.* Post συμβαλλειν colon Ald. Camer. I. II.

ad Cap. XLII.

Colon post ηδεις Ald. Cam. I. II.

εκ βασιληος) Absunt hae duae voces Arch. Vind. Vallae.

μεταπεμψαμενος &c.) Exscripsit Th. Mag. in τελη, in Musae numero errans sicuti Stoeberus advertit.

ερωτα) Arch. Vind. Pass., antea ex Ald. ηρωτα.

διαφθαρεονται) Pass. ora Steph. διαφθορευνται Vind. Arch. διαφθερεοντας Ald. Camer. I. II. διαφθερεονται alii. Oblatum ex scriptis διαφθορευνται forma commendatur Jonica, at locus illi Musis nullus: quem enim occuparat lib. 1. 88 & lib. 7. 10. extr. inde codd. imperio decidit. Stephano praeterea vix credibile sit, διαφθορεειν Herodoti seculo in usu fuisse, Proleg. p. 737. fortasse nullo iure. Amplexus tamen sum, quod lib. 8. 108. integrabatur. *Wesseling.* Post των μεν comma Ald. Cam.

Cam. I. II. idemque poſt το ante λεγειν, punctum poſt ελεγει.

Επει τοινυν &c.) Αλλ' εγω ερεω ως ευ επιςαμενος, επει δη υμεις η ιςε &c. Arch. Poſt επιςαμενος comma Ald. Cam. I. II.

λογιον) λογος Steph. margo & Ask.; qui χρεον cum Arch. Poſt Δελφοισι colon Ald. Camer. I. II. comma poſt διαρπαγην, in iisdem, αρπαγην Arch. Poſt επιςαμενοι comma Ald. Camer. I. II.

ετε ιμεν) Paſſ. Ask. Vind. Arch. Brit. quibus ſuffragor: in Aldo ετοι τε ſequens τετο non novit Arch. επιχειρισομεν Ald. Cam. I. II. quod non annotavit Weſſel. Comma poſt αιτιης Ald. Cam. I. II.

περισσομενες) περιεζομενες Arch.
εσημαινε) εσημηνε id. Vind.
ευκρινεα) ευκρινα Arch., ευρικρενεα Paſſ.

ad Cap. XLIII.

Poſt χρησμον τον comma Ald. Cam. I. II.
τον Εγχελεων) των Arch.
τα δε μεν) τα δε Arch. recte; τα, μεν tantum antea ex Aldo. Poſt. πεπομμενα colon Ald. Cam. I. II. comma in his poſt Θερμωδοντι & poſt λοχεποιη.

βαρβαροφωνον ϊυγην) βαρβαροφωνε ϊυγης Reiskius. Vid. Schol. ad Nicandri Theriac. 400.

πολλοι) πολυ Arch. poſt πεσευνται abeſt comma Ald. Cam. I. II. habent comma poſt λαχεσιν τε.

τετοισι) omittitur ab Arch. Μυσαιε fortaſſe legendum ſuſpicatur Golahag. Comma poſt Ταναγρης τε Ald. Cam. I. II.

ad Cap. XLIV.

εγινετο) εγενετο Arch. Ald. Cam. I. II.

προελήλατο) προσεληλατο Arch. & ήσυχιη τε. Arrisit προσεληλατο Pavio, vertenti, ut prima pars noctis adventarat; esse enim προσω aut το προσω primam partem hoc loco. At istud. lib. 2. 121. 4. considera, ως προσω ην της νυκτος & 3. 56. ες το προσω τε ουδεν προεκοπτετο· neutrubi primam partem indicabit. Notae etiam admodum formulae: η νυξ προεκοψεν S. Paul. Ep. ad Roman. XIII. 12. Heliod. Aethiop. l. p. 26. το τε γαρ πολυ της νυκτος προεβη. Sallust. Iugurth. c. 21. ubi plerumque noctis processit &c. Wessel. Sincerum est προσεληλατο· vitiosa scriptio cod. Arch. supra ll. c. 121. 4. Idem illud aliis dicitur πολλης νυκτος, & περι μεσας νυκτας, vel μεσουσης νυκτος postremum in eadem hac habet historia pro Herodoteis Plutarch. T. l. p. 327. D. Plato T. 3. p. 217. D. διελεγομην πορρω των νυκτων. Xenoph. Ελλ. VII. p. 367. 15. εκαθευδον μεχρι πορρω της ημερας. Valken.

ήσυχιη) Praetermisit h. l. typographus errans voces: ανα τα στρατοπεδα, και μαλιστα οἱ ανθρωποι ειναι, quae inserenda sunt.

τας Αθηναιων) Pass. Arch. Ask., quod malui: των Αθηναιων Ald. & ceteri.

Post στρατηγος τε εων comma Ald. Cam. I. II. idemque post πλευνες, sed colon post παρεμενον, & post ελθοντες δε comma.

ήκοι) Arch. Vind. cui primas defero: antea cum Ald. ήκει.

τυ Μηδων) Ask. Pass. Vind. Arch. Brit. Ald. Edd. των edit. Gronovii in quam unde immigraverit,

verit, dicere non habeo. Justum τȣ, cuiosmodi lib. 8. 75. πεμπει ες το ϛρατοπεδον το Μηδων ανδρα. *Weſſel.* Poſt επος colon Ald. Cam. I. II. in his quoque εθελει, colon poſt ελθειν & comma poſt οι δε, initio capitis ſeq.

ad Cap. XLV.

επονто) ειπоντо Arch. Vind. Paſſ. Poſt φυλακας colon, poſt απικομενοισι δε comma Ald. Camer. I. II. δη Arch. Poſt ταδε punct. Ald. Camer. I. II. in his comma non exſtat poſt Παυσανιην.

και διαφθαρητε) Arch. Med. Paſſ. Ask. Pariſ. A. και Aldo & edd. aberat: tum ȣ γαρ Paſſ. Ask. Arch. Vind. antea ȣδε γαρ cum Ald. colon poſt Ελλαδος Ald. Cam. I. II. idemque poſt Τρωχαιον, commaque poſt ελευθερης.

θελοιμι) ελοιμι Arch. Codicis lectio ελοιμι, quam non malam iudicat Galeus, in cenſum venire nequit; ελοιμην ſi ſcriberetur in aliis, hoc vulgato non eſſet deterius: αντ᾽ ελευθερης δεδελωμενην ȣκ ων ελοιμην οραν την Ελλαδα· ſic το χειρον αντι τȣ βελτιονος αιρεσθαι, & ſimilia reperiuntur plurima. *Valkenár.* Poſt γενεσθαι punctum Ald. Cam. I. II. quod idem poſt εμαχεθε ponunt, & comma poſt δεδοκται, punctumque poſt χαιρειν. Vir eruditus, quem Canterum ferunt, margini Ald. alleverat, *mendum videtur, forte εμαχετο, pugnaſſet;* quod libris invitis non obtrudendum. Pugnaſſet utique Mardonius, ſi ſacra addixiſſent, nec minus ipſi Graeci, ad quos Alexandri oratio. *Weſſeling.*

αμα ημερη) Arch. Vind., non αμ᾽ ημερη cum Ald. poſt διαφαυσκȣση comma Ald. Cam. I. II.

καταρρωδηκε) καταρρωδηκεε Ask. cui Galeus primas dedit, praeter formam Jonicam cur potius censeatur, nihil habet. Taceo id verbi tempus, ut Grammatici, loquuntur, rei disconvenire. *Weſſel.*

συλλεχθητε) Arch. Vind. Paſſ. Ask., prius ex Ald. συναχθητε. Recte dedit Gronov. καταρρωδηκε γαρ μη πλευνες συλλεχθητε· hoc enim moris eſt Herodotei, non συλλεγητε, neque hic locum invenit Galeo probatum καταρρωδηκεε. *Valkenar.*

ολιγων) ολιγα Arch.

εινεκα ετω εργον) Med Paſſ. Ask. in Arch. εινεκα εργον ετω παραβ. qui Weſſelingio ordo concinnior. ex Ald. εινεκα τετο το εργον ετο παρ. Poſt προθυμιης abeſt comma Ald. Cam. I. II.

εξαιφνης) non habet Arch. Vind. nec Valla: videri poteſt gloſſema. Poſt Αλεξανδρος comma debet deleri.

ad Cap. XLVI.

Abeſt comma poſt Αθηναιων Ald. Camer. I. II. in quibus colon poſt Αλεξανδρε & punctum poſt ταδε.

χρεων) χρεον Arch. Ask. Plutarch. Ariſtid. p. 328. A. haec citat. Poſt Βοιωτες τε comma Ald. Cam. I. II.

εν Μαραθωνι) Med. Paſſ. Ask. Pariſ. A, επι Ald. &c. Poſt αμεν comma Ald. Cam. I. II. In iisd comma: a poſt ημεις δε, & Βοιωτων, itemque poſt ταυτα, ſed colon poſt ταδε. Nullum habent comma poſt αρχης, quod ponunt poſt ταυτα & poſt φθαντες, & punctum poſt προφερετε eaed.

αλλα

αλλα αρρωδεομεν) αλλα γαρ Arch.

ἡμιν) Paff Arch. Valla, prius ex Ald. ὑμιν scribebatur Adflipulatur Weffelingius Pavio, ex Vallae Latinis, pronomen mutanti, faventibus fchedis, & orationis, ut cuivis apparet, tracta.

ad Cap. XLVII.

τοιϐτο) τοιϐτον Arch.

ὡς δ' αυτως) ὡς δε και αυτος ὁ Μαρδονιος Arch. cum mox το ευωνυμον. Colon poft ευωνυμϐ Ald. Cam. I. II. Ut cum Arch. faciamus, cauffa non urget. Et illi minis fufpiciofi, qui ob praecedens ηγε τϐς Σπαρτιητας, melius & ornatius επι τϐ ευωνυμϐ τϐς Περσας futurum praefcribunt. Quis obtufo ita ingenio, ut Perfas Mardonium illam in partem ducturum non advertat? *Weffel.*

ad Cap. XLVIII.

Poft ταδε Ald. Cam. I. II.

εκπαγλεομενων) εκπλαγεομενων. Arch. Ratio doctiffimum Galeum fugit hoc praeferentem. Cauffa ad lib. 7. 182. adfcripta fuit. *Weffeling.* Comma poft vocem Ald. Cam. I. II. in quibus poft εκλειπετε punctum.

ἡμεας) ὑμεας Arch. Brit. Comma poft Φευγοντας Ald. Cam. I. II.

ταξιν εκλειποντας ὑμεας) Arch. Vind., alii ϛασιν cum Ald. ταξις potius quam ϛασιν cenfui. Ταξιν enim tali in re praecipue probare Scriptorem, admonitione non eget; ad hoc commutantur hae voces c. 21. *Weffeling.*

προσπειραν) πειραν Arch. αυτι id. & Vind.

ταυτα υδαμως) Arch. Med. Pass. Ask. Alii cum Ald. ταυτα δε, υδαμων Brit. post εργα punctum Ald. Cam. I. II.

προσδεκομενοι) προσδοκομενοι Arch. Post κλεος abest comma Ald. Cam. I. II.

μυνοισι) Med. Pass. Ask. Arch. Ceteri cum Ald μυνοι. Μυνοισι aptius mihi videtur ante vulgatum, βυλομενοι μυνοι Περσυσι μαχεϑαι· utrumque hic ab Herodoto positum Koenius suspicabatur, βυλομενοι μυνοι μυνοισι Περσυσι μαχεϑαι. excitans inscriptionem Homeri Iliad. H. Ητα δ' Αιας πολεμιζε μονω μονος Εκτωρι διω. Euripid. Heraclid. 808. εμοι μονος μονω Μαχην συναψας η κτανων αγυ λαβων Τους Ηρακλευς παιδας, η ϑανων εμοι Τιμας πατρωυς και δομυς εχειν αφες. *Valkenar.*

ποιειν ταυτα, υδεν) Aldina haec interpunctio commodissima. Omnia Persas respiciunt, qui cum parati essent ad ea facienda, quae de Spartanis sibi spoponderant, nihil horum animadvertebant. Sententiam nuntii Persici praeter Pavium adsecutus & Reiskius est. Vulgo post ταυτα amplior locabatur distinctionis nota. *Wessel.*

υδεν τοιυτω) deest Arch. Vind. pronomen.

πτωσσοντας) πτωσοντας Arch.

αρχομεν, τι δη υ) αρξωμεν το δη ων προ Arch. Post υμεις abest comma Ald. Cam. I. II.

μαχεσομεϑα) Arch. antea cum Ald. εμαχησαμεϑα. Laurentius *dimicemus*, id, quod rediit, vertens. Non sane Persae pro barbaris ισοι προς ισυς Spartanorum pugnaverant, sed hanc illis conditionem ferunt. Hinc brevi ημεις δε διαμαχεσομεϑα, & praeclare Arch. cod. *Wessel.*

δοκεᾳ)

δοκεῃ) Arch. Vind. Brit. Pariſ. Ald. δοκῃ Paſſ. Ask., & Med. δοκεοι quem non laudat Weſſeling, ην μεν δοκεοι Gronovio contra ſermonis genium obtrudentem.

δοκεοι) Ald. Med. Ask. Paſſ. Arch. Vind., alii δοκεῃ. Poſt διαμαχεσομεθα colon Ald. Camer. I. II.

ad Cap. XLIX.

ὑπεκρινατο) ὑπεκρινετο Arch. Vind. non male. Poſt απελθων δε comma Ald. Cam. I. II.

εσινοντο) εσινεοντο Arch. Poſt τοξευοντες colon Ald. Cam. I. II. εστοξευοντες Arch. Vind. & ωςε και ιπποτοξοται εοντες.

αποροι) Med. Arch. Vind. Brit. Paſſ. Ask. Valla; ευποροι Ald. cum commate poſt vocem. Ad nexum προσφερεσθαι ευποροι, ad pugnandum expediti, accommodati, utpote ex equis pugnantes, ιπποτοξοται, atque ad hoſtes laceſſendos maxime habiles. Quam tamen ſententiam codd. nolunt, προσφερεσθαι αποροι praebentes, quod de conflictu, quo cominus Graecos urgere commode haud poterant, accipitur. In equis erant, unde iaculis ſagittisque inceſſebant, ὡς ιπποτοξοται Appiani B. Civ. IV. p. 1001 & 1024. mox ceſſim euntes ap. Plutarch. in Craſſo. p. 558. B. Weſſel. Vallae lectum & in Arch. recte reſtituit Gronov. IV. 46. Scythae dicuntur αμαχοι τε και αποροι ποσμισγειν. Valken.

Γαργαφιην) Γαρσαφιην Arch. Poſt συνεταραξαν comma Ald. Cam. I. II.

μενοι τεταγμενοι) τεταγμενοι μενοι Arch. & Paſſ. Comma poſt Ελλησι Ald. Cam. in queis punct. poſt τεταγμενοι, comma poſt Ασωπος.

ἀπο τȣ) defit praepositio Arch. Pass.
ἐφοίτεον) ἐφοίτων Arch. Ask.
ὑδωρ) Omittit Arch. Comma post ἱππέων Ald. Cam. I. II.

ad Cap. L.

Post τȣτέων comma Ald. Cam. I. II.

παρα Παυσανίην επι το δεξιον) Med. Pass. Paris. B. Valla, Arch. Vind. Ask., quorum tres postremi recte Παυσανίην, ceteri Παυσανιαν. Ab Aldo aberant voces Παυσανίην επι.

ἀλλα γαρ) Omnes ἀλλά, & abest comma Ald. Cam. I. II. Placet Abreschii & Valkenarii ἀλλα γαρ, τȣτεων τȣτων εοντων, μαλλον —, alia enim, his ita se habentibus, magis eos angebant. Praecessit συνελέχθησαν περι αυτεων τε τȣτεων και αλλων, eo ducens. Wess. I. Aderit, quod quaerebat vir doctiss., si retracto tantum in primam accentu scribatur: ἄλλα γαρ, reddit enim nunc rationem paulo ante de Graecis ducibus dictorum, qui, exercitu aqua privato, & ab equitatu hostium infestato, συνελέχθησαν περι αυτεων τε τȣτεων και αλλων. Valkenar.

Post οπεωνες abest comma Ald. Cam. I. II. οπαωνες Arch. & iterum. Habent οπεωνες quidpiam sibi singulare, a Porto ex dialecto derivatum, cui simile nihil. H. Steph. Propterea Thes. T. 2. p. 1360. οκαενες probantur, ad quem modum οπαων L. V. 3. & in Homero, Aeschylo, Euripide atque alliis. Consentiet, modo leviter adiutetur, Arch. liber, me nihil dissentiente. Wesseling.

ἀποκεκλέατο) ἀπεκεκλέατο Med. Pass. Ask. ἀποκεκλέατο, sine augmento, ut solent Jones, Vind. Brit. Ald.

ad Cap. LI.

Post στρατηγοισι comma, nullum post εδοξε Ald. Cam. I. II.

συμβολην ποιευμενοι) συμβολην μη ποιευμενοι Arch. Vind. Negativam ex Arch. Valla, & Vind. valde laudat Galeus, mihi nec plane necessariam, nec inconcinnam. Supra Scriptor c. 44. ην αρα υπερβαλητα την συμβολην Μαρδονιος, και μη ποιηται, ubi si voluisset, ην αρα υπερβαληται την συμβολην — μη ποιευμενος, quis culpasset? *Wesseling.*

ες την εστρατοπεδευοντο) επ' ην Ask. επ' η Arch. Vind. post ες την comma Ald. Cam. I. II. in quibus comma nullum post απεχουσα, Arch. εχουσα.

διεχων) habet Thom. Mag. in διεχει. Post ρεεθρα comma Ald. Camer. I. II. in his post σαδια punctum.

τωυτο) τυτο Arch. post δε ει comma Ald. Camer I. II.

Ωερον) In duodecim filiabus Asopi nulla Oeroe apud Diodor. IV. 72., eundem Apollodorus, qui viginti Asopo dat. L. III, 11. 5. nominatim negligit. Pausanias vero, θυγατερα δε ειναι την Περην τυ Ασωπυ λεγουσι L. IX. 4., quod ego nomen hinc corrigendum arbitror *Wesseling*. Primus horum una cum postremo de Aegina loquitur, idemque reginam & Oenonen unam eandemque esse, observat; suspicor itaque vitium in Herodoti contextum irrepsisse, & Οινοην legandum esse. *Larcher.*

μετανασται) μετασται Arch. & Vind. Post των ante δη comma Ald. Cam. I. II. in queis com-

comma nullum post περισχιζεται, Arch. σχιζεται. Post τες abest οκεωπας Ald. Camer. I. II. quod Wesseling. non annotavit.

ad Cap. LII.

εχον) ειχον Arch Pass. Vind. Ask. post ατρυτον punctum Ald. Cam. I. II.

εουσης της ωρης) Θεεσης ora Steph. Pass. Ask.; tum ες την δη συνεκειτο Arch. Vind., satis bene: deerat δη Ald. &c. comma post ωρης, post ες την, & colon post συνεκειτο Ald. Cam. I. II. in iisdem comma post του χωρον & post ες τον, in Ask. Pass. ες ον Goldhagenio post απαλλασσοντο videtur colon ponendum, & pro ες μεν legendum αι μεν alioqui, inquit, constructio hiulca.

το δε προ της) το δη προ της Arch. Vind. comma post το δε Ald. Cam. I. II. colon in iisd. post απεχον, comma post απικομενοι δε, colon post οπλα, comma post και οι μεν.

Ηειον) τον Arch. Valla. mera est παραδιορθωσις. Wessel.

ad Cap. LIII.

Comma post ες τον ante συνεθηκαντο Ald. Cam. I. II.

ταξιηρχεων) ταξιαρχεων Arch. Pass. Vind., in Steph. marg. ταξιαρχων uti c. 41. & alias.

λοχηγεων) Med. Arch. Pass. Vind. Ask. Paris. B. λοχηγετεων Ald. Brit. & Paris. A. Dictumne fuerit Herodoto λοχηγεων τε Πιτανητεων λοχε, an τε Πιτανητεω λοχε, si variant codd. vix discerni poterit: Πιτανητεω Koenio placebat, quia paullo post scribit τον λοχον τον Πιτανητην· atque ita Thucydides, Herodotea respiciens,

τον

τὸν Πιταιητην λοχον fuisse negat Lacedaemoniis I, c. 20. Hac de re notatis in Att. Lect. I, c. 16., quaedam Meursius adiecit in Miscell. Lacin. p. 100. Μορας & λοχὖς non distinguentis Meursii errorem corrigit H. Vales, cui suffragatur Ti. Hemsterh. ad Lucian. p. 164. Ex Thucyd. V. c. 68., in Schol. ad Aristoph. Lys. 454, pro Νικηριτῶν scribi poterit nomen Σκιριτῶν· quod favet vulgatae apud Herod. lectioni Πιτανητεων. *Valken.* Adstipulor Gronovio & Herodoto λοχηγεειν c. 61. usurpanti. Nec decerno tamen λοχηγετεων, ut Ald. & pauci, Graeciae finibus expellendum. λοχηγετην qui vitiose in Onati fragm. ap. Stob. Eclog. phys. p. 4. λοχαρχετας, usus non spernit, nedum Sophoclis αρχηγετην, Strabonis pluriumque κυνηγετειν, Philon. Ind. ποδηγετειν, quibus adprime λοχηγετειν convenire, quid diffitemur? Vellem subsidium λοχω Πιτανητεων in promtu adesset. De illo Hesych., ὁ Πιτανατης λοχος αυτοσχεδιαζεται, ουκ ων ταις αληθειαις, legens vestigia Thucyd. L. I. 20. diserte cohortem Pitanatem in Spartanorum militia umquam fuisse, negantis. Quid Nostrum in errorem coniecerit, an *tribus* Φυλη Πιτανη, qua de Hesych. an aliud, prorsus ignoro. Rem Jo. Meursius docte tractavit Lect. Att. I, 15. *Wesseling.* Post την Σπαρτην punctum Ald. Camer. I. II.

το ποιευμενον) deest το Brit. Ald. Post Παυσανιης τε & Ευρυαναξ commata Ald. Cam. I. II. colon in his post σφισι.

δε ετι) Arch. Vind. plene. Ceteri cum Ald. δ' ετι omisso commate.

ταυ-

ταυτα γενομενα) Arch., Alii cum Ald. ταυτ' αναινομενα. Excellenter schedae Arch., atque ex vetere dialecto. Hesychius, Νενωται εν νω εχει ex Sophocle, cui Etymologus in Νενωται adscribit, ubi & hoc Anacreontis, ὁ δ' ὑψηλα νενωμενος, sublima animo agitans. Cognita & Nostri sunt ἁλιτας δη τατας — ενειωτο, τον χειμωνα παρεις. &c. L. I. 77. ὁ δε εννωσας τα λεγομενα, ibid. c. 68. Sintne vero ex εννεητας & ενενοητο contracta, an ex vetere νοω, unde νωσαι ex Nostro Eustath. ad poet. p. 1424. 31. anceps in Grammaticorum dissidio controversia. Contra insurgit Doctiss. Rich. Dawes. Miscell. crit. p. 102. Negat sibi posse persuaderi, Herodotum verborum illorum formam talem in modum commutasse, cum ne Attici quidem in illis crasin adhibuerint. Quid ergo τω βωσας, αμβωσας, βωθησας, προςβωθησας similibusque fiat? Νωσαμενος Callimachi est in Suida. Νωσαθαι redire reddique debes Perictionae apud Stobacum Serm. 83. p. 487. την ἁρμονιην γυνα ἱκανωσαθαι δει φρονησεος τε και σωφροσυνης πλεην. Sunt enim, ut praescripta vides, incondita & sine sensu. Voluit doctissima matrona την ἁρμονιην γυναικα νωισαθαι δει κ. λ. Harmoniam nosse oportet mulierem, prudentia & modestia plenam, quae elegantissima Valkenarii loci instauratio. Haec olim in Diss. Herod p. 156. quibus meritissimo Excurs. ad Callim. H. in Jov. v. 87. aptabitur. *Wessel.* Nusquam alibi Nostro usurpatum, hinc etiam iure verbum auferetur, αναινομαι· atque unius auctoritate cod. optima lectio restituetur ταυτα νενωμενα egregie formata in Diss. Herod. p. 156., ubi meam vir summus coniecturam

memo-

memorat in fragmento Perictiones Jonico corrigentis, τὴν ἁρμονίην γυναῖκα νωσαθαι δεῖ φρονήσεός τε καὶ σωφροσύνης πλέην apud Stob. p. 487, 18. In eodem fragmento p. 488, 25. scribi poterit ευνενωμενην. & v. 31. ἀνδράσι μὲν γὰρ ἐπιχωρέεται ἁμαρτίη αὕτη, γυναιξὶ δὲ ουκετι, τιμωρίη δ᾽ εφετηκε νωσαθαι ευ τον νομον δεῖ, καὶ μὴ ζηλοτυπέειν· in his postremis, pro εφετηκεν· ωσασθαι, sic legendum vidit etiam G. Koenius. Praeter alia huius generis dabit Hesych. Νωταθαι, αιθεθαι, ευθυμηθηναι, νοησαι· rariora quaedam servavit Etymol. in Νεωται p. 601. conf. R. Bentlei. ad Callim. h. in J. v. 87. *Valken.*

Post λοχον τον Πιτανητην hiatus in Brit. usque in cap. 58. post μη nullum habet comma Ald. Cam. I. II. sed habent post ποιευντες τε & post Αμομφαρετον, colon autem post Λακωνικον.

ἐπειρωντο) ἐπειρωταν Arch. & χρεον, sicuti solet, post πειθοντες μεν comma Ald. Cam. I. II. in his comma post οἱ μεν, nullum post Αμομφαρετον, sed ponitur post Λακεδαιμονιων τε.

ad Cap. LIV.

Post Αθηναιοι δε comma Ald. Cam. I. II. punctum post τοιαδε, comma post φρονεοντων, idem post Παυσανιην τε in iisdem.

ad Cap. LV.

παρηγορεον) παρηγορευντο Pass. Ask. Fragm. Paris. neque id praeter usum vid. lib. V. 104. Post Ευρυαναξ comma Ald. Cam. I. II.

Λακεδαιμονιυς) Λακεδαιμονιων Fragm. Paris. quod potius videtur: Amompharetum ipsiusque cohortem videlicet, ut c. 52. *Wessel.* Post επειθον) comma Ald. Cam. I. II. idemque post συμπεσοντες.

απικεατο) απικατο Arch. Vind. colon post vocem Ald. Cam. I. II.

σφι απιγμενος) σφι απιγμενες Reiskius culte. Vitium typographi fuſpicatur Larcherus, fcripſiſſeque Reiskium απιγμενω, ſcil. ες νεικεα. Hanc repetitionem Herodoteam cenſens.

ξεινες — βαρβαρες) Parentheſi includendas duximus has voces. ξεινες λεγων Arch deerat Aldo ceterisque repetita vox, quam ex ſchedis revocavit Weſſeling, obſervans, ſupra c. 1'. και δη δοκεειν ειναι — ςειχοντας επι τες ξεινες· ξεινες γαρ εκαλεον τες βαρβαρες. Suntque ſimilium paſſim iterationes III, 12. VI. 109. *Weſſel.* Non literae tantum & ſyllabae, ſed integrae voces, quae repeti debuerant, ſaepe ſunt a librariis, ut notum, ſemel tantum poſitae. Novum praebebit omiſſionis exemplum Dion Chryſ. in cuius Orat. 56. p. 565. C. ſcribendum Ελλην Ελληνων· ſed gravius eiusdem locus eſt affectus in Or. 74. p. 642. A. το αυτο δη τετο και προς ανθρωπες πεπονθαςιν οι πολλοι· τω μεν εκ γυναικος &c. voces οι πολλοι τω abſorpſerunt nomen Ιππολυτω· corrigendum ſine controverſia, οι πολλοι· Ιππολυτω μεν εκ γυναικος &c. nam quae ſubiicit Dion, Euripidei ſunt Hippolyti verba v. 616. *Valkenar.* Poſt μαινομενον comma Ald. Cam. I. II.

ε Φρενηρεα) ως Φρενηρεα Paſſ.

τον Αθηναιων) των Arch.

τε προς) τε deſideratur in Arch. & Vind.

ad

ad Cap. LVI.

Poſt καὶ ὁ μὲν comma Ald. Camer. I. II. idem poſt τῶς δε.

αποϛειχοντων) Omittit Ask., αποϛιχοντων Arch. Poſt τα comma Ald. Cam. I. II. nullum poſt εγενετο, fed inferitur poſt σημηιας in iisdem.

κολωναν) κωλῶν Arch. Poſt ταχθεντες & εμπαλιν commata Ald. Cam. I. II. colon poſt Λακεδαιμονιοι., comma poſt οἱ μεν, & poſt αντεϛχοντο, punctum poſt ἱππον.

τραφθεντες) τραφεντες Arch. male. Vid. Euſtath. p. 519. 41.

ad Cap. LVII.

Poſt ταξιν punctum Ald. Cam. I. II.

καταδοξας) καταδοξαντας Arch. & mox θειη τεχνη. In nuperis docti viri, haec intelligere negantis, coniecturis, ευηθιη η τεχνη απολιπειν ſe deſeri prae ſtultitia, aut callida fraudis diſſimulatione. Quale equidem conſilium Amompharetum, tametſi animoſiſſimum, de ſuo imperatore mente agitaſſe, non dixero. Potius erit, θειην τεχνην induſtriam rectamque diſciplinae artem accipere, ſicuti θειην δικην in Suida & Etymologo Non nego, pellexiſſe olim voluntatem Arch. θειη τεχνη, h. e. excellente & divina. Namque Spartani. ὅταν τινα μεγαλοπρεπως επαινωσι θειον, ſive ſuo ſermone σειον, teſtibus Platone & Aeſchine Dial I. 13. praedicabant. Lege magnum animadverſorem ad Athen. 8. 16. Neque his tamen blandimentis abripior. *Weſſeling.* Goldhagenio u θειη

Appar. Herod. Vol. V. O le-

legendum videtur, & ἀναλαβὼν δε. Post αυτον abest comma Ald. Cam. I. II.

τον λοχον τα οπλα) Med. Arch. Pass. Ask. Paris. B. Vind. Valla; τον λοχον Ald. & Paris. A. non norunt, male tamen, vid. Gronov. qui: Quam accessionem quum viderit Valla, & in versione communicaret, noluit admittere Aem. Portus iis ϑεια τεχνη: unde ibi, ut nimis docte, sic infelicissime rem gerit. Patet lapsus, ut opus non sit monstrare.

αλλο) deest hoc Vind. Arch.

δεκα σαδια) αλλα σαδια Ask. Post λοχον comma ponendum censet Larcher. in Paris. B. & D. colon post λοχον invenit.

Μολοεντα) Μοοεντα Arch. Μολροντα Ask. Post καλεομενον punctum, post τη comma Ald. Cam. I. II.

ησαι) ισαι Arch. Post ενεκα colon Ald. Camer. I. II. comma post χωρον & εν τω in iisdem.

εν τω) εν ω. Pass. Ask. Comma post Αμομφαρετος τε, nullum post μενωσι Ald. Cam. I. II.

παρεγινοντο) παρεγινετο Pass. Arch. Vind. Post πασα punctum Ald. Cam. I. II. comma in his post ιππoται.

κεινον) εκεινον Ask. Ald. tum εν τω Ask. Vind. Pass. Ask. quod Jonum: εν ω olim ex Ald.

ad Cap. LVIII.

Abest comma post Μαρδονιος δε Ald. Camer. I. II.

ωδε τε) desit τε Arch. & Ληρισσαιον cum Vind. Valla, non Ληρισαιον, ut Ald. & Edd. Vid.

Vid. c, r. Comma poſt αυτȣ Ald. Cam. I. II. idemque poſt Ευρυπυλον.

Θρασυδηϊον) Med. Paſſ. Θρασυδηον Ask, Θρασυδιαιον Arch. Valla, Θρασυδιον Ald. & alii. Scriba cod. Arch. Θρασυδαιον, quo nomine Theronis F. Himerae impoſitus, in Diodori XI. 49, & Philippi Macedonis legatus ap. Plut. Demoſth. p. 854. B., in mente videtur habuiſſe. Facio cum Gronovio, opinorque, hunc fratresque eiusdem, ac nominatim Thoracem a Pindaro Pyth. Od. X. fin. laudibus ferri. *Weſſel.*

ελεγετε) Med. Paſſ. Vind. Arch. Ask. λεγετε Ald. Pariſ. A. B.

ȣ φευγειν) εκφευγειν Arch. omiſſa male negativa. Punctum poſt πρωτȣς, comma poſt τȣς Ald. Cam. I. II. in his colon poſt ειδετε, comma poſt διεδεξαν τε.

προς τȣς) προς το Arch. Comma poſt εοντες Ald. Cam. I. II.

συνηδεαται) συνηδεαται Pariſ. B. fruſtra hoc, ni fallor, verſavit Portus, in συνηδεατε leviter mutandum; quibus quid ineſſe virtutis bellicae noveratis: idem paene Reiskio placuit. Theſſalis, quos excuſationis venia dignatur, opponit Artabazum, ſine ulla ratione metuentem Lacedaemonios *Valkenar.* Non pugnabo, ſi συνηδεαται ex libro Pariſ. B. in συνηδεατε abeat. Editi tamen patrocinium Portus eſt profeſſus, verbum ſuo more illuſtrans, taciteque συνοιδατε & συνηδεετε, quod utrumque Reiskii ſuſpicionibus, taxans. *Weſſeling.* Poſt το ante και comma Ald. Cam. I. II. και non legit Arch. τον και καταρρωδησαι alius elegit. cui cur tandem auſcultemus? *Weſſel.* Comma poſt καταρρωδησαντα τε Ald. Camer.

mer. I. II. in his punctum post πολιορκησομενες, comma post την & post τετεων μεν, idemque post ποιευσι, & post ημιν των.

εποιησαν) Med. Arch. Passs. Ask., alii cum Ald. εποιησαντο.

ad Cap. LIX.

Περσας, δρομω) virgulam non post Περσας, sed post δρομω, cum Parisf. B. inferendam censuit *Larcher*. Abest ea in Parisf. A. & D. utrobique.

τον Ασωπον) Ora Steph. Passf Ask. Vind. Arch. Brit. hinc articulus, qui aberat Ald. &c. Comma post Λακεδαιμονιες τε.

Περσας δε) Passf. Arch. Vind. Ald., in Gronoviana δε δε, quod, δε δη si foret ex scriptis, tolerassem. *Wessel*. Post Ἑλληνας comma Ald. Cam. I. II.

αυτικα παντες) absunt ista duo Arch.

εκασος εσχον) εκασοι margo Steph. Passf Parisf. A. B., tum ηκον Arch. Iniuria dictionem amanuenses perversum iverunt. Vid. lib. I. 169. II. 53. *Wessel*.

Βοη τε και ομιλω) Pro hoc frequentius Βοη τε και παταγω χρεωμενοι III 79. Sentio, hic inconditum clamorem & turbam Homerco more exprimi. Κεκλωμενοι κιθ' ὁμιλον επ' αυτω παντες εβησαν. Troiani, inordinati atque incompositi, in Ulyssem ruentes. Il. Λ. 460. *Wessel*. Βοη τε και ομιλω si sincerum est, positum videtur ομιλω pro ομιλαδον· ομιλαδον εσιχοωντο est apud Apollon. Rhod. IV. 81. ex Hom. Il Β. 93., εσιχοωντο ιλαδον. Sed me iudice, βοη τε και κομπω, aptius hac in sede convenirent; & videri posset

posset, aliam hic vocem legisse Plutarch. in Aristide p. 329. &c. ubi Mardonius ἐπεφερετο τοις Λακεδαιμονιοις βοῃ πολλῃ και παταγω των βαρβαρων, ὡς ȣ μαχης ἐσομενης, αλλα Φευγοντας ἀναρπασομενων τȣς Ἑλληας· quae certa sunt ex his expressa Herodoti; cui supra VIII. 28. Thessali dicuntur, ὡς ἀναρπασομενοι τȣς Φωκεας, Φερομενοι. Urbs uno velut impetu capta frequenter dicitur ἀναρπαθηναι Valken. cui calculum adiecit Larcher & Degenius Post Ἑλληνας comma Ald. Cam. I. II. ἁρπασομενοι Arch. Vind. praeter necessitatem. Vid. 8. 28.

ad Cap. LX.

Post Παυσανιης δὲ abest comma Ald. Cam. I. II. colon in his post ταδε, sed omittunt post προκειμενȣ.

το ποιητεον) το abest Arch. comma post το Ald. Camer. I. II. idemque post γαρ τῃ.

ἡμεων) Arch. Pass. Ask. Vind. Brit. Steph. margo, quod hic malui; ἡμεας Ald. & alii. Post ὑμιν punctum Ald. Camer. I. II.

ἁπασα) πασα Arch. Post ἀποπεμψαντες comma Ald. Camer. I. II.

ad Cap. LXI.

Comma post ϛατχȣσι Ald. Camer. I. II.

ὡϛε) ὡϛε και Arch.

προσκειμενον) Arch. Vind. Parisf. A. B. alii cum Aldo. προκειμενον, comma post vocem Ald. Camer. I. II. Mentio ἀγωνος μεγιϛȣ προκειμενȣ in proxime superioribus ansam hoc mutandi praebuit. Το προσκειμενον, Persarum equestres copiae, οἱ προσικεατο σφι, a quibus continuo inceſſentibus damnọ Graeci augebantur. Res extra dubii aleam ex c. 56 & c. 39. ἡ μεν τοι ἱππος.— αιει προσεκειτο τε και ελυπεε τȢς Ἑλληνας *Weſſel* Comma poſt Λακεδαιμονιοι Ald. Cam. I. II in his colon poſt πεντακισμυριοι.

απεσχιζετο) εσχιζοντο ora Steph. Comma poſt Λακεδαιμονιων Ald. Cam. I. II. In iisd. comma poſt Μαρδονιω, colon póſt πολλοι.

Φραξαντες γαρ τα γερρα) Φαξαντες Ald. Camer. I. II γερα & deinceps Arch.

των τοξευματων) Paſſ. Arch. Brit. articulus aberat Ald. &c.

Ȣ γενομενων) Perſuaſit Pavio χρησων vocem hic ex libro Arch. iungere Th. Galeus, falſus vehementer: namque illo in codice, quem importuniſſimum Taylor appellavit, ob iniuſtum additamentum ad Serm. Επιταφ. p. 33, vocabulum illud fruſtra quaeritur. Plutarchi verba Ariſtid. p. 329. E. αμα ταις ευχαις εφαιη τα ιερα auxit ex falſo prodita huius loci acceſſione Dacerios εφανη τα ιερα χρησα. Sic vara, uti dici ſolet, vibiam ſequuta eſt. Plutarch. bene tutatur Bryanus, Noſtrum Taylor. χρησα in dictione intelligi adſolent. Conf. L. VII. 134. *Weſſel.* A. ſciolo ex vicinis repetitum χρησων, quod praebet Arch , recte reiecit Jo. Taylor ad Lyſ. p. 33. Quando litabant, τα ιερα, vel τα σφαγια γενεϑαι ſimpliciter etiam dicebantur. Hic paullo poſt iſtis, εγινετο ανυμενοισι τα σφαγια χρησα, haec proxima ſubiiciuntur ως δε χρονω κοτε εγινετο, quum vero tandem aliquando laeta eſſent extra. χρονω, non nemini ſuſpectum, *tandem* notat. vid. ad Eurip. Phoen. 313. in Dionyſ. Halic. T. 2. p. 33. 25. ſcribendum: το χαριον αἱρει αἴρει χρονω· Φερομενος δ' ὑπ' οργης. — Ut Herod. precantem Pausaniam sistit Plutarch. T. I. p. 329. E. ubi ἁμα ταις ευχαις εφαιη τα ιερα, καὶ νικην οἱ μαντεις εμηνυον Valkenar.

χρεύζοντα) χρηίζοντα Arch. Vind.

ad Cap. LXII.

επικαλευμεν8) επικαλεομενȣ Arch. Vind. Ask.

προτεροι) προτερον Arch. Vind. Valla. conf. Davis. in Max. Tyr. p. 507. post Τεγεηται comma Ald. Cam. I. II.

εγινετο) εγενετο Pass. post Περσας colon Ald. Cam. I. II.

γερρα) γερα Arch. post μαχη punctum Ald. Cam. I. II.

ἡ μαχη) Abest Arch. neque male.

ληματι) recte Plut. Malign. p. 874. A. Codd. plerique omnes cum Aldo λημματι vid. V. 72. VII. 99. Post ρωμη comma Ald. Cam. I. II. punctum post Περσαι.

εναντιοισι) αντιοισιν Vind.

καὶ πλευνες) copulam idem & Arch. non habent.

ad Cap. LXIII.

Post τη comma Ald. Cam: I. II. post οἱ δε comma, post αντειχον colon in iisdem, comma quoque post αμυνομενοι.

κατεβαλον) κατεβαλλον Arch. Pass. Vind. Ask. Brit. Antea ex Aldo κατεβαλλοντο. Etsi minime me fugiat, pristinum patrocinio, si rixari libeat, non defici, consuetum nolui & schedarum praeiudicio protectum abilcere. Satis erit, hoc Plut. Aristid. p. 329. F. τοις δορασι

τυπτον

τυπτοντες προσωπα και ςερνα των Περσων, πολλες κατεβαλον. *Wesseling.*

πλειςον γαρ) Carpit Plutarch. Malign. p 874.
γυμνητες) γυμνηται Ask in Pass. εοντας γυμνητας male. Porro αγωνας Arch. post γυμνητες comma Ald. Cam. I. II.

ad Cap. LXIV.

Post Λεωνιδεω & χρηςηριον absunt commata Ald. Cam. I II.

εξετελειτο) επιτελειτο sine augmento Vind., sequentia laudavit Plut. Cat. Maior. p. 353. D. Post απασεων & των commata Ald. Cam. I. II. comma quoque in his post ονοματα.

Λεωνιδην) Λεωνιδεω Arch. loco Λεωνιδεα conf. lib. 7. 204. ubi maiorum eius series.

Αειμνηςυ) Αριμνηςυ Arch. Valla; Αϊμνηςυ Pass. Ask Αειμνηςυ Med. Justum nobilis viri nomen non extra certamen. Αριμνηςυ titulum dant illi Valla & Arch., inque primis Plut. Aristid. p. 330 C. ceteris autem codd receptum in laude versatur. His equidem conspirantibus accederem, eoque promtius, quoniam ex Plutarchi scripto exemplari Διαμνηςον H. Steph. enotavit, ab Αειμνηςω leviter diversum: Idem porro Plut. Malign. p 873 D. sive insulsi potius scribae Δεπνιςον pinxerunt, Αειμνηςον utique appellandum. Jam quae in Αειμνηςυ & Αριμνηςυ scriptura librariorum hic &c. 71. discordia, vitiosior alibi in monumentis sepulcralibus. M. Anton. Boldettus Observ. ad Coenat. p. 451. titulum exscripsit hunc: ΞΑΝΘΙΠΠΗΛΕ ΙΜΝΗΣΤΕ ΓΡΗΓΟΡΕΙ & p. 416. ΠΤΟΛΜΑΙΣ. Α. I. ΜΝΗΓΑΙ. ΕΝ ΘΕΩ ΠΑΡΘΕΝΟΣ, & Latine: *Ptolmais A. I. hymnos.*

hymnos perfonabat virgo. Legiſſet ΑΕΙΜΗΣΤΗ *perpetuae memoriae*, Latina utique adpoſuiſſet meliora. At in talibus crebri eius lapſus *Weſſeling.* In hoc forte nomine placebit ſcriptio Arch. Αριμνη-ςυ. quia firmat illam Plut. T. I p. 330. C. τον Μαρδονιον ανηρ Σπαρτιατης οιομα Αριμνηςος αποκτινυσι, λιθω την κεφαλην παταξας. Spartiata, quantum recordor, Arimneſtus nusquam Pauſaniae memoratus; ſed Plataeenſium hoc etiam praelio Imperator ſic illi dicitur IX. p. 718. & Plutarcho in Ariſtid. p. 325. C. quae commendant lectionem Med. apud Herod. infra c. 71. Αριμνηςον ανδρα Πλαταιεα, ubi Αριμνηςον dabant Edd. Plataenſem Λακωνα τον Αριμνηςυ memorat Thucyd III. c. 52. *Valken* Poſt λογιμυ punctum Ald. Cam. I. II. quibus defit comma poſt εοντος.

Μεσσηνιοισι πασι) Arch. defit τε & Vind. Paſſ. Ask., quibus obſequi licebit. ante cum Ald. Μεσσηνιοισι τε. Ceterum Μεσσηνιοι ſaepiſſime Iſocrati & aliis *Weſſel.* Poſt απεθανε comma Ald. Cam. I. II.

ad Cap. LXV.

ετραποντο) Med. Paſſ. Ask. Vind. Arch Ceteri cum Ald. ετραπησαν. Comma poſt το ante εποιησαντο Ald. Cam. I. II.

θωυμα) θωμα Arch. Ask.

παρα της) Med. Paſſ. Ask. Arch. Vind. Valla, περι alii cum Aldo. Poſt Περσεων comma Aldo Cam. I II., in quibus punctum poſt ιρον, comma poſt πλειςοι.

εδεκετο) Iidem omnes: εδεξατο Ald. Pariſ. A. B. comma poſt vocem non habet Ald. Camer. I. II.

ἀνάκτορον) Med. Pass. Ask., ἀνακτόριον Arch. Vind. Brit. Parif. A. B. Ald. Valla. Post ἀνάκτορον punctum Ald. Cam. I. II. Templum *primarium & praecipuum* doctiss. de Pauw, ad cuius formam Δήμητρος Ἐλευσίνης ἱερόν supra c. 56. Notum mihi adprime τὸ σεμνὸν ἀνάκτορον τοῖν θεοῖν Cereris & Proserpinae Athen. L. V. p. 213. 6, verum τὸ ἱερὸν τὸ ἐν Ἐλευσῖνι ἀνάκτορον insolentius. Hesychii ἀνακτόριον, ἱερὸν, congruebat codd. quorumdam voluntati, ac solemnem vocabuli glossam, Herodoto fortasse inculcatam, indicabat. Vide ibi Alberti & Olearium ad Philostr. Vit. Soph. L. II. p. 600. Wessel. Herodotus aliique saepe dixerunt ἱερὸν vel ἱερὸν ἅγιον· & monente Hemsterh. ad Lucian. p. 136, proprie Cereris Eleusiniae templum dicebatur τὸ σεμνὸν ἀνάκτορον τοῖν θεοῖν· sed causam non exputo, cur Nostro scriberetur τὸ ἱερὸν τὸ ἐν Ἐλευσῖνι ἀνάκτορον· mihi potius Cereris templum, quod fuit Eleusine, dixisse videtur τὸ ἐν Ἐλευσῖνι ἀνάκτορον· ut ad Ἀνάκτορον quis interpretamenti loco primum adiecerit τὸ ἱερόν. De quorumvis Deorum Dearumve templis vocem ἀνάκτορον prae aliis Euripides frequentavit in Androm. 43, 1157. Iphig. in Taur. 41, 66. Troad. 15. Jone 55. Sed sacrarium illud a Persis igne violatum ignorasse videtur Aristides, cuius vid. T. I. p. 451. Valken. cuius in sententiam abire placet, praeeunte *Larcherio*, in eam quoque *Degenius* abivit.

τοσοῦτον) τοσοῦτο Pass. Ask.

ad Cap. LXVI.

Post Φαρνάκεος comma Ald. Cam. I. II. ἀρέσκετο) ἤρεσκετο Arch. Pass. Vind. Ask.,

nul-

nullum comma poft ἀρέσκετο Ald. Cam. I. II.
quae id ponunt poft κατ' ἀρχάς.

λιπομένʊ) λειπομένʊ Arch. Vind. Poft ἠνυ
abeft comma Ald. Cam. I. II comma in his poft
των ante ἐςρατηγεε.

εἶχε δὲ δύναμιν — περὶ ἑωυτοῦ) Parentheſi includenda duximus. Poft ὀλίγην punctum Ald.
Cam. I II. comma poft ἑωυτον in iisd. αὐτον
Vind. Arch. Comma poft τα ante ἔμελ. Ald.
Cam. I. II

ἀποβήσεσθαι) συμβήσεσθαι Arch.

ἠε κατηρτισμένος) Med. Paſſ. Ask, ἠγε Arch.
Vind. Brit. Ald. Valla. tum κατηρτημένος aut κατηρτημένως Paſſ. Ask. ora Steph. Infpice Gronovium, quicum non diſſentio. *Weſſel.* ἠγε lectio
bene colorata; ſi modo veniſſet ab Herodoto,
non ab aliis, qui nolebant alterius differri vocularn τῆτος, quia haberet iam aliquid adminiculi. Sed interim optimus MS. habet ἠε. Et
quidquid aliis videatur, id mutari non debuit,
quum opiner, omnino ſic ſcripſiſſe Herodotum,
ut vocula iſta praecedens τῆτος quaerere inferius debeat aliquid, cui innitatur. *Gronov.*

κατὰ τωὐτὸ ἰέναι). κατὰ τῆτο Arch. κατὰ
τωὐτο Vind Ask Paſſ. In Ald. & aliis κατ' αὐτο
ἰέναι πάντας, τῆ, — Scripſi κατὰ τωὐτο, ſcriptis
exemplaribus iubentibus. *Weſſeling.* Pertinet
ad haec praecedens τῆτος — παραγγείλας κατ'
αὐτο ἰέναι πάντας τῆ αὐτος ἐξηγέεται. *Valken.*

αν αὐτοῦ) αν deſideratur in Arch. Pavius
de coniectura ὅκως — ὁρέωσι σπουδὴν ἔχοντα ſimul
ac viderint ipſum magno ſtudio properantem:
neque enim vulgatum ullo Graecorum in ſermonis eſſe commercio. Quid tum vero Aeſchyleo

leo fiet Suppl. 844. Σκσθει — ὅπως ποδῶν. Quid ὡς ποδῶν ειχεν Nostri lib. 6, 116. ὡς ταχεος ειχε 8, 107. & Dionys. Ant. Rom. XI. p. 626. ὡς ειχον ὀργης τε και ταχκς. Heliod. Aethiop. I. p. 23. ὡς ειχε δεσμων, ut vinctus erat, & ibid. p. 56. ελθῶν ὡς ειχε δρομκ. Quorum quidem uberrima passim messis. *Wessel.* Post ϛρατον comma Ald. Cam. I. II.

προτερεων) Arch. Vind. Pass. margo Steph. προτερευων prius ex Ald. προτερεων elegi, quod c. 56 *Wessel* id quoque Koenius vulgato praeferendum censebat, ut Ιωνικωτερον & Herodoteum. *Valken.*

και δη) Ask. Pass Arch. ordine meliore: δη και alii cum Ald. Post Περσας comma Ald. Camer. I. II. idemque post ξυλινον. ξυλινον τειχος Arch. Valla, neque absurde.

ad Cap. LXVII.

εχον) ειχεν Pass. Arch. Ask. Vind. post ολιγην abest comma Ald. Cam. I. II. habent id post μαχεομενοι τε: in Arch. Vind. μαχομενοι. Post Περσαι colon Ald Cam. I. II.

ὅτε ἀποδεξαμενος τι) ὅτε τι ἀποδεξαμενος Arch. Pass. Ask.

ad Cap. LXVIII.

μοι) εμοι Arch. Vind.

ηρτητο) ηρτηντο Arch. Vind. Post ἤτοι abest comma Ald. Cam. I. II.

πριν η και &c.) τοισι πολεμιοσιν εφευγον πριν και συμμιξαι Arch. Post πολεμιοισι abest comma Ald. Cam. I. II.

ἑώρων (

ἑώρων) ὥρων Arch. Vind. Poſt της τε αλλης comma Ald Cam. I. II.

αγχιϛα ευσα) Venit Abreſchio in mentem αγχιϛα ιασα, cui coniectanti ſchedae addicere renuunt. *Weſſeling* Poſt οι μεν & διωκοντες commata Ald. Cam. I. II poſt φονευοντες colon. διωκοντες τε και Ask. nec male.

ad Cap. LXIX.

Εν δε τυτῳ τῳ γινομενῳ φοβῳ) Fuit, cum legerem εν δε τυτω — πονω· arbitrarerque ſimillimum εν τυτω τω πονω L. VI. 114 & VII. 224. Quod quidem utrobique optimum, nec tamen edito probius. Saepe nos blandimentis huiusmodi auferimur, quae, etſi hoc in ſe naturale habeant, ut placeant etiam reiecta, haud raro futilia evadunt. *Weſſeling.*

αγγελεται) απαγγελεται Brit.

αλλοισι) Non eſt in Arch. Vind. & Valla, neque valde neceſſarium videtur.

Poſt οι μεν ante αμφι Κοε. comma Ald. Camer. I. II. idemque in his poſt υπωρεης. υπωρεσης Arch. Vind.

ανω) Omittitur ab Arch. Vind. Poſt Δημητρος punctum, poſt οι δε comma Ald. Cam. I. II. idem poſt Μεγαρεας τε, & poſt Μεγαρεες.

απιοντες) αποδιδοντες Ald Cam. I. II. quod *Weſſeling.* non enotavit.

των Θηβαιων) Omittitur ab Arch. Poſt ιππυς punctum, poſt των & εσπεσοντες δε comma Ald. Cam. I. II.

κατεϛορεσαν) κατεϛωρεσαν Paſſ. Poſt εξακοσιυς punctum Ald. Cam. I. II.

Poſt

Poſt λοιπας comma Ald Cam. I. II. in quibus & aliis κατηρραξαν male. κατηραξαν Arch. Vind. Brit. Perperam arbitror intereſſe, κατηραξαν ſcribatur an κατερραξαν· variabunt hic etiam forte codd., ut apud Thucyd. VII. 6. το αλλο ςρατευμα, νικηθεν υπο των Συρακυσιων κατηραχθη ες τα τειχισματα· ubi ſcribitur in aliis codd. κατερραχθη· ex Herodoto ſumſit Appian in Punic. p. 15, τας δε λοιπας ες τας πετρας κατηραξαν. Demoſth. c. Ariſtocr. p. 430. κατερραξε δ' εις την θαλατταν απαντας, omnes in mare dedit praecipites: illic ex ſcripto κατηραξε proſtat enotatum: una litera ablata κατηραξε potius ſcribendum *Valkenar*. Poſt απωλοντο colon Ald. Camer. I. II.

ad Cap. LXX.

εφραξαντο) εφραζοντο Arch. corrupte.
απησαν) απηεσαν Arch.
ειχον) εχον Arch. Paſſ. Vind. Ask.
οι Αθηναιοι) Articulum negligunt Arch. Brit. Vind. Ask.

ηρειπον) ηριπον Paſſ. Arch., probe ſatis: poſt τη comma Ald. Cam. I. II. in his punctum poſt τειχος, & colon poſt διαρπασαντες. Comma ponunt poſt την Μακεδονιν, & punct. poſt Τεγενται eaedem.

Αλεης) *Agelae Minervae* in Valla, ſed valde aberrante. Vid. lib. I. 66.

εσηνεικαν) εσηνεικαντο Arch. Vind. haud improbe. Poſt βαρβαροι comma, poſt εμεμνηντο punctum Ald. Cam. I. II. εμεμνηντο Paſſ.

αλυκταζον) in margine δυσφορεειν, αγανακτειν explicat Paſſ.

χωρω)

χωρω) ora Steph. Parif. B. C. alii χρονω. Non erit, opinor, qui Codd. auctoritatem averfetur. Quod ex illis venit, vulgato praeftabilius. Angufto exiguoque in loco exterriti ac compulfi Perfae degebant, atque animum, explicare ordines cum non poffent, defpondebant. Vellem maximopere, iisdem in fchedis κατειλημεναι reperiri, quod, me iudice, verius, ut c. 30. *Weffel.* Suum χωρω, adnotatum in Diff Herod. p. 205. recipiet ex codd.; Nofter, qui poetas imitatus ολιγον pofuit επι μεγεθες. In hoc angufto loco πολλοι μυριαδες dicuntur κατειλημμεναι ανθρωπων· ubi Herodoteum dant Codd. κατειλημεναι. Qui fic tenentur, ut elabi nequeant, faepe tamen dicuntur απειλημμενοι, & αποληφθεντες. V. c. 101, οσοι — ενησαν εν τη πολι απολαμφθεντες παντόθεν· IX. c. 50. εν τω Κιθαιρωνι απολελαμμενοι· απειλημμενοι Thucyd. II. p. 100, 89 & V. p. 353, 40. Ulyffes απειλημμενος dicitur υπο Καλυψες Demoftheni Thraci ap. Euftath. in Od. A. p. 19, 27 Harpocrationi αποτετειχισμενος redditur απειλημμενος και αποκεκλεισμενος τω τειχει· vid. T. Hemfterh. in Ariftoph. Π. 935. *Valkenar.*

καταδευσεων τεσσερων) De Reiskio quid dicam? Auget is coniectando καταδευσεων χιλιαδων τεσσερων, τας εχων — Ergone quatuor duntaxat millia Artabazus fugae focia abduxit? Quod quidem Herodotus ita c. 65. infitiatur, ut diftrictius non valeret. Sentio feftinantis hallucinationem. *Weffel.*

Λακεδαιμονιων δε) Tangit haec & miratur Plut. Ariftid. p. 330. E. Poft Σπαρτης comma Ald. Cam. I. II. idemque poft συμβολη.

εις και) deficit και in Arch.

ad Cap. LXXI.

Poſt πεζος μεν & ιππος δε abſunt commata Ald. Cam. I. II.

ἡ Σακεων) ὁ Σακεων Arch. prave. Comma poſt ανηρ δε Ald. Cam. I. II. idemque in his poſt γενομειων & Τεγεητεων, & punctum poſt αποσημηναθαι.

απαντες) παντες Arch. Vind.

ισχυροτατον) ισχυροτερον Paſſ. Ask. Steph. margo: tum προσενεχθησαν Paſſ. Poſt εκρατησαν punctum Ald. Cam. I. II.

μακρω Αριςοδημος) Citat Suidas in v.

τας ἡμετερας) τας εμας Suidas. Poſt ονειδος comma Ald. Cam. I. II.

τετον) τετων ſolus, hac in voce pravus. Med. Poſt Ποσειδωνιος τε, & Φιλοκυων comma Ald. Cam. I. II.

Σπαρτιητης) ὁ Σπαρτιητης Paſſ. Ask. Poſt αποθανειν abeſt comma, quod adeſt poſt λυσσωντα τε Ald. Cam. I. II.

εκλειποντα) εκλιποντα Arch. Vind.

ειποιεν) Arch. Vind. Briſ. Pariſ. B. Ald. Valla. ειποιμεν Med. Paſſ. Ask. quod demiror tantopere probatum, ſiquidem non de ſe, & foret ea profeſſio Hiſtoriarum patri turpis, ſed de Spartanorum ſermone & iudicio, quis virorum illorum laudabilior, haec Herodotus. Ariſtodemi culpam lib. VII. 231. vidimus. *Weſſeling*. Poſt ετοι δε τες comma Ald. Cam. I. II.

των αποθανοντων εν ταυτῃ τῃ μαχῃ) Cenſebat G. Koenius, verba haec hac in ſede minus accommodata, in ſuam facile poſſe reſtitui; ſi hunc in modum paullo collocarentur inferius.

Οὑτοι

Οὖτοι μὲν τῶν ἀποθανόντων ἐν ταύτῃ τῇ μάχῃ ἐν Πλαταιῇσι ὀνομαστότατοι ἐγένοντο. *Valkenar.*

ad Cap. LXXII.

Post Ἑλλήνων colon Ald. Cam. I. II. post ὅς abest his comma.

ἐσφαγιάζετο) Excerpsit Suidas in σφαγιάζειν, hinc, quod Portum & Kusterum fugit, adiuvandus. *Wesseling.*

κατήμενος) Viro docto in Miscell. Lips. Nov. Vol. 8. p. 670. suspectum, egregie tuitus est & explicuit Wesseling. in Diss. Herod. p. 126. *Valken.* Bona omnia sunt. Callicrates, sacris dum operabatur Pausanias, ad arma suo in ordine considebat, more prisca militia non insueto. Eurip. Suppl. 357. παρ' ὅπλοις θ' ἥμενος πέμψω λόγους Κρέοντι, & 664. 674. Commodum Plut. Aristid. p. 329. B. ὡς δὲ θυόμενος Παυσανίας οὐκ ἐκαλλιέρει, προσέταξε τοῖς Λακεδαιμονίοις, τὰς ἀσπίδας πρὸ ποδῶν θέμενος, ἀτρέμα καθέζεσθαι· continuo subdens, Callicratem, dum ista ad arma federetur, sagitta fuisse percussum. *Wessel.*

Post καὶ δὴ & οἱ μὲν commata, post ἐμάχοντο colon Ald. Cam. I. II.

ἐξενηνεγμένος) ἐξενηνεγμένος cum commate Ald. Camer. I. II. quod Wesseling. non annotavit.

ἐδυσθανάτεε) Habet ex h. l. Pollux III. 106.

Ἀριμνηστον) Med. Pass. Ask. Λειμνηστον Ald. Arch. Vind. Brit. Valla Schedis viri nomen Ἀριμνηστον repraesentantibus, robur Pausan. lib. 9. 4. addit, ubi, ὁ δὲ Ἀρίμνηστος ἔν τε τῇ πρὸς Μαρδόνιον μάχῃ — Πλαταιεῦσιν ἡγήσατο. Plut. quoque Aristid. p. 325. F. Quibus autem πρὸς Λειμνη-

Λεμνηςον placet, Thucydides, cui Plataeensis Lacon Λεμνηςβ L. 3. 2, fortasse huius filius, aderit. Adeo iterum anceps viri titulus. conf. c. 63. *Wessel.*

μελειν) μελλειν vitiose Arch. Ask.
χερι) χειρι. Pass Ask

ad Cap. LXXIII.

εκ δημβ) Abest εκ Arch. soli, nec praeter morem, delendumque censet *Larcherius*, ni legere mavis Εως δημβ, ex consuetudine Herodotea. Post Δεκελεων δε comma Ald. Cam. I. II.

και τας Δεκελεας) και non est in Arch Vind. qui deinceps Δεκελεον cum Valla Vulgato accessit Steph. Byz. in Δεκελεια. Post Δεκελεας colon, post οι δε comma Ald. Cam. I. II., quod non habent post Δεκελον.

εξηγησαμενον) εξηγησαμενον Ald. Cam. I II. quod Wesseling non annotavit. Comma post τας ante δη Ald. Cam. I. II.

Τιτακος) Harpocrat. Suidas, & Etymolog. in Τιτακιδαι, discordes in vocis tono, attigerunt. Arch. dat δη τε κακος. Post αυτοχθων comma Ald. Cam. I. II.

απο τατα τα εργα &c.) εν Σπαρτη απο τατα τα εργα Arch. Vind. Pass. Ask post Σπαρτη comma Ald. Camer. I. II. idemque post γενομενον.

σινομενων) σινεομεναν Arch.

απεχεσθαι) αποσχεσθαι Vind. satis bene. Post απεχεσθαι colon Ald. Camer. I. II.

ad Cap. LXXIV.

βαλλεσκετο) βαλεσκετο Vind. poſt πολεμιοισι abeſt comma Ald. Cam. I. II. nec habent poſt επππτοντες, inſerunt poſt ταξιος punctumque ponunt poſt δυναιατο.

εκπιπτοντες) Improbatur, cenſeturque Pavio Reiskioque επιπιπτοντες, εσπιπτοντες, εμπιπτοντες ad rem opportunius. Eadem illis voluntas Scriptori ſi ſediſſet, abiiſſet eas in partes: ſuum maluit, utique, etſi diverſiore intuitu, accommodatum. *Weſſeling.*

δεδοκτο) εδεδοκτο Vind. Arch.

αμφισβατεων) Med. Paſſ. Ask. Alii αμφισβητεων, ut Pariſ. A. B. Arch. Vind. Ald. Vide Suid. in v. & ſupra L. IV 14.

αιει) Ald. Med. Paſſ. Ask. Vind. Arch. Brit., αιει editorum incuria negligebatur. Poſt περι θευσης comma Ald. Camer. I. II. idemque poſt ατρεμιζουσης.

αγκυραν) επισημον αγκυραν Arch Vind. Valla. Laudo Arch. Vallamque, veriſſimum εφορεε επισημον αγκυραν iudicans. Convenit apprime narrationi & Graeciae conſuetudini, qua Laco επι της ασπιδος μυιαν εχων επισημον in Plut. T. 2. p. 234. C. Neque obtrudo tamen, ne interpretamentum, ſi cui tale absque cauſſa videatur, inculcaſſe perhibear. *Weſſ.l.* Recepit επισημον *Larcherius* & *Degen.*

ad Cap. LXXV.

Ευρυβατην) Ευρυβιαδην Arch. Vind. Valla, mendoſe, verior hominis titulus lib. 6. 92. & in Pauſan. I. 29. *Weſſel.* Qui dedit *Eurybiadem*, Valla la reperit in suo cod. quod Galeus obtulit ex Arch. Ευρυβιαδην. Hic vulgatum nomen Ευρυβατης ipse satis tuebitur Herod. VI c 92. ubi Argivus Ευρυβατης, ter victor certamine singulari, υπο τε τεταρτε Σοφανεος τε Δεκελεως αποθνησκει. Herodoto concinit Pausan. I. p. 71. *Valkenar.*

προκλητιος) προβνησιος Arch. Post τυτεων comma Ald Cam. I. II. in queis nullum comma post κατελαβε.

Δειαγρω) Μελεαγρω Arch., in Vallae Latinis *Leargo.*

Δατω) Citavit Steph Byz. Musae numerum prave edens in voc.

μαχεομενον) deest Arch.

ad Cap. LXXVI.

κατεςρωντο) Pollux cum Jungermanni nota IX. 153.

Φαρανδατεος) Φαρναδατεος margo Steph. Arch. Vind. Valla. Post και αυτη comma Ald. Cam. I. II.

και αμφιπολοι) Articulum in his male omissum restituerunt Reiskius & Koenius, και αι αμφιπολοι. *Valken.* Reiskio adsentitur *Wessel.*

των παρευσεων) Med. Pass. Ask. Arch. Brit. Valla, alii cum Aldo εκ των.

Φοινοι εοντας) Φεινησι Arch. εοντας abest ab Med. Pass. Ask. Comma post εξεπισαμενη, colon post ταδε Ald. Cam. I. II.

λυσαι με) ρυσαι Arch. Vind. quibus ferme obtempero. Eum in modum lib. 5. 49 προς θεων των Ελληνων ρυσασθε Ιωνας εκ της δελεσυνης & 9. 89. προετρεπε αυτε ρυσασθαι ανδρας Ελληνας

ύας εκ δυλοσυνης· tum in Epigr. ap. Arist. T. 3.
p 648. Ἑλλαδα πασαν — ρυσαμενοι Δυλοσυνας.
Quae quidem ad verbi usum, ad vulgatum autem, in simili negotio usitatum, praeiudicio damnandum minime. *Wesseling.* Post ανητες τυοδε comma, nullum post απολετας, sed post τας, & δαιμονων, habent Ald. Cam. I. II., in quibus & comma post γενος μεν, colon post Κην.

θυγατηρ δε) abest δε Ald. Cam I. II. in quibus & comma post Ἡγετοριδεω, idemque post ὁ δε.

αμειβεται τοιηδε) αμειβετο ωδε Arch. Vind., prius Ald & Paris A, cum Brit. Vulgatum ex Med. Pass. Ask. & Paris. B. Post θαρσει colon Ald. Cam. I. II.

τυτω) τυτο Arch. & statim και ες cum Vind.

κενυς τυς χωρυς οικημενων) οικημενων Pass. Arch. Vind Ask. Brit. ora Steph. olim οικεομενων, & εκεινυς ex Ald. κενυς Arch. Vind.

ταυτα δε ειπας) ταυτα ειπας Arch. Vind. Post παρεασι colon Ald. Cam. I. II., in quibus commata post υςερον δε, post Αιγιναν, & post ες την.

ad Cap. LXXVII.

επ' εξεργασμενοισι) επεξεργασμενοισι iunctim Ald. & Vind. male. Vid. IV. 165. VIII. 94. conieccerat iam, quod edidimus, *Golshag.*

υςεροι) υςερον Arch. Vind. Pass. Post Λακεδαιμονιοι δε comma Ald. Cam. I. II. idem post οἱ δε, post Μαντινευσι, post ετοι.

τα κατα) τα omittit Arch. commata post Μαντινεας μεν & post Ηλευς Ald. Cam. I. II.

ad Cap. LXXVIII.

Poſt Αιγυνητεων comma, quod non habent poſt Πυθεω Ald. Cam. 1. II.

τα πρωτα Med. Paſſ. Ask. Arch. Vind. Brit. Pariſ B. C., edebatur ex Ald. τα πρωτα Φερων. Saltem dictionis corruptores τα πρωτα Φερομενος, ut poſtulat mos, elegiſſent. Dio Caſſ. lib. 40. p. 136. de Suella Britanno ſive Caſſivelano, τον των τα πρωτα εν τη νησω δυιαςων Φερομενον, Aelian. Anim. XIII. 17, aulopias ex thynnorum genere, ρωμην τε και αλκην τα πρωτα Φεροιτο αν. — Reſecui importuum & ab ſchedis Gronovioque proſcriptum, Φερων. Conf. lib 6, 100. & praeter ceteros Ti. Hemſterh. in Luciani Tim. c. 35. & Xenoph. Epheſ. Miſcell. Obſerv. Vol. V. p. 30. *Weſſel.* Si codd. etiam alijs abeſt Φερων, non repertum in Med, *vir inter Aeginetas princeps* hic dictus videbitur Αιγυνητεων τα πρωτα: quam ſermonis elegantiam his etiam uſus Herodoti pertractavit vir ſummus ad Lucian. T. I. p. 147. Pro Φερων ſi qui codd. darent Φερομενος, Lampon cenſeri poſſet dictus Αιγινητεων τα πρωτα Φερομενος, ut Hermotinum ſcribit Φερομενον 8 τα δευτερα των ευνεχων παρα βασιλει, VIII. c. 101. quod commodum excitat Gronov. Dicitur quis τα πρωτα & τα δευτερα Φερεσθαι, non Φερειν. Lucian. T. 2. p. 115. οἱ αμφ' Αριςιππον τε και Επικερον τα πρωτα παρ' αυτοις εφεροντο: dediſſe videtur Eunapius in Jambl. p. 21, Ανατολιω τω μετα Πορφυριον τα δευτερα Φερομενω. Moſchus Eid. III. 57. μη δευτερα σειο Φερηται. Callim. H. in Del. v. 4. Δηλος δ' εθελει τα πρωτα Φερεσθαι Εκ Μεσεων. *Valken.*

-ὸς

ad conflit. lect. Herodot. integritatem. 231

ὁς ἀνοσιωτατον) Quid? si legas ὁς ἀν ὁσιωτα-
τεν. Nam consilium eius, tantum abest, ut in-
fandissimum dici iure queat, ut nihil aequius
videri possit. *Goldhag.*

ιετο) ικετο Arch. Vind.

ταδε) Med. Pass. Vind. Ask. Brit Ald. in
quo colon post vocem, deerat editorum socordia ταδε. Comma post μεγαθος τε, post Ελ-
λη:ων & των Ald. Cam. I. II.

ποιεων) ποιεειν Ask. Brit. Vidi ad marginem
Aldinae docti viri manu, μη υπαρχων — ποιεειν,
quorum ultimum in Ask.; sed eius opera supervacua, Noster lib. VII. 8, 2 οι γε εμε και πατερα
τον εμον υπηρξαν αδικα ποιευντες· quibus compa-
ria Valken. ad Eurip. Phoen. p. 533. conduxit
plurima. *Wesseling.* Comma post κεφαλην Ald.
Cam. I. II.

ανεσαυρωσαν) εσαυρωσαν Arch. Vind. comma post τω ante συ Ald. Cam. I. II. idemque
post εξεις.

υπο παντων Σπαρτιητεων) Pass. Ask. Arch.
Vind. sine articulo των, quot amplector. Σπαρτιητεων παντων. αυτις δε Ald. Cam. I. II. in quibus colon post ταδε.

ad Cap. LXXIX.

Colon post τοισδε Ald. Cam. I. II. comma
in his post ευνοειν τε.

αγαμαι) αμα και Brit. absurde. comma post
πατερην Ald. Cam. I. II. in his colon post ακυσε-
σθαι, comma post τα, & post ποιεειν, punctum
post Ελλησι.

και εκεινοισι) Pass. Ask., alii cum Ald. κα-
κεινοισι. post αρεσκεται punctum, nullumque
com-

P 4

comma post μοι & post τῳ Ald. Camer.
I. II.

Comma post τετιμωρησθαι in iisd.

τωνδε) τῃσι τωνδε Pass. Ask. Vind. & Steph.
ora, quod aliorum arbitrio relinquitur a *Wesseling*.

οἱ αλλοι οἱ εν) οἱ εν Θερμοπυλῃσι τελευτησαντες Arch.

ετι) deest Arch.

εμοιγε) εμε, μητε συμββλευσῃς, Arch. Vind.
quorum ultimum & Pass. Ask.

τε ισθι) ισθι τε Arch. Pass. Ask.

ad Cap. LXXX.

Abest comma post ποιησαμενος Ald. Camer. I. II.

εκελευε) εκελευσε Arch. Vind. Comma post χρυσῳ Ald. Cam. I. II.

Post επιχρυσες comma., post επαργυρες
punctum Ald. Cam. I. II., in queis comma post
καὶ φιαλας τε, & post εκπωματα colon. καὶ ante
φιαλας desideratur in Pass. Ask.

Colon post ευρισκον. Ald. Cam. I. II.

ενεοντες) εοντες Pass. Ask. comma post χρυσεοι τε Ald. Cam. I. II.

ψελια τε) Arch Pass., antea ψελλια. Vid.
lib. 3. 20. 4. 168. post τε comma Ald. Camer. I. II.

ακινακεως) Arch. quomodo saepissime: in
Ald. & aliis ακινακας, comma post χρυσεες Ald.
Cam. I. II.

εγινετο ηδεις) εγινετο ηδε εἰς Arch. Vind. post
ηδεις punctum Ald. Cam. I. II. in his comma
post

post κλεπτοντες, punctum post ειλωτες, colon post εγενοντο, abest comma post χρυσου.
ειλωτων) ειλωτων. Ask.

ad Cap. LXXXI.

οφιος) Arch. Vind. Ask. οφεως antea. post βωμε comma Ald. Camer. I. II. itemque post ανεθηκαν.

εξεγενετο) εγενετο Arch. Vind., fortasse verius comma post vocem Ald. Cam. I II. idemque post διαιρεοντο. post εκαςοι, & post των, punctumque post εσαν. comma post χρηματα τε, colon post εδαμων.

τε και εδοθη) tria ista omittit Arch. comma post τε, punctum post εδοθη Ald. Camer. I. II., in quibus cola post γυναικες &c. commaque post αυτως.

ταλαιτα) An legendum αμαξας an αρματα? *Goldbag.* sed sine necessitate.

τα αλλα) Arch. & Vind. loco Aldini τ' αλλα.

ad Cap. LXXXII.

κατασκευην) παρασκευην & iterum, Athen. haec describens & multa mutans L. IV. 6. p. 138.

παραπετασμασι) πετασμασι. Ask. tum κατασκευασμενην Vind.

αρτοκοπες) αρτοποιες Athen. quae duo saepe permutantur in codd. Ut apud Herod. alibi quoque iunguntur αρτοκοποι & οψοποιον, multa notantur ad Th. Mag. in Αρτοκοπος dubium, quid scripserit Plut. T. II. p. 401. E. *Valkenar.* Post αρτοκοπες comma Ald. Cam. I. II. idemque post κατα ταυτα, post χρυσεας & αργυρεας.

ευ εϛρωμενας &c.) Absunt septem hae voces Arch. & Ald.; ευ defit & Athen.

γελωτι) γελωτα Arch.

τ8ς εωυτ8 διηκον8ς) τοις εαυτ8 διακονοις Athen. Comma post γελασαιτα Ald. Cam. I. II. quod post Παυσανιην abest.

- ες εκατερην) Non legitur ες in Arch. Vind., in Athen εκατερ8 των δειπνων. Post παρασκιυην punctum Ald. Cam. I. II.

τ8δε τ8 Μηδων) Defit Arch., qui Μηδ8 ηγεμονος; quorum postremum in Pass. Ask. Vind. Athen. ora Steph. & Valla. Antea βασιληος ex Aldo. Placeret τ8 Μηδ8 ηγεμονος ex Arch. modo plures iuberent libri. Alterum dubio caret. *Wesseling.*

οιζυρην) ταλαιπωρον Athen. de scholio & supra ως ημας. Post Eλληνων colon Ald. Cam. I. II.

ad Cap. LXXXIII.

μετα ταυτα) Negliguntur haec duo ab Askew. nulla caussa; vid. c 84. & L. VII. 33. Post χρυσ8 comma Ald. Camer. I. II.

επι τ8τεων) Hoc paullo impeditius & salebrosius. Si esset εφανη δε και τοδε υϛερον ετι τ8τεων — tum postea demum, nudatis carne cadaveribus, apparuisse τοδε, sive id, quod de cranio sine sutura & de maxilla proditur, sententia declararet. Et sic doctiss. Abresch. *Wessel.* quocum *Larcher.* iure optimo sensit. Post σαρκας punctum Ald. Camer. I. II. quae post χαρον comma habent.

ραφην) Indicavit Pollux II. 37.

ανα) Med Pass Ask. Parif A., alii cum Ald. επανω. comma post τε οδοντας. Ald. Camer. I. II.

τ8ς

τϦς γομφιϦς) Abeſt τϦς Paſſ. Brit. Arch.
ad Cap. LXXXIV.

Επει τε δε) επει δε Vind. επι δε Arch.
δευτερη) non eſt in Ask.
ηφανιςο Med. Paſſ. Ask. Arch. Vind. antea cum Ald. ηφανιςαι.

ὑπο τευ) Arch. Vind. ὑπ' ὁτευ Paſſ. Ask. Brit. ὑπ' ὁτευ Ald. denique ανθρωπϦ Arch., placuerunt priores. Vid. lib. 6. 5.

ειπαι) ειπειν Arch. Paſſ. Ask. ſupra quoque. Poſt εργον punctum Ald. Cam. I. II.

Poſt ὑπελομενος τε comma Ald. Cam. I. II. ὑπονοϦμενος Arch.

φατιν) φατις Arch. & Διονυσοφανης cum Valla, antea cum Ald. Διονυσιοφανης. Poſt Εφεσιος abeſt comma Ald. Cam. I. II., in queis comma poſt ὁ μεν.

ad Cap. LXXXV.

διειλοντο) διειλαιτο Arch. Vind. mox εθαψαν Ask. poſt ἑωϦτων abeſt comma Ald. Camer. I. II. habent comma poſt Λακεδαιμονιοι μεν, colon poſt θηκας.

τϦς ιρεας) Suum etiam in expeditionibus habebant μαντιν, qui per extiſpicinam Deorum mentem ſcrutaretur; ſed nusquam alibi, opinor, in hiſtoria Graeca Spartiatae memorantur ιρεας, ſacerdotes, qui praeliis interfuerint. Viſus mihi ſemper eſt Herod. aliam hic primitus vocem poſuiſſe; ſed quaenam illa fuerit, mihi quidem non liquet. Memoratur in Gloſſar. Herod. Ειρην· quibus alibi nusquam locus eſt in Muſis, hic Grammaticum legiſſe ſuſpicabar in ſuo cod.

ιρενας & paullo post ιρενες. Coniecturam memorare dignatus est Wesseling in Diss. Herod. p. 206, & removit difficultatem, quae opponi posset. Neutrum fortasse, nec ιρενας, neque ιρεας, sed scripsisse potius alicui videbitur Herod. ιππεας, & οι ιππεες, quia distinguuntur a ceteris Spartiatis, Nostro autem memorantur VIII. c. 124. τριηκοσιοι Σπαρτιητεων λογαδες, οιπερ ιππεες καλεονται. Valkenar. Acquiesco in elegantissima Valkenarii, ιρενας sine ειρενας corrigentis, coniectura, eoque promtius, quod λεξεων Ἡροδοτȣ collector vocem hic invenisse videatur. Eadem mens Pavio sic commentanti: Locus est depravatus & sacerdotem requirit, qui thure & offa piationem faciat; quo certe officio ego nunc fungor hic, qui inter Divae Criticae sacerdotes fortasse locum aliquem mereri possum. Scribe, & scribe emendatione certissima, ενθα μεν τȣς ειρενας εθαψαν — & similiter statim post, εν μεν — εσαν οι ειρενες. Plutarch. audiendus est in vita Lycurgi p. 50. D quo nemo melius ειρενας nobis depinxit: Ειρενας δε καλȣσι, τȣς ετος ηδη δευτερον εκ παιδων γεγονοτας. — ȣτος ȣν ὁ ειρην, εικοσι ετη γεγονως, αρχει των ὑποτεταγμενων εν ταις μαχαις. — Quid censes? quidquamne certius aut accommodatius? Ειρενες erant ordinum ductores, hos in uno tumulo tumularunt una cum quatuor illis praestantissimis Heroibus Quae, quantumvis pluscula, placuit describere, ut confidentiae & dictionis genus viri iuvenis, nam admodum adolescentis sunt, in obscuro ne maneret. Wessel. ειρενας quoque probavit recepitque Larcherius, sequente Degenio.

και

ad conflit. lect. Herodot. integritatem.

καὶ Ποσειδώνιος) defit καὶ Arch. Vind. Commata poſt των, poſt Ποσειδωνιος, poſt ιςων, & Φιλοκυων τε Ald. Cam. I. II. in iisdem colon poſt ιρεες, punctum poſt Σπαρτιητών.

ήτοι μεν ήτω) ήτω μεν ήτοι εθαφθεν Arch. Valla.

εθαπτον) Med. Paſſ. Ask., ceteri εθαψαν interferunt, neque illi perperam.

παντας αλεας καὶ) tria haec non legit Arch. Poſt Μεγαρεες τε, & poſt δη παντων commata Ald. Cam. I. II. idemque poſt αλλων.

των δη αλλων — ταφοι) Haec decem neglexit focors Arch. fcriba: Plutarch. Malign. p. 872. F. defcripfit. Poſt τυτυς δη abeſt comma Ald. Cam. I. II. neque habent poſt πυθανομαι. Ablegatam hinc longiſſime cupiunt voculam, ὡς, ficuti & L. II, 8, nullo iure, uti admonitum ibi. *Weſſel.*

επαισχυνομενυς) αισχυνομενυς Plut επαισχυνομενυς Arch Vind. Brit. Pariſ. A. B. Ald. απαισχυνομενυς Med. Paſſ. Ask. quod recipi non debuerat a Gronovio, fanequam intolerabile, atque Plutarcho multisque aliis damnatum. Attigit non absque cenfura Abrefch Dilucid. Thucyd p. 6 *Weſſel.* απαισχ. non alibi repertum hinc etiam ciicietur, reſtituto, Herodoteo επαισχυνομενυς. *Valkenar.*

τῃ απεςοι) forſaſſe ſuo more fcribendi poſuerat τῃ απεςυι· vid fupra notata P. 42 *Valken.* αποςοι της μαχης εγενοιτο εκαςυς Arch.

χωματα χωσαι κεινα) Suidas in χωματα attigit. Tum κεινα Plut Vind. Arch. Ask. Pariſ B. olim ex Ald. κοινά. Multo plauſibilius & veritati adfinius κεινα. Aliorum fepulcra caeforum cada-

cadavera habebant recondita, erantque adeo τάφοι πληρεες. Contra ea κεινα vacua & inania, quae deinceps fuerunt aggesta, meraque adeo cenotaphia. Atque haec Scriptorem voluisse, res clamat, agnita a Galeo & D'Orvillio ad Charit. p. 47. & quis in tanto codd. scriptorum consensu haesitaret? *Wesseling.*

ἕνεκα) ἕνεκεν Vind. Arch. Pass. Ask. levi discrimine. Post ταφος colon, post τὸν comma Ald. Camer. I. II. abest comma post μετὰ ταῦτα.

Αἰγινητεων) των Αἰγινητεων Pass. Ask.

Κλεάδην) Ἀλεάδην Med. Ask. Pass. vicinia literarum A. & K. lapsi. Praeter alios contra venit Plut. Malign. p. 873. A. ubi Κλεαδας ὁ Πλαταιευς. *Wessel.*

αυτων) Arch. Vind. Pass., rectius opinor; ἑωυτων alii cum Ald. vid. VII. 5.

ad Cap. LXXXVI.

ςρατευεσθαι) Arch. Vind. Ask. Brit. Paris. A. B. Ald., quod pelli non oportuerat: ςρατευειν Med. Pass.

ἐξαιτεειν αὐτεων) Quia mox sequitur, ἐν πρωτοισι δε αὐτεων, vere mihi Koenius correxisse videtur, ἐξαιτεειν ασεων τὰς μηδισαντας· ασεων. Jonico flexu legitur infra c. 93. Idem vitium a viris doctis saepe sublatum, velut a Leopardo Em. l. c. 16. Is. Vossio ad Melam II c. 3. Jo. Piersono Verisim. p. 38. hic illic veterum scriptis etiam nunc inhaeret: in fragm. Orat. Isaei apud Dyionys. Hal. T. 2. p. 176, 28. scribendum: ὅτι ἡ μητηρ ἀςη τε ἐςι, καὶ ὁ πατηρ·

&

& v. 39, ην ετοι ομολογωσιν αςην ειναι, pro volgatis αυτη & αυτην. In Epicharmi loco apud Diog. Laert III. 16. procul omni dubio corrigendum: nihil mirum, αιδανεν αςοισιν αςες. Reliquit mendam Grotius in verſu Moſchionis, excerpt. e Stobaei Eclog. p. 147, αὐτη δ' επυργωσαντο· urbes poſtulare ſententiam Poetae unicuique patebit attendenti, atque adeo etiam reponendum, αςη δ' επυργωσαντο, και περισκεπεῖς Ετευξαν οικες. *Valkenar* cui adſentimur. Poſt μηδισαντας punctum Ald. Cam. I. II.

απο της πολιος — εξελωσι) deſiderantur iſta ſex in Arch.

Poſt απικομενοι comma, idemque poſt ετα‍μνον Ald. Cam. I. II.

προσεβαλλον) προσεβαλον Arch.

ad Cap. LXXXVII.

Abeſt comma poſt Και Ald. Cam. I. II.

οινομενοι) οινεομενοι Arch. Poſt ταδε punctum Ald. Cam. I. II., quibus abeſt comma poſt Ελλησι.

η εξελωσι) Med. Paſſ. Ask. Vind. Arch. Pariſ. Brit. Alii cum Ald. πριν η.

αυτοισι) non eſt in Arch

πλεω) Omittit idem, qui & αναπλησῃ cum Med. Paſſ. Ask. Ceteri cum Aldo ανατλησῃ.

ει μεν) ην Arch. Vind

εξαιτεονται) εξαιτεωνται Arch. Vind., haud quidem prave.

ε δη) ε δε Ask. Poſt παρεξομεν punctum Ald. Cam. I. II.

ad Cap. LXXXVIII.

Colon poſt αςεος Ald. Cam. I. II.

αυτȣ) non novit Arch. poſt απαχθεντας comma Ald. Cam. I. II. idemque in his poſt ανδρος, & τȣς, & poſt οι μεν.

επεποιθεσαν) επεποιθεσᾶν διωσασθαι. Arch. Vind. prius etiam Edit. Genev. 16 8. επιπειθεσαν Ald. Pariſ A. Brit. επεποθεον Med. Paſſ. Ask. Divinationem Aem. Porto, audacter abs Genevenſi editore inſertam textui, veram ſchedae praeſtant. Itaque de Aldino & nupero επεπυθεον, alibi inviſitato commentabor nihil. *Weſſel.*

την συμμαχων) την των συμμαχων Ald. Camer. I. II. in iisdem poſt απηκε colon, & poſt Κορινθον comma.

γενομενα) Arch. Paſſ. Vind., commodius quam γινομενα Ald. & aliorum.

ad Cap. LXXXIX.

εγινετο) εγενετο Arch. Vind. Ask.

επι τε) επει τε ex errore typorum Ald. Camer. I. II.

αναιρωτευν) Ask. Vind. αναιρωταν Arch. Paſſ. in aliis ανηρωτευν. Poſt ο δε Αρταβαζος abeſt comma Ald. Cam. I. II.

εθελοι) εθελει Arch. Vind. ειπειν iidem & Paſſ. Ask.

αυτος τε) ωὐτος τε Ask. poſt απολεσθαι comma Ald. Cam. I. II.

οιετο) ωιετο Paſſ. Ask. Brit. poſt ταδε punctum Ald. Cam. I. II., ſed nullum comma poſt εγω μεν.

κατα την ταχιςην) καταταχιςα Arch. κατα ταχιςην Paſſ. Ask., tum Arch. ἑλων, uti Med. Paſſ.

Paff. Vind., ελθων Ask. Brit. ελθειν Ald. Laudatore Gronovio recte hoc ἑλων ἐς gloriatur. ἐξ ὅτε βασιλευς Καμβυσης ηλασε ἐς Αιγυπτον L. III. 63. Weffel. poft Θρηϊκην colon Ald. Camer. I. II. abeft comma poft εχω.

Poft Μαρδονιος abeft comma Ald. Cam. I. II. quod pofitum in his poft αυτȣ

ὗτος κατα ποδας) ευθυς κατα ποδας Herodotum dediffe fufpicabatur Koenius, tefte Valkenario, quod nobis quoque perplacet.

ἐμευ) Med Paff. Ask., μȣ, quod Arch. non habet, alii cum Ald.

τȣτον και ξεινιζετε) Med. Paff. Arch. Vind. Ask., και deerat Ald. &c.

ὑμιν) ἡμιν Ald. Cam. I. II. in queis & comma poft ποιευσι.

Θρηϊκης) Θρηκης Arch. Ask. & iterum.

Θρηϊκων τε) τε non legitur in Ask. Paff. Comma poft συξαντας Ald. Cam. I. II.

αυτος) ὗτος Arch. Vind.

ad Cap. XC.

Poft ἡμερης comma Cam. I. II. in quibus & Edd. συνεκυρυσε ex errore typographi. Vulgatum habet Arch. Paff. Ask.

Μυκαλη) Μυκαλλη Arch. Mox επει γαρ δη eleganter Paff.

ἐκατεατο) κατεατο Paff. Ask. Brit. fine augmento. vid. lib. III. 144.

Θρασυκληος) ὁ Θρασυκλεος Arch. Vind. pofterius & Ask. Poft Περσεων comma Ald. Camer. I. II.

Θεομητορος) Θρομητορος Arch. Θεομητορες Med Ask. prave. vid. lib. 8. 85. In fuo cod.

Appar. Herod. Vol. V.   Q   Val-

Valla reperit Θεομνηςορος. In Med Gronov. Θεομητορος. Sed ut hic, supra 8. 85. idem ille dicitur Θεομηςωρ, ubi narratur, quam ob caussam
Sami tuerit a Persis tyrannus constitutus *Valken.*
Comma post sequens τοι Ald. Cam. I. II.

οἱ Πεσσαι) duo illa non novit Ask. Post
πολλα comma, post παντοια punctum Ald. Camer. I. II.

αποςητονται) Arch Ald. αποςητωνται alii.
Ecce iterum negligentiae specimen. Veritatem,
quam sollertissimi viri, Aldus & Camerarius, te-
nuerunt, insecuti neglexerunt omnes. Tan-
tumne molestiae eos inspicere? praesertim cum
illam verbi formam res ipsa postularet. Eadem
in proximis socordia. *Wesseling* Post ὑπομενεωσι
punctum Ald. Cam. I. II.

ὑπομεινωσι) Med. Pass. Ask Arch. Vind Ald.
perperam postea ὑπομηνωσι. Sequens ἀν negligit Arch.

νηας) νεας Arch. Vind. post εναι comma
Ald. Cam. I. II.

προαγοιεν) προαγαγοιεν Arch. Vind. tum
ἑτοιμοι εναι εν τῃσι νηυσι τῃσι id. & Pass.

ad Cap. XCI.

και κατα Abest και Arch. Ceterum *Eutyhi-
dei* supra & deinceps Valla, male. Comma nullum post συντυχιην Ald. Cam. I. II.

το ονομα neque hoc legit Arch. & Vind.
Comma post ὁ δε Ald. Cam. I. II. quae colon post
ωτε ponunt.

ὡρμητο) ὁρμητο Arch. & Vind., non ὡρμητο, ut plures.

Hys-

Ἡγησιςρατον) Ἡγησιςρατον Arch. Valla, antea Ἡγησιςρατυ cum Ald. — Vid. L. VIII. 114. ubi Aristophanenm Δεχυ τον αιθρα, και τον ορνιν τυ θευ stabilire τον Ἡγησιςρατον Arch. videtur. In hominis nomine, *exercitus ductore*, bonum omen erat. *Wessel.* Non, quod vulgatur, τον Ἡγησιςρατυ, sed τον Ἡγησιςρατον Galeus exhibet ex Arch., neque aliter legit Valla. Hoc si Herod. adiecit, scripsisset potius, me iudice, δεκομαι οιωνον τον Ἡγησιςρατον· *velut omen accipio nomen Hegesistrati*: ut paullo post dicitur οιωνον τε υνομα ποιευμενος· in Plauti Pseud. II, IV. 22. χαρινον οιωνον ποιω. Eurip. Phoen. 865. Οιωνον εθεμην καλλινικα τα σεφη. sed e vicinis notissimum forsan ab alia manu nomen fuit adiectum Hegesistrati, ab Herodoto autem scriptum, δεκωμαι τον οιωνον, ω ξενε Σαμιε. Romanorum illud, *accipio omen*, sic solet Graecis simpliciter dici δεχομαι τον οιωνον, sive τον ορνιν· την κληδονα· το μαντευμα· το χρησθεν — *Valken.* Nos Arch. & Vallae Ἡγησιςρατον recipiendum duximus. Post Σαμιε punctum Ald. Cam. I, II. in his comma post πισιν.

ὁκως) lego ὁρκυς, & post πισιν interpono πριν η. Neque tamen haec mutatio necessaria. *Goldhag.*

η μην) η μην & μη μην formulae iurandi affirmativae & negativae, pro quibus Jones η μεν & μη μεν, Gregorio Corinth. teste, usurpari solebant. Quare, η μεν hic emendandum censuit *Larcherius*, librariis tribuens η μην.

προθυμυς) Pass. Ask. Arch. Vind. ora Steph. Valla; προθυμως alii conf. c. 60.

ad Cap. XCII.

Post οἱ μεν comma Ald. Cam. I. II.

πλεειν) Med. Paff. Ask. Arch. Vind. Valla; ποιεειν prius ex Ald. τον Ηγησιςρατον non hic norunt Arch. Vind. Valla. Post ποιευμενος colon Ald. Cam. I. II. sed nullum in his comma post Ἐλληνες.

εν Ιωνιω) Ιονικω Arch. Valla. τω Ιωνιω Ald. Cam. I. II. quod rectum putamus.

ad Cap. XCIII.

Τετε) Τε Arch. Vind. quod non aspernor.

εςι εν τη) Attigit haec Eustath. ad Hom. p. 1717. 44. Post ταυτη comma, post πρεσβυτα colon, post τα comma Ald. Cam. I. II. quae punctum post ποταμοι ponunt.

Λακμαιος) Λακμενος Arch.

Ωρικον) Spectavit Eustath. ad Dionyf. v. 389. Post ανδρες comma Ald. Cam. I. II.

γαρ) τε Arch. Post ταυτα abest comma Ald. Camer. I. II. in queis colon post τινος

απο) deest in Brit. Post αφαιρημενος comma Ald. Camer. I. II.

την Φυλακην) Omittunt Paff. Ask.

επηισε) επησε Ask. επεισηε Arch. quod ex Reuchliniana ortum videtur pronunciatione.

εφραζε) εφραξε Arch. & mox ενιω loco εν νοω.

αλλ' ως) ως δε επυθοντο Arch.

υπο δικαςηριον) Med. Paff. Ask. Arch. Vind. Paris. B. Alii cum Aldo ες το δικαςηριον. Aliis paffim dicitur υπαγειν εις δικην & εις δικαςηριον ut hic olim legebatur ες το δικαςηριον; optimo tamen consilio Gronov. ex Med. cod. reposuit

υπε

ὑπο δικαςηριον· quippe Herodoteum: ὑπο δικας֯ηριον ὑπαχθεις exſtat lib. VI. 72, & ὑπο reperitur in eadem locutione VI. c 81, 105, & 136. ubi Xanthippus Miltiadem θανατῳ ὑπαπαγων ὑπο τον δημον εδιωκε. Pro απηγον ſcribendum ὑπηγον θανατῳ in Xenoph. Hellen. V. p. 333 27. *Valkenar.* poſt κατεκριναν abeſt comma Ald. Camer. I, II.

κατακοιμησαντα) Conſentiunt ſcripta exemplaria, atque iterum proxime. Rectius tamen cum Reiskio κατακοιμισαντος την Φυλακην· id enim, ubi vigiliae dormiendo transmittuntur, ſuum ſibi locum capeſſit. Aelian. de Animal. III. 13. Grues ὑπερ τῦ μη κατακοιμισαι την Φυλακην, ιςασι μεν ασκωλιαζῦσαι, ne vigiliae tempus edormiant, alternis pedibus nituntur, & L. I. 15. πρoτιμοτερον τροφης και πρεσβυτερον το μη κατακοιμισαι την Φυλακην. Quod alibi την Φεϋραν ῦ κατανυςαζειν ſcribit. His autem prope vicinum ὑπαγαγοντες μεν ὑπο δικαςηριον Herodotei moris eſt. Alii aliter, de quibus Ruhnkenius ad Timaei Lex. p. 188. *Weſſeling.* Qui ſomno ſopitus ovium neglexerat cuſtodiam eleganter dicitur κατακοιμισας την Φυλακην· nam pro κατακοιμησαντος recte mihi reſcripſiſſe Reiskius videtur, και κοτε αυτῦ κατακοιμισαντος την Φυλακην, & deinceps, ὡς την Φυλακην κατακοιμισαντα· idem illud vel hinc ſumtum, vel ex ipſo Hecataeo praebet Aelianus de N. Anim XIII. 22. *Valken.*

καρπον) Praeteriit hanc vocem Arch., ſed adi III 65. Idem deinceps προβατα δε cum Vind. & Valla, qui *pecora* verterat, expreſſo; quod ſcriptus illi liber oſtendebat. Conſimile in Arch. & Vind. errorum P. Leopard. Emend VIII. 1.

& Palmerius iudicarunt. *Wesseling*. Post Δωδωνη comma Ald. Cam. I. II. in quibus post εγενετο colon.

εγενετο) Arch. & Vind., quod melius quam εγινετο Ald. & aliorum.

επειρωτευν) επειρωτων Ask Arch. επορωτευν Ald. &c επειρωτευν correctio Reiskii postulat. *Wessel.* Post οι δε & εφραζον commata Ald. Camer. I. II.

εκεινω) abest Arch. qui τιμωρεοντας prave, & δωσειν cum Pass. Commata post δωσι & των Ald. Cam. I. II. in his commata quoque post ταυτας & τας & post εληται, eademque post τοιαυτην & post την in iisdem.

ad Cap. XCIV.

αςεων) αςων Ask ut supra. Post εποιευντο comma Ald. Cam. I. II.

ειρωτεον) Arch. Pass. Ask. Vind. Alii cum Ald. ηρωτεον. Abest comma post ελοιτο Ald. Cam. I. II. commata in his post δωσειν & των, sed nullum post ειλετο, habent autem id post αγρυς, & Απολλωνιη, itemque post την.

τη πολι) abest articulus Pass. Post πολι colon in Ald. Cam. I. II.

επηβολος) επιβολος Arch. Post ειναι punctum Ald. Cam. I. II. Comma in his post και ο μεν & punctum post υπολαβοντες.

τοι) τε Arch. male. Colon post γενομενα, comma post ο μεν Ald. Cam. I. II. quae comma post ταυτα non ponunt, neque post λογον, sed habent post τα ante ειλετο.

ονομαςος) ονομαςον Arch. post γενεσθαι colon Ald. Cam. I. II.

ad

ad Cap. XCV.

δη ὁ) duo haec non leguntur in Arch. αγοιτων) αγαγεντων Arch. Vind.

εςγα) εςγω Ask. επιων την Ελλαδα. *Graeciam obiens*. Reiskius ex fuspicione plautibili, si scripti codd. adstipularentur. *Valkenar.* Quam cum Larcherio, vel sine codd. recipiendam censemus. Deiphonus enim nunquam, pretio conductus, contra Graecos vaticinasse videtur.

ad Cap. XCVI.

Post Σαμον colon Ald. Cam. I. II.

Καλαμισοισι) Λαμιοισιν Arch. Valla neglexit. — Alexis Samius, ap. Athen. Deipnos. XIII. c. 4. p. 572. F. Veneris hac in insula templum memorat, dictum εν Καλαμοις, unde locum in insula fuisse patet, Καλαμοι appellatum. Ex quo Larcherius εν Καλαμοισι emendandum censuit, quam doctissimi Herodotei interpretis emendationem ad certitudinem quam proxime accedere putamus. Post οι μεν comma Ald. Camer. I. II. ορμησαμενοι Pass.

ες ναυμαχιην) Med. Pass. Ask. Arch. Vind. Paris. B. Brit, antea ex Ald. ως ες ναυμ. Exterminavit *Wessel.* ως, alioqui haud intolerabile, addi quippe & omitti solitum c. 97, Codd. conspirante imperio: non item απεπλεον, ad sententiam necessarium. Poterat utique, si quid prae se incommodi ferret, ex cap. seq. επιπλεον lenissima fingi medicina. Geminum lib. 8. 74. ως ες την Πελοποννησον χρεων ειη αποπλωειν *Wessel.* Omissam in Med. voculam ως, si praebent alii codd., sede non moverem, qua aptissime haeret:

ret': παρεσκευαζοντο ὡς ες ναυμαχιην· ut Xenoph. Hellen. II. p. 207. 33. παντα παρασκευασαμενος ὡς ες ναυμαχιαν· p. 269. 4. ὡς ες πολιορκιαν παρασκευαζειν την πολιν· Thurcyd. VI. 67. παρεσκευαζοντο ὡς ες μαχην· idem faepe dicitur ὡς επι ναυμαχιαν. Valkenar.

νηας) νεας Arch. Ask., etiam fuperius. Poft αλλας colon, poft Φοινικων comma, idemque poft σφι Ald. Cam. I. II.

απεπλεον) hoc verbum abeft ab Med. Paff. Ask., comma abeft Ald. Cam. I. II. conf. Weffelingii annotat. proxime praecedens.

Μυκαλη) Μυκαλην Arch. femper. Comma poft τε ante πληθος Ald. Cam. I. II.

πληθος) πληθεος Arch. μεν ην εξ Ald. Camer. I. II.

ὑπο τετον) Med. Vind. Paff. Ask. Arch. Parif. B., prius επι. Poft ςρατον comma Ald. Camer. I. II.

οἱ τε ναυτικε ςρατηγοι) Abfunt quatuor haec Arch. qui perperam mox ερημα των.

ad Cap. XCVII.

Comma poft βελευσαμενοι, colon poft ανηγοντο Ald. Cam. I. II. in his comma poft τη ante Δημητρος.

ιρον) εςιν ιρον Arch. Vind. Comma poft το ante Φιλιςως Ald Cam. I. II. nullum poft ιδρυσατο, fed adeft poft Κοδρε.

επισπομενος) επισπομενε Med. Paff. Ask male, melius Euftath. ad Dionys. v. 823. citans.

κτιςυν) Sic edit. Genev. 1618. Arch. Vind. Med. Paff. Ask., κτισην Ald. επι την Μιλητε κτισιν; velut Herodoteum, legitur apud Euftath.

in

in Dionyſ. 823. qui finceram nobis formam κτιςυν ſervavit ad Hom. Il τ. p. 1245. 40, quam
illinc Herodoto iam reſtituit Portus: alia huius
moduli ſupra proſtant P. 42. Ad κτισυν accedit
Heſychii Δωμητυς, κατασκευη. Eidem Θραςυς &
σκεψις, ευνρια· apud Suidam αΦραςυες ſunt αουν-
εσιαι. ad Heſych. quaedam notata ſunt in αποδα-
ςυς. σωΦρονιςυος. miror, apud Platonem reperiri
T. 2. p. 139. E. *Valkenar.*

και λιθων) και abeſt Arch., poſt λιθων comma Ald. Cam. I. II.

νικησοντες) νικησοντες επ' αμΦοτερα. ſic Ald.
Arch. Vind. Pariſ. A. B. & priores editi, non
item Valla, quam diſtinctionem Reiskius laudat,
& praefert, neſcio cur? *Weſſel.* Poſt επιλεγομενοι
γαρ comma Ald. Cam. I. II.

παρεσκευαδατο) παρεσκευαζοντο margo Steph.
Arch. Vind. Paſſ. Ask.

ad Cap. XCVIII.

απορίη τε ειχοντο) εν απορίη de Arch. Vind.
Praepoſitio, quam ſchedae offerunt, locum
reciperare poterit. Τελος Δαρειος τε εν απορίησι
ειχετο lib. 4. 131. Alibi tamen abeſt, vid. lib. 3.
129. *Weſſel.* Poſt αποβαθρας comma Ald. Camer. I. II. idemque poſt και αλλα.

και αλλα) και τα αλλα Vind. Arch.

παρακεκριμενον) παρακεκρυμμενον Arch.

πρωτον μεν εν) Duas litteras male repetitas,
legendumque ſuſpicor πρωτον μεν τη νηι *Valken.*

εγχριμψας) Med. Arch. Paſſ. Pariſ. B. εγχριψας Ald. Ask. Pariſ. A Vind. Brit. Nihil quidem intereſt εγχριμψας ſcribatur, an εγχριψας,
prius tamen tamquam ſuavius poſuiſſe videtur,

ut II. 60.; εγχρίμψαντες την βαρίν τη γη, ubi non variant codd. *Valken.* Contra se, tamquam in acie, codd. confiftunt fcripti; partis prioris εγχριψας vinceret, fi vetuftatis ratio duceretur, quod antea lib 2. 60. animadverfum. *Weſſel.*

Poft Ιωσι comma Ald. Cam. I. II. idemque poft τα ante λεγω, & poft των ante εγω.

συμμίσγωμεν) συμμιτγῶμεν Arch. Vind.

παντων) defideratur in Arch.

ακυσας) επακυ-ας Paff & mox επακυσαντος Arch. Vind. haud quidem prave. Comma poft πρηγματος Ald. Cam. I. II.

επειτα) επει τε Arch.

ad Cap. XCIX.

δη ταδε) Med. Paff. Ask. Vind. Aberat δη. Poft Ελλη ες punctum Ald Cam. I. II. comma in his poft τας ante ελαβον.

οι Ξερξεω) υπο Ξερξεω Arch. Valla, quod Galeus inconfulte pro fincero habuit.

τας Αθηνας) Omittunt τας Paff Ask. Comma poft των Ald. Cam. I. II. omittunt comma poft εχον.

ες κορυφας) ες τας Arch. Vind. Paff. Ask. poft Ιωνων abeft comma Ald. Cam. I. II.

τοισι και κατεδοκων) Cuncta Perfas cum fpectent, de fermonis adfuetudine expectaffes, τας και κατεδοκων — επιλαβομενας quam etiam in fententiam Diodorus XI. 33. ac Polyaenus VII. 35 abierunt. Valla ad Jonas, res novas animo agitantes, adplicuit, quafi τοισι και κατεδοκεε — quibus videbatur, fequacemque Pavium impetravit. Equidem Valkenario calculum adpofuerim, mancam arbitrato ftructuram,

ram, ope quidem ingenii, sed ob MSS. taciturnitatem dubia, sanandam. Nullam vero νεοχμον αν τι hic eo colore & c. 103. fingi, quod νεοχμος semper in substantivis nominibus ponatur. Adesse mutaturo debuerat βασιλευς χωρας Κρεων ὁ Μενοικεως νεοχμος, h. e. νεος, νεωςι κατασταθεις, ut Critici in Sophocl. Antig. V. 164. *Wesseling.* Aliud quid requiri videtur, a quo pendeant isti dativi: forsan excidit vox ob praecedentis similem terminationem. Dici, ni fallor, potuit, τοισι και κατεδοκεον ενεον νεοχμον αν τι ποιεειν δυναμιος επιλαβομενοισι· quibus & inesse putabant, ut facultatem adepti nova molirentur. De Samiis & Milesiis, quos sibi suspectos iusserint Persae τα της Μυκαλης ακρα φυλαττειν l'Olyaen. VII. c. 45. *Valken* cuius in sententiam abivit *Larcherius,* sequente *Degenio.*

γερρα γερα Arch. suo more, sed pravo. Post σφι colon Ald. Cam. I. II.

ad Cap. C.

προσηϊσαν) Med. Ask. Parisf. B. προσιησαν Ald. Vind. Pass. Parisf. A. Brit. προσιεσαν Arch. Comma post σφι Ald. Cam. I. II.

Colon post παν Ald Cam. I. II.

κοματωγης) Respexit Eustath. Hom p. 1540. 25 Post ὡδε colon Ald. Cam. I. II. in his comma post πρηγματων & post Πλαταιησι, itemque post τρωματος, colon post κινδυνευειν.

της αυτης ἡμερης συμπιπτυσης) Inconcinna & impedita videntur. Quid quaeso ἡμερης συμπιπτυσης & της αυτης in primis? Non equidem obliviscor lib. 8. 15. συνεπιπτε δε ὡςε ταις αυταις ἡμεραις τας ναυμαχιας γινεθαι ταυτας, sed disconconvenit, uti apparet. sicuti quod sequetur mox c. 100. Portus has verborum difficultates animadvertens ex arbitratu accessiones adiunxit, quae fastidium movent. Justior eiusdem admonitio. Vallam συμπιπτοντος, aut συμπεσοντος legisse videri: vertisse quippe; *etsi tunc eodem die contigit utraque clades, ea, quae ad Plataeas &c.* Idemque ego ambabus amplector. Belle distincta της αυτης ημερης, συμπιπτοντος τ8 τε — και τ8 εν Μ. μελλοντος εσεθαι τρωματος, Φημη τοι σι — decurrent, atque ad Plataeas acceptam & ad Mycalem futuram Persarum cladem, utramque eodem die, iungent. Qua loci in medela, sive malis coniectura, suffragatores viros doctiss. *Pavium* & *Reiskium* produco. Res autem ipsa suadet, neque Diodor. lib. XI. 35. aut Polyaen. lib. I. 33. inficiantur, Leotychidae in sparso de parta ad Plataeas victoria rumore imperatoriam eminuisse fraudem. *Wesseling.* Recepit emendationem hanc verissimam *Larcher.* & sequutus est *Deginius.*

ad Cap. CI.

Δημητριον εγενετο) Arch. Vind. Pass. Ask. in Ald. & aliis 8 εγενετο, quod importunum delevit *Wesseling;* & Valkenario quoque vocula 8 ex syllaba videtur praecedente nata, & delenda cum Reiskio & Koenio.

ειρηται) ειρητο Brit. post εσεθαι colon Ald. Cam. I. II.

Post Πλαταιησι comma Ald. Cam. I. II. Πλαταιη Arch. περι Ald Cam. I. II.

εγενετο) Ask. rectius, antea εγενετο cum Ald.

περι

πριν την) πριν η Arch. Vind nec necessario, nec male. Abest comma post Ἑλληνων Ald. Camer. I. II. itemque post Ἑλληνες & βαρβαροι, post νησοι & post Ἑλλησποντος.

ad Cap. CII.

Comma post Αθηναιοισι Ald Cam. I. II. Vir doctus, *aut προσεχεως legendum, aut delendum est* τεταγμενοισι. Nimis pro imperio Amo lenia in adfectis remedia, si qua opus. Tale hic nihil: omnia enim Herodotei moris, & obvia - *Wessel.*

κ8) Med Pass. Ask. Ar h. Vind. ante ex Ald. κατα των. κ8 ex schedis bene Gronov. Μαλιςα κ8 lib. VII. 21. & consimilia non latent. Wessel. Comma post αιγιαλον τε, & post χαραδρην, itemque post περιηϊσαν Ald. Cam. I II.

κερει) Med Pass. Ask., κεραι Ald. Vind. Arch. Brit.

ορθια ην τα γερρα) ορθεια & γερα Arch.

των προσεχεων) των non est in Arch.

γενοιτο) γενηται Arch. Ask Pass. Vind margo Steph. Post εργον comma Ald. Cam. I. II.

γαρ τα) δε τα Arch Vind Post γερρα comma Ald. Cam. I. II. idemque post οι δε, post Αθηναιοι δε, post Κορινθιοι & Σικυωνιοι.

ητοι) ητω Brit. Pass. Ask. Steph. ora, satis tolerabile, tum οι επεξης Arch Vind. bene. hinc articulus, qui aberat Ald. & Edd.

συνεσεπιπτο) Pass. συνεσεπιπτον Med Paris. B. συνεπιπτον Arch. Vind. Ask. Brit. Ald. Quod praebuit Med. Cod , aliis etiam usitato more scribendi posuerat Herod sive συνεσεπιπτον ες το τειχος, ut III. 78. οι συνεπιπτετι, nempe ες του ανδρεωνα plura dedit Abresch. in Dilucid. Thucyd.

cyd. p. 656. Hic ante vulgatum το in eundem fenfum reperitur apud Polyaen. II. c. 35. οἱ δε κατοπιν επομενοι συμπεσοντες της πολεως εκρατησαν· III. 9. 45. συνηκολεθησεν αυτοις και συνεπεσεν εις την πολιν. VI. 1. 2. εισεδραμε προς την μητερα, & duo tresve, αυτω συνεπεσον· hic συνεισεπεσον Cafaubon., primo loco συνεισαπεσοντες, corrigebat Koenius. *Valken.*

και το τειχος) Vind. Med. Ask. Paff. και aberat Ald. &c.

κατ' ολιγες) κατ' ολιγον Arch., κατα λογες Paff. Comma poft Περσικων, Ald. Camer. I. II. idemque poft Αρταϋντης μεν.

Ιθαμιτρης) Med. Paff. Ask Arch. Valla. Ιθραμιτρης alii cum Ald. Redi ad lib. 8. 130. Punctum poft αποφευγεσι Ald. Camer. I. II. comma in his poft μαχομενοι.

ad Cap. CIII.

Poft αυτων abeft comma Ald. Cam. I. II.

των Ελληνων) non habet Arch. neque Vind. Comma poft αλλοι τε Ald. Cam. I. II. *Perilaus* in Vallae Latinis ex Περιλεως.

των δε) Arch. Vind. verius: alii των τε. Poft ςρατευομενοι nullum comma Ald. Cam. I. II.

εοντες τε εν) Arch. Vind. cum Paff. Ask, quod placuit, ενεοντες praeterea Ask. τε non habet Ald. &c.

ετεραλκεα) υπεραλκεα Arch. Vind. & ηδυνεατο. Nequidquam codd. quidam innovant. Vertitur *pertinacior.* Praeferrem, Stephano monitore, in alteram partem inclinantem, qualis Αρης ετεραλκης five νικηφορος, uti Schol. Aefchyl. Perf. 956.

956. Sed relego obfervata eruditiffimi viri ad VIII. 11. *Weſſel.*

ad Cap. CIV.

Μιλησιοισι) Μιλησιοι Arch.

προσετετακτο μεν των Περσεων) Superius c. 98. Perſae τας διοδες — προστασσεσι τοισι Μιλησιοισι φυλασσειν. Ergo προς των Περσεων, niſi ex compoſito verbo pendere iubeas, praeſtiterit. Namque διοδες Περσεων quis iunxerit? *Weſſel.*

εινεκα, ει εκε Ask. Arch.

ἡγεμονας) ἡγεμονα margo Steph.

τω ςρατοπεδω) εν τω Arch Vind.

τεναντιον) το εναντιον iidem.

αἱ δη εφερον) αἱ διεφερον Paſſ. Arch. ortum ex pronunciatione Reuchliniana.

ad Cap. CV.

Poſt Αθηναιοι punctum Ald. Cam. I. II.

Ευθυνε) Ευθονε Med Paſſ. Εσθυνε Ask. Ευθυνε Arch. Valla, & vere: Ευθοινε Ald. Pariſ. A B. Licuit ſemper in ambiguis, a forte fortuna oblatum arripere. Ευθυνε, ſed obſcuri hominis, meminit Ariſtot. Rhetor. II. 19. p. 92. Δεινον ειναι, inquiebat Socrates, ει ὁ μεν Ευθυνος εμαθεν, αυτος τε μη δυνησεται εὑρειν. Neque ignotus Ευθυνοος ex vetere reſponſo, Ευθυνοος κειται μοιριδιω θανατω i. e. Cicerone interpretante, *Euthynous potitur, fatorum numine, letho.* Diſp. Tuſc. I 49 Hermolycum παγκρατιαςην non Pauſan. lib. I. 23. ignorat. *Weſſeling.* Poſt Αθηναιοισι τε comma, poſt Γεραιςω colon, poſt Κορινθιοι comma, idemque poſt Τροιζηνιοι Ald. Camer. I. II.

ad

ad Cap. CVI.

Commata post τας μεν & τας δε Ald. Camer. I. II.

ηας) νεας Arch. Ask. Vind., saepius. Post αιγιαλον punctum Ald. Cam. I. II. comma habent post τειχος.

οπη) Med. Pass. Ask Vind. Arch. antea οποι. Dederunt plures manu exaruti οπη L. V. 87. pessum absque caussa a Gronovio datum. *Wessel.*

κατοικισαι) Med. Pass. in ceteris κατοικησαι. Comma post της Ald. Cam. I. II. Justum κατοικισαι iudicat *Wesseling.* recte.

απειναι) Arch. Vind. recte, non αφειναι uti Ald. Post προκατησαι comma Ald. Cam. I. II.

εχον) ειχον Pass. Arch. Ask. Quid hoc neutrum? an scribendum εχοντας? Nequaquam. εχον pro ειχον imperfect. Jon. *Goldbag.*

εν τελει εωσι) Med. Ask. Pass. Arch. Vind., antea εν τελεσι, comma post εωσι Ald. Cam. I. II. Nemo de scripturae veritate dubitabit in posterum. Οἱ εν τελει qui in Magistratu sunt. Sic lib. 3. 18. τιθεναι τα κρεα τας εν τελει εκαςας εοντας, singulos civium magistratus. Ismene in Soph. Antig. 66. τοις εν τελει βιβωσι πεισομαι, & Philoct. 384. αx αιτιωμαι κεινον ως τας εν τελει. Sed abstineo. Vide tamen Schol. ad Gregor. Naz. Stelit. I. p. 13. *Wessel.* Scripsisse videtur, ut est in Med. cod. Πελοπον, γησιων μεν τοισι εν τελει εωσι, Principibus civitatum Peloponnesi. In editione Gronovii memorati magistratus Peloponnensium nulli fuerunt: magistratus Lacedaemoniorum Vallae nitebantur verbis Schol. Thucyd. p. 40. 97., quibus etiam plus semel abusus

usus est Meursius; vere monuit Dukerus, non Lacedaemoniorum tantum, sed & aliorum magistratus τελη fuisse dictos. Magistratus autem & viri principes, οι εν αξιωματι, saepius etiam dicuntur οι εν τελει οντες· meminit Thucyd. V. 27, των εν τελει οντων Αργειων. Syracusanorum magistratus οι εν τελει οντες apud eundem VII. 73., paullo post vocantur αρχοντες· hinc Philoni Jud. inter Aegyptios & Persas viri principes sunt Αιγυπτιων οι εν τελει & οι εν τελει Περσων, p. 363. B. & p. 778. B. Ut Herodoto Πελοποννησιων τοισι εν τελει, Aeschyl. ab Stob. p. 63. 31. Κλυειν τον εσθλον ανδρα χρη των εν τελει· Soph. Philoct. 922. των εν τελει κλυειν. *Valkenar.*

τα εμπορια) τα εμπολια Pass. Ask.

εξαναστησαντας) επαναστησαντας Arch. Post ενοικησαν punctum Ald. Cam. I. II. commata in his post Σαμιες τε & post Χιες.

ευστρατευομενοι) στρατευομενοι Arch.

πιστι τε) Arch. Vind. Brit. Ald, ultimum non habet Med. Pass. Ask. Sive adsit, seu deficiat enclitica, parum intererit. Adest lib. 3. 74. ubi vide, *Wessel.* post ορκιοισι abest comma Ald. Cam. I. II.

εμμενειν) εμμενειν aut εμμενεειν ob adiunctum μη αποστησιαθαι aequius melius, quod Portum haud praeteriit. *Wesseling*

ευρησαν) ειναι ora Steph. Brit. mox επ' Ελλησποντον Arch.

ad Cap. CVII.

Post βαρβαρων comma nullum Ald. Camer. I. II.

ακρα της) ακρα τε Arch. Vind. post Μυκα-
Appar. Herod. Vol V. R λης

ληϛ comma Ald. Cam. I. II. idemque poſt α λα
τε, ſed abeſt poſt κατɛ, & poſt Περσησι.

γυναικος κακιω) Euſtath. in Hom. p. 668. 44.

ποιευμενος) Med. Paſſ. Ask. Arch. Vind.,
antea ποιησαμενος.

θελων, deeſt Arch.

Φραϛθεις) Eton. Ask. Paſſ. Arch. Vind. Brit.
ora Steph. Antea cum Ald. φθας. Quod ſen-
tentiae congruere, largior atque agnoſco ultro.
Sed enim tanta codd. apparet conſenſio, iuſſus
adeo urgens, ut obedientiam relinquere ab-
nuam. Φραϛθεις advertens, Φραζεθαι & επιφρα-
ζεθαι c. 19. & in Porti penu copioſiſſima ſunt.
Weſſel. Irruentem cernens. Valla: non ille φθας,
ſed legit in ſuo cod. φραθεις, quod in Arch. &
Eton inventum exhibet etiam margo edit Steph.
φραθεις, επιφραθεις, & καταφραθεις Herodoto in iſtum ſenſum adhibentur; ſed neque alterum φθας hinc alienum eſt, hac etiam uſurpatum ſtructura; vid. ad Phoen. Eurip. 982. φθας
ſi qui dant codd. videri forte poterit, utrumque
poſuiſſe Herodotus: και μιν, επιθεοντα Φραϛθεις.
φθας Ξειναγορης — αρπαζει μεσον, και εξαρας
μιν εις την γην quem, cum accurrentem cerneret,
praevertens Xenagoras, — medium arripit, & ſubla-
tum in terram ſtatuit: ut apud Terentium ſubli-
mum medium arriperem, & capite pronum in terram
ſtatuerem: συναρπασας εξηρεν eſt in Xenoph. Cyrop.
p. 35. 340., Αρας μετεωρον εις το Βαραθρον εμβα-
λω Ariſtoph. Equit. 1359. Valken.

Πενξιλεω) Πενςιλεω Ask.

Αλικαρνησσευς) Αλικαρνσευς Arch. Vind.

ὁι Μυσιςεω) Paſſ. Ask. Brit. Steph. margo,
iuſte

iuste arbitror: deerat articulus Ald. &c Comma poft τιθεμενος Ald. Cam. I. II

πασης ηρξε Κιλικιης) Κιλικιης πασης ηρξε Paſſ. Arch. Ask.

πορευομενων) Defideratur in Med. Ask. Paſſ. Pariſ. B. Brit. βαρβαρων vox ante ὐδεν, bene, legitur βαρβαρων in Ald. &c. Dedi fchedis Gronovioque, & βαρβαρων vocem in exilium egi, neceſſarium minime eſſe, praecedentia commonſtrant. *Weſſel.*

τυτεων) abeſt Med. τυτων Paſſ. Ask. Arch. Vind. Poſt Σαρδις colon Ald. Cam. I. II.

εν δε τησι Σαρδιοι) επι δε Arch. Vind., poft Σαρδιοι comma Ald. Cam. I. II.

Αθηνεων) Valla & Edit. Genev. 1678. veriſſime. Αθηναιων codd. poſt απικετο colon Ald. Cam. I. II.

ad Cap. CVIII.

ηρα) ερα Arch. Vind. fine αυξησει, non item mox.

Poft προσεφερετο abeſt comma, προσεφερε Arch. Vind. Sequens exfcripfit Prifcian. L. 18. p. 1204. Praeſtabilius videtur προσεφερε, uti in duobus MſſΓ.; fic fane αναγκαιην προσφερειν L. 7. 172. *Weſſel.* Poſt Μασιςη, comma Ald. Cam. I. II. idemque poſt εχε.

εχε) ειχε Arch. Paſſ. Ask. Vind., & ευ γαρ tantum Paſſ. Ask.

πρησσει του γαμου τυτου) Haec falebrofa doctis viris. Reiskius addit diſtinguitque πρησσει τον γαμον τυτων τω παιδι — Δαρειω μνεεται θυγατερα. Abreſch. vero, πρησσει τυτο, τον γαμον λαμβανει τω παιδι — θυγατερος της γυναικος ταυτης. Quorum auxilio manu defcripti libri averfantur. Sextio θυγατερα της γυναικος — per adpofitionem, quam vocant, aptanda ad τον γαμον, neque adeo follicitanda effe. *Weſſeling.* Commata poft Δαρειω, poft ταυτης & poft Μασισεω Ald. Camer. I. II. in his punctum poft ποιησῃ.

εκεισε) εκειτε Paff. Ask. Comma poft ηρα τε, punctum poft θυγατρος Ald. Cam. I. II.

Αιταυτη) Ανταυτη Paff.

ad Cap. CIX.

Poft τοιωδε punctum Ald. Cam. I. II. commata in his poft μεγα τε & poft ποικιλον, idemque poft περιβλητα τε.

παρα την) προς την Ask.

ταυτη) αυτη Vind. Arch.

οι γινεσθαι — υπεργηιμενων) Omittuntur fex ifta in Arch.

Poft τη & δε commata Ald. Cam. I. II. Ex vetere Aldi fcriptura formabatur, την δε, κακως — ειπαι. Recepta probior, neque ulla neceffitudo, ut η δε, κακως γαρ — ειπε, fingatur. In formulae enim frequentiffimo ufu multiplex variatio, notata ad lib. I. 8. *Weſſeling.*

ειπε) Med. Arch. Paff. Ask. Brit., ειπαι Ald. poft Ζερξη colon Ald. Camer. I. II. comma poft το in iisdem.

αν σε) εαν Arch. Vind. & mox παντα.

κεινην) Paff. Ask. Vind. melius, εκεινην Ald. &c.

αιτησαι) αιτησεσθαι Arch. Poft υπισχνεετο comma Ald. Cam. I. II.

εγινετο) εγινετο Arch. Pass. Ask. Vind. post ἐυται ponct. Ald. Cam. I. II.

και πριν) και negligunt Arch. Vind.

κατεικαζυση) κατεικαζυσα Pass. Ask.

επευρεθη) επορευθη Arch. male post πρησσων colon Ald. Cam. I. II. in quibus comma post εδιδυ, post ςρατον, & post τυ, και ςρκτον omittit Ask. Comma post αρξειν Ald. Cam. I. II. idemque post επειθε & εφορεε τε.

ηγαλλετο) αγαλλετο Pass. Arch. Vind., more Jonum: ηγαλλε το alii cum Ald.

ad Cap. CX.

ταυτη) αυτη Arch. Comma post vocem Ald. Camer. I. II. in his post εγκοτον punctum.

Φυλαξασα δε) citat Suidas in v.

Post ημερη τε comma Ald. Cam. I. II. εν ημερη Arch. Vind. Athen. excitans lib. IV. 10. p. 146. C. Intererit parum, sive praepositio accedat, seu tacita relinquatur. *Wessel.*

τυκτα) τικτα Arch. Brit. την in *seqq.* negligunt Vind. & Arch.

σμαται) habet & Athenaeus: noster forte scripserat σμειται. Sic in nullo cod. legitur και σμειται, neque legisse videbitur illud Valla, cuius *ornatur* eam mihi moverat superius memoratam coniecturam. Casaubonum σμαται hic explanantem sequitur Gronov. *Valkenar.* Omnes σμαται, nec Vallam suspicor, etsi laxius expresserit, aliud ob oculos habuisse. Magnum Athenaei animadversorem laudo vehementer, de smegmate, nisi fragrantius oleum praetuleris, quo regium caput fuerit delibutum, & deinde defrictum, coniectantem. Omnium aptissima

sunt a Gronovio itidem signata, haec de lib. IV.
73. ubi Scythae, a funere recentes, σμησαμενοι
τας κεφαλας, και εκπλυναμενοι, utique capita,
sive foedati antea, seu quomodocumque liti,
defricantes atque abluentes. Huc referre mihi
posse videor Strabonis verba, οταν δε βασιλευς,
Indorum rex, λυη τον πρχα, μεγαλην εορτην αγω-
σι, και μεγαλα δωρα πεμπησι L. XV. p. 1046. A;
habent certe quidem adfine aliquid. *Wessel*

ο βασιλευς) Vind. Arch. Aberat o Ald. &c.
tum Περσας Med. Brit. Ask. Pass. prius Περσαξ
cum Ald. quo etiam modo Athen., sed τυς Περσας Arch.

χρηζει) δεεται Arch., in cuius margine vulgatum δεεται minime futile; plures idem si praeberent, in maiore versaretur honore. *Wesseling.*
Post Ξερξεν abest comma Ald. Cam. I. II. habent
id post ο δε, & post εποιεετο punctum, idemque
post παραδωναι, comma vero post γαρ τυ.

ad Cap. CXI.

μεν τοι) μεν τοι γε Arch. Comma post την
μεν & post τα, punctum post βυλεται Ald Camer. I. II. in quibus colon post ταδε, punctum
post αδελφεος, colon post αγαθος, commata post
ταυτη & τη, itemque post την ante δε.

εμοι) μοι Vind. Arch.

αποθωυμασας) αποθωμασας iid. cum Ask.

με γυναικα) Arch Vind. Alii μοι. cum Ald.
Proxime consequens ταυτην με κελευεις hoc ad
sanitatem revocat *Wesseling.* Post εκ της comma Ald. Cam. I. II.

τρεις) Practereunt hanc vocem Arch. Vind.
Pass. Ask. Valla. quae absentia in tot bonae notae

tae membranis considerationem meretur, siquidem sine ea filum sermonis cohaeret, & filiarum quoque nullus finitur numerus. Superat eius tamen praesentia scribarum captum, videturque approbanda. *Wessel.* Comma post των Ald. Camer. I. II. idemque post γυναικα, & post αυτα.

μετεντα) Arch. Vind. quibus dialectus favet, & Calliope c. 61., μεθεντα reliqui cum Ald. την σην. iidem & Pass. Ask. Brit. ora Steph. Satis ex usu, etiam in vicinis. Post εγω δε abest comma, neque abest post ποιευμαι Ald. Cam. I. II.

μεγα μεν) μεγα Arch. Vind. Alii μεγαλα. Ne hac in dictione Scriptor a se secederet, primas Arch. & Vind. concessi, qua super re in L. III. 42. *Wessel* Hic certe placet lectio Arch. In istiusmodi formulis μεγα ferme tantum reperitur eadem, qua hic structura positum in Xenoph. Cyrop. V. p. 76. εγω μεγα ποιυμαι φιλον τυτο το χωριον, τοις ενθαδε συμμαχοις καταλιπων, ut est in cod. ms. pro καταλιπειν· ut μεγα ποιυμαι frequentatur & μεγα ηγυμαι, & μεγα τιθεμαι. Merito tamen dubitat vir celeb. probandumne sit ap. Herod. III. 42, quod vulgatur μεγα ποιευμενος ταυτα an, quod offerunt duo codd. μεγαλα ποιευμενος ταυτα. *Valkenær.*

υστερα) υστερον iidem. Post δεομενος punctum. Ald. Cam. I. II. abest his comma post θυγατρι, & abesse debet.

ησσων) Arch. Vind. Pass. & Ed. Genev., prius ησσω, uti Ald. Post ο μεν comma Ald. Camer. I. II. υσσαν pluribus in coniecturam incidit, ante omnes Porto. Nunc nihil eo certius. *Wessel.*

τοιυτοισι αμειβεται) τυτοισιν αμειβετο Arch. Vind. Post θυμωθεις comma, post ταδε punctum Ald. Cam. I. II.

δη τοι) δη abest Arch. Vind. Pass. Ask

δοιην) δωην Ask. Brit., in Pass. iunctis tribus αντιδωην, & Thomas Mag. olim, qui nunc ope Oudendorpii prioribus consentit in Διδωη. Alii δομην, cui supra suus locus saepissime.

γημαι) γυναικα Arch. Vind.

πλευνα) Med. Pass. Ask Paris. B. ετι πλευνα reliqui cum Ald., quod nec necessarium est. Post συνοικησεις comma Ald. Cam. I. II. in his colon post εξω, & post απολεσας.

ad Cap. CXII.

Commata post χρονω & εν τω Ald. Cam I. II. εν ω Arch. Vind.

Αμηςεις) Αμητεις Ask. saepeque.

την Μασιςεω) τυ Μασιςεω Pass., & deinceps μασυς Arch. Vind. quod ubi volueris, aderit e scriptis facultas, modo ne adscripta lib. IV. 204. flocci feceris. *Wessel.* Post διαλελυμασμενην colon Ald. Cam. I. II.

ad Cap. CXIII.

Abest comma post Μασιςης Ald. Cam. I. II.

βασιληα) βασιλεα Ask. Vind. Arch. comma post vocem Ald. Camer. I. II. nullum post εγενετο.

δοκεειν) Arch. Vind. Pass. Ask. Antea cum Ald. δοκεω. Formulae veterum cultum membranae reddunt. Eadem lib. IV. 168. aliisque locis. Εμοι δοκειν Sophocles, Thucydides, Philostratus &c. Adi Abresch. Diluc. Thucyd. p. 5. *Wessel.*

κατεκτειναν) κατεκτειναν Ald. Camer. I. II. κτεινει Arch. Mox τυς παιδας αυτυ Ald.

την στρατιην την εκεινυ) Suspicor vocem στρατιην, ex proximis inhaerentem memoriae scribentis, alterius vice male fuisse repetitam: qui Susis abierat cum liberis, και δη κυ τισι και αλλοισι, quique necdum pervenerat ad suam praefecturam, is minus commode dici poterat, iam nunc secum habuisse *exercitum*. Multo mihi videretur accommodatius, si a Xerxe missi in via dicerentur interfecisse αυτον τε εκεινον, και τυς παιδας αυτυ, και την θεραπηιην την εκεινυ· si hoc aliunde firmamentum acciperet. *Valkenar.* Post θανατον comma, post εγενετο colon Ald. Camer. I. II.

ad Cap. CXIV.

Post ωρμεον abest comma Ald. Camer. I. II. ορμεον Arch. Vind., cui augmentum, Jonico more, abest. Comma post ευθευτεεν de Ald. Cam. I. II. idemque post τας ante εδοκεον.

ενεκα) εινεκεν Vind. Pass. Arch. Post Πελοποννησιοισι comma idemque post οι μεν Ald. Camer. I. II.

διαβαντες) διαβαλοντες Arch., satis concinne, si qua necessitas. Vide c. 88. διαβαλοντες, quod ex Arch. memorat Galeus, probarem, ut aliquoties adhibitum Herodoto VI. c. 44. V. c. 33 & 34. In eumdem sensum διαβαλλειν posuit Thucyd. II. 83. VI. 30. Aristides T. 3. p. 577., εις Φθιας διαβαλον. Eunapius in Proaeres. p. 129. διεβαλεν εξ Ασιας εις την Ευρωπην. *Valkenar.* Post επολιορκεον colon Ald. Cam. I. II.

ad Cap. CXV.

Nullum comma post ταυτην Ald. Cam. I. II.
ισχυροτατɤ) ισχυρɤτερɤ Brit. ora Steph.
Nullum comma post συνηλθον Ald. Cam. I. II.
των περιοικιδων) non est in Arch. Ask.
Οιοβαζος) Οιαβαζος Arch Valla, & ὁς ἐκ, sine τα medio.
ειχον) ειχον id. Vind. Pass. Ask.
επιχωριοι) οἱ επιχωριοι Arch. post Αιολεες punct. Ald. Cam. I. II.

ad Cap. CXVI.

Post δεινος δε comma. Ald. Cam. I. II. idemque post Αθηνας.
Ελαιɤντος) Med. Pass. Ask. Paris. B. Alii cum Ald. Ελεɤντος, Ελεɤντι, Ελεɤντα. Adi ad L. 6. 140. 7. 21, tum αιτησας loco ὑφελομενος Arch. Vind. Valla: non illi quidem absurdi, ἐξεπατησε tamen obest. Scripserat ὑπελομενος, sicuti c. 83. *Wesseling*. Quum Xerxem circumvenit Artaycles, nondum dici poterat Protesilai τα χρηματα ὑπελομενος· hoc itaque e sequentibus huc ab alia manu videtur illatum, ab Herodoto autem scriptum αιτησας. Vallae lectum dat Arch. Nomen urbis Chersonesi Thraciae diverse scribitur Ελεɤς & Ελαιɤς, docente Wesseling. ad Diodori XIII. 39. Mihi quoque legitima scriptio videtur Ελαιɤντος. Prope Elaeunta, atque hujus templi Protesilai reliquias, scenam constituit suorum heroicorum Philostratus, de Artaycte nostro narrata respiciens p. 672, ubi templum memorat, ἐν ᾧ κατα τɤς πατερας ὁ Μηδος ὑβριζε iuxta Herod. spoliato templo quum
Elaeun-

Elaeunta venerit Artayctes, εν τω αὑτω γυναιξι εμισγετο: conf. VII. 33 Valken.

σην) ην Arch. Vind. Ask. Comma poft χευσαι Ald. Cam. I. II. idemque poft τα ante Αρταὑκτης.

Ξερξεα διεβαλετο) Ξερξην Arch. Ask. Vind. & διεβαλετο Arch. colon poft vocem Ald. Camer. I. II.

γην την σην) γην την Arch. Vind. την Ald. & alii omittunt, tum ςρατευσαμενος Arch Med. Paff. Parif. A. ςρατευομενος Ask. Ald. Vind. Parif. B. Poft απιθανε punctum Ald. Cam. I. II. in his commata poft ὑποτοπηθεντα & των.

νοεων) ποιεων Arch.

Περσαι ειναι) ειναι Περσαι idem Paff. Ask.

και το τεμενος &c.) Ald. Ask. Paff. & ceteri cum Edd. Aberat ab ultima Editione Gronovii.

προσδεκομενος) Arch. Ask., prius προσδεχομενος contra morem.

αφυκτως) αφυλακτω Arch. Vind. quibus addit Parif. D. in cuius margine a manu recentiori: αφυλατω τε κως – Larcher, qui probavit, una cum Degenio Litem voci fchedae movent. Age, intueamur. Αφυκτον, omne, quod evitari quitum non eft. αφυκτος θανατος Simonidi in Confol. ad Appollon. Plutarchi p. 107. B., αφυκτες αναγκη Philofopho de Pythagorae fchola ap. Stob. Ecl. Phyf. p. 8, το πεπρωμενον αφυκτον Alciphr. lib. I. Ep. 25. Sed Artaydes, modo provide & confulto egiffet, aut vitare obfidionem, aut apparatu ad eam tolerandam fefo potuerat inftruere. Neutrum obfervavit; unde *ex inprovifo*, uti Valla, αφυλακτω, non αφυλακτως, membranae Arch. & Vind., fupervenerunt,

nerunt. Simile Polyaeni VIII. 36. ἐπιθέσθαι τοῖς πολεμίοις — καθεύδουσι καὶ ἀφυλάκτοις· Plut. T. 2. p. 262. C. καὶ τὸν Ἀριςόδημον ἄοπλον καὶ ἀφύλακτον παρεισπεσόντες διαφθείρουσι. Herodiani VI. 5. οὕτω γὰρ ᾤετο — ἀφυλάκτως καὶ ἀπροόπτως αὐτοῖς ἐπελεύσεσθαι. Quae cuncta, ut vetuſtis libris paria faciam, a me impetrant; alia opinatis praeſcribitur nihil. *Weſſel.* Poſt ἐπέπεσον colon Ald. Cam. I. II.

ad Cap. CXVII.

καὶ μοχαλον) Defit καὶ Arch. Vind. μοχαλον Paſſ. & antea ἐπιγίνετο idem atque Ask.

ἀπάγοιεν) Med. Paſſ. Ask. Brit. quod bonum. vid. *Gronov.* qui: ἀπάγοιεν Mſ. longe convenientius eſt, vel magis neceſſarium, quum vulgata lectio fere ſupponat, id iam factum eſſe, ut c. 113. Antea cum Ald. ἀπαγάγοιεν. Poſt οἱ δὲ comma Ald. Cam. I. II. quod abeſt poſt ἔφασαν.

ad Cap. CXVIII.

τείχεϊ ἐς παν) Tria ἀμφὶ τῶν Ἀρταΰκτεα poſt τείχεϊ non ſunt in Brit. Med. Paſſ. Ask. Pariſ. A. B. Interpoſita ἀμφὶ τὸν Ἀρταΰκτεα, adprobata priſcorum codd. & Gronovii ſententia, ablegavi, unde venerant, quippe ſcribarum inſiticium gloſſema *Weſſeling.*

παν ἤδη) παν δὴ Arch.

δὴ ὑπὸ) δὴ non novit Arch. Vind., qui οἴχοντο. Poſt ὁ Ἀρταΰκτης comma Ald. Cam. I. II. idemque poſt τῇ ante ἣν.

τῶν πολεμίων) Paſſ. Ask. inde articulus, qui aberat Ald. &c. Commata poſt τῶν δὲ & πλευρὲς,
colon

colon poſt ιδιωκον Ald. Cam. I. II., in queis comma quoque poſt οἱ δε.

ad Cap. CXIX.

εκφευγοντα) εκφυγοντα Arch. Vind. & Θρηκην, Θρηκες. Poſt σφετερω punctum Ald. Cam. I. II.

υςεροι) υςερον Arch. Vind & mox και ως eum Paſſ. Ask.

ολιγον εοντες) Paſſ. Ask. Vind. Brit. Ald. & priores editi, ολιγοι Arch. Valla. Placuerunt priores. Ignotum, unde ολιγοι εοντες, quave auctoritate in poſtremam (Gronovii) venerint editionem. An de Vallae Latinis? nam de Arch. ſcriptura Gronovio notitia nulla. Priſtinum ολιγον εοντες ad viciniam Aegos fluminis, paullumque ultra id progreſſos docet. Paucos autem admodum fuiſſe, qui fugerunt, liquido haut patet. Satius erit, illibatum illud ſervare. *Weſſel.*

ποταμων) Med. Paſſ. Brit. Ask., olim cum Ald., ποταμȣ.

Comma poſt οἱ μεν Ald. Cam. I. II.

ηγον) ηγαγον Arch. Vind. Comma poſt αυτεων δε Ald. Cam. I. II. idemque poſt αυτον τε.

ad Cap. CXX.

Χερσονησιτεων) Arch. Vind. rectiſſime Χερσονησιωτεων prius ex Ald. Comma poſt κειμενοι Ald. Cam. I. II.

επαλλοντο τε) Excitarunt Athen. III. p. 119. E. & Euſtath. ad. Hom. p. 1728, 35. ſed ambo ησπαιρον, quòd pati poſſem, ſi quae gravis urgeret cauſſa. Simile Apollodori Bibl. III, 12. 6. και ασπαιροντα τον παιδα ιδων επι τȣ πυρος, εβοησε. Aeſchyli Perſ. 983. Eurip. Iphig. Aul. 1587. Sed Apol. Rhod. IV. 874. εισενοησε Παιδα φιλον σπαιροντα δια φλογος. Junge Valken. obſervata L. 8. 5.

Weſ-

Wesseling. Quam verbo formam induit VIII. 5. ησπαιρον hinc excitat Eustath. in Odyss. M. p. 497. 30. *Valkenar.* Post επαλλοντο τε comma Ald. Cam. I II.

νεοαλωτοι) Med. Pass. Ask. Paris. B. Alii cum Ald. νεαλωτοι Opportunum adest Dion. Cass. XLIX p. 473. E. των τε νεοαλωτων τινες και Δαλμαται συν αυτοις επανεςησαν, de recens captis *Wessel.* Post εφη punctum Ald. Cam. I. II.

το τερας) desit το Arch.

Ελαιεντι) Ελεεντι Ald &c. vid. supra.

εων) Omittit Arch.

τινεσθαι) σινεεσθαι Arch. σινεσθαι Vind Colon post vocem Ald. Cam. I. II. Haereo, servemne τινεσθαι, an σινεσθαι praeoptem; hoc Eustathium vidisse, ipsius βλαψαι testificatur. Enimvero conspectius inter variantes, quas dicunt, exstet. *Wessel.* Suum hic τιννυσθαι, id est τιμωρεισθαι, probabiliter posuerat historicus. Hoc spectans Pausan. III. p. 213. Πρωτεσιλαος, ait, εν Ελαιεντι, εδεν ηρως Αργε Φανερωτερος, ανδρα Περσην ετιμωρησατο Αρταυκτην. *Valken.*

αποινα οι) de Pauw αποινα μοι ταδε — quoniam τιμημα επιθειναι in mulcta irroganda teritur; qui mihi quidem oblitus inter coniectandum videtur, αποινα Nostro praemia esse, quae pro capite penduntur, L. 6. 79. *Wesseling.*

επιθειναι) επιχθηναι Pass. Commata post χρηματων, & των Ald. Cam. I. II. idemque post δ' εμεωυτε, & post διηκοσια.

Αθηναιοισι) Non est in Arch. nec Valla.

υποσχομενος) υπισχομενος Pass. Ask., υπισχνεμενος Arch. ora Steph., quorum elige, quod lubet.

Ελαιε-

Ελευσιοι) Med. Paff. Ask., ceteri cum Ald. Ελευντιοι, tum Πρωτεσιλεω Arch. Vind. Brit. Paff. Ask., vere: Πρωτεσιλαω Ald. Med. &c. Poft καταχρησθηναι colon Ald. Cam. I. II.

ὁ νοος) defideratur in Paff. Arch. Ask Brit. Comma poft ακτην & ες την Ald Cam. I. II.

Comma poft οἱ δε Ald. Cam. I. II.

πολιος) Vind. Ask. Paff. non πολεως, quod olim. Porro σανιδας Paff. margo Steph. & Brit. Vid. Euftath. Hom. p. 1923, 46. Reiskius σανιδι Fruftra. Nofter lib 7. 33. ζωντα προς σανιδα προς διεπασσαλευται, quod geminum: confiderandum enim, ανεκρεμασαν προς σανιδα πασσαλευσαντες. Vide ibi. Weſſel. Poft ανεκρεμασαν punctum Ald. Cam. I. II.

ad Cap. CXXI.

Poft ποιησαντες comma Ald. Cam. I. II.

ες τα ἱρα) Paff. Ask. Arch. Brit. Ald. neglexerant articulum recentiores. Poft εγενετο colon Ald. Cam. I. II.

ad Cap. CXXII.

Αρτεμβαρης) Αρτεβαρης Arch. prave. vide lib. I. 114. Comma poft του ante εκεινοι Ald Camer. I. II. in his colon poft ταδε.

σοι) συ Arch., & Αγυαγην cum Vind. Paff. Ask. Poft φερε colon Ald. Cam. I. II. idemque poft τρηχεην, & comma poft ταυτης.

εχωμεν) σχωμεν Arch. Vind. Poft αμεινω punctum Ald. Cam. I. II

και εκαςερω) defit και Arch. qui ἑκατερω. Vid. VI. 108. VII. 49. 2. Commata poft των & σχοντες Ald. Cam. I. II. εχοντες Arch. Vind. tum πλειοσι Paff. Ask., nulla cauſſa.

οικος

οικος δε) Arch. reliqui εικος. οικος toties laudatum, ex Arch. remigravit. *Weſſel.*

αρχοντας) εχοντας Arch.

κοτε) κοτερα id. Vid. I. 91.

θωῦμασας) θωμασας Arch Habet ſua hinc Plut. T. 2. p. 172. E.

παρηνεε) παραινεε idem. Comma poſt παρασκευαζεϑαy Ald. Cam. I. II. idemque poſt χωρων.

μαλακες ανδρας) Vind. Arch. Valla; alii ανδρας non legunt, nec Ald. Addita vox robur Cyri dicto conciliat. *Weſſel.*

Poſt Περσαy comma Ald. Cam. I. II. οἱ Περσαy Arch., cuius ſcriba librum claudit ita: Ηρoδοτοιο βιβλος κλεινοιο περας λαβεν ωδι.

Poſt αποσαντες comma, quod abeſt poſt ειλοντο, inſertumque poſt μαλλον Ald. Cam. I. II. in quibus in fine libri: Τελος των ιςοριων Ηροδοτȣ. In Paſſ. & Med. ΗΡΟΔΟΤΟΥ ΙΣΤΟΡΙΩΝ Θ. XX. ΗΗΠΙ.

Ad Vitam Homeri.

Herodoto, cuius Mufas hactenus iucundiffime verfavimus, Εξηγησιν hanc [cruditiffimi viri, Jo. Ger. Voffius, Tan. Faber, Th. Ryckius, Jo. Jonfius, Ez. Spanhemius, Steph. Berglerus, aliique abiudicant, contra illi maximopere afferentes nituntur Jo. Alb. Fabricius, Jof. Barnefius, quique eam Londini eleganter defcriptam publicavit, Jo. Reinoldius. Me, in partem cum fit eundum, priores trahunt. Dictionis fane tenor & filum vocabulaque complura Herodotea non funt. Abeft Jonismi perpetua fuavitas, nec de fola fcribarum culpa, quod Berglerus in praefatione ad Homeri Odyffeam bene docuit, atque Herodoti ftudiofos fugere non poteft. Adfunt opiniones praeterea, Herodoteis valde pugnantes. Et quis veterum, qualium de Homeri origine, patria, fatis, carminibusque commemorantium, magna utique corona, Herodoto contribuit unquam? Non nefcio, follertiffimum Fabricium in medium collocaffe Tatianum, Orat. ad Graec. c. 48. tradentem, περι της ποιησεως τȣ Ὁμηρȣ, γενȣς τε αυτȣ, και χρονȣ, καθ᾽ ὃν ηκμασε fedulo Theagenem Rheginum, Stefimbrotum Thafium, Antimachum Colophonium, Herodotumque Halicarnaffenfem inveftigaffe. At quid Tatianus con-

contra tam pertinax priscorum & aequalium scriptorum silentium? Immo verba eius, ubi penitius inspexeris, tantummodo requirunt, ut Herodotus de Homeri aetate & tempore, quo vixerit, commentatus fuerit, quod eum in Euterpe c. 53. sedulo factitasse novimus. Primus, nisi valde fallor, Vitam Homeri obiter Herodoto tribuit Stephanus Byzantinus, tum Suidas, Eustathius, Tzetzes, omnes nimis seri. Laudant, fateor, suavem exordii huius simplicitatem, & cum Clionis principio contendunt Fabricius asseclaeque: sed aemulatio mera est, neque perfecta tamen. Herodotus, bene viri morem si teneo, ταδε απηγησατο, ιςορησας επεξελθειν —, quem & Vitae auctor alibi amplectitur, maluisset. Ubi vero in Musis ȣ πολυφορτος, homo fortunae non amplae? Memini πολυφορτον multa sarcina gravem, qualis Moschi πολυφορτος απηνη. item ολκαδα μυριοφορτον Libanii T. 2. p. 154. D. Si ȣ πολυφορτα — εχων optaveris ex manuscripto & naves intellexeris, nexus sermonis oberit. Ut ut est, libello addidi varietates scripturae ex cod. Barocciano a Reinoldio diligentissime excerptas, praeterea ex Palatino Jungermanni, & Amstelodamensi. *Wetsten.* Nos omnes Reinoldianas observationes criticas recepimus.

Tit. MS. Cod. Barocc. Ηροδοτȣ περι τȣ βιȣ τȣ Ομηρȣ Rein.

Αλικαρινσσος) Αλικαρνασος Rein. Ita prima Edit. Florent. cum Homero in fol. 3. Aldi Editt. duae Argentor. Wolf Cephal. Ita nummum Severi ΑΛΙΚΑΡΝΑΣΕΩΝ ΜΗΤΡΟΠΟΛΕΩΣ cum simplici C. conspiciendum dat Spanhem. p. 626.

Ita

Ita cod. MS. Metae Collegii Novi ubique urbem exhibet *Halicarneſon.* Et quod magis eſt, Herodoto I. 144. eſt Ἁλικαρνησεύς, & urbs Ἁλικαρνησός. (quamquam II. 178. ſit Ἁλικαρνησσος ut & VIII. 104) unde ex more Jonum ſcribendum puto Ἁλικαρνησος. *Rein.*

ad Cap. I.

ὁ Ἁλικαρνασσεύς) Ἁλικαρνασεύς Cod. Amſtelodam. & veteres Edit. *Weſſel.* Idem recepit *Reinold,* obſervans: Ita Edit. Florent. Aldinae & Argentoratenſes, niſi quod vitioſe cum leni ſpiritu. Cod. Barocc. Ἁλικαρνασσεύς, vero nomine & ut ſibi ipſis vulgo ſunt in nummis. Vid. Holſten. ad Steph. in not. p. 26. Spanhem. Edit. Amſtelod. p. 789. Harduini Nummi Popul. & Urb. Vaillant Num. Graec. Imp. p. 80. 97. 116. 143. 149. Herodotum vero ſcripſiſſe puto Ἁλικαρνησεύς, quo modo ſcribitur I. 144. ἀνὴρ ὢν Ἁλικαρνησεύς. Nos quoque Ἁλικαρνησσεύς, quod Jonicum eſt, recipiendum cenſemus, vel ſi non ſit auctor libelli Herodotus.

πολύφορτος) πολύφορτα Barocc.

ad Cap. II.

Poſt λαθραίος comma non habet *Reinold,* qui poſt συμφορῇ punctum ponit, comma omittit poſt πάντων, punctum ponit poſt πολίτας.

δὲ) ἐν Palatin & Barocc., quos ſequitur *Reinold.,* in reliquis, Flor. Ald. 3. & Argentor. 2. δὲ, quos *Weſſeling.* ſecuutus eſt.

Poſt τάδε punctum *Reinold,* qui idem poſt μυχὸν ponit, obſervans: Edit. Florent. Aldi ſecunda, & Mſ. Barocc. μυχὸν, contra Grammaticor.

maticor, regulas, quibus acutus finalis non nisi in Orationis contextu vertitur in gravem. Aldus primus dedit μυχόν in prima & tertia. hunc cum Argentor. prima & aliis ipse sequor.

αὐτῇ) Edit Flor. αὐτή. Nobiscum facit Barocc. Ald. 3, & Argent. 2. *Reinold.* qui pst κτισαντων comma habet.

ταμαλιϛα) Edit. Flor. τὰ μάλιϛα, ut & Ald. tertia & Argentor. 2. duae etiam priores Ald. τα μαλιϛα divisim, sed cum nullo articuli accentu. *Reinold.*

ad Cap. III.

Post προϊοντος comma *Reinold.*

τον καλυμενον) Ita Barocc. At edit. Florent. cum Ald. tribus, & Argent. duobus non repetito articulo. *Reinold.*

ηδη επιτοκος υσα) Jonum est επιτεξευσα Musae primae c. 108. & 111. *Wesseling.* Post δεδορκοτα punctum *Reinold.*

τεως μεν) incipit hic cap. II. *Reinold.*

ἡ Κριθηὶς ἣν) ἣν ἡ Κριθηὶς Barocc. Respexit citando Eustath. ad Hom. p. 913. 3. *Wesseling.* Post λαμβανυσα, & παιδα commata *Reinold.*

ad Cap. IV.

Post χρονον comma *Reinold.*

ων μονοτροπος) εων μυνοτροπος, in quo multisque aliis dialecti forma spernitur. Bene *solitarius* interpreti. Eurip. Androm. 281. Βοτηρα τ᾽ αμφι μονοτροπον νεανιαν. Alibi *asper & immitis,* σκληρος και δυσπειθης in Casaub. Animadv. Athen. lib. VI. 12. *Wesseling.*

αυτω) αυτην Amstelod. & edit. Florent. Sed nobiscum facit Barocc. Ald. 3. & Arg. 2. *Reinold.*

ἕρια τινα) ἕρια τινα *Reinold.* observans; Ita edit.

edit. Florent. & MS. Barocc. sine inclinatione accentus. Primus inclinavit Aldus Grammaticos secutus, & post eum Argentoratenses, cum aliis. — Post ἐρία τινα comma *Reinold,* qui nullum comma post ειργαζετο.

πολω κοσμιω) πολω κοσμω και σωφροσυνη de Pauw. Praeferrem πολω τω κοσμιω Soph. Elect. 878. το κοσμιον μεθεισα συν ταχει μολειν *Wessel.*

ἀλλά τε) ἀλλα τε *Reinold,* observans: Ita Florent. & MS Barocc. ἄλλατε coniunctim, neque aliter, ut videtur, Ald. 3. & Argent. prima.

Post προσαξεθαι punctum *Reinold.* qui punctum post ποιημενος, & comma post παρ' αυτε, punctum post εςαι.

ἔς τ') Ita edit. Florent. & MS. Barocc. separatim, ut Ald. tertia & Argentor. duae, MS. cum spiritu aspero. *Reinold.*

ad Cap. V.

ἤν τε) Ita Florent. Ald. 2. priores, & Argent. prima ἤντε — ἐπιμελήισστε coniunctim MS. Barocc. ut & Ald. tertia separatim. Arg. secunda ἤντε coniunctim, ἐπιμελήης τε separatim. *Reinold.*

επιγενομενε) MS. Barocc. επιγινομενε.

και ἡ) ita Edit. Florent. MS. Barocc. & Ald. 3. Primus articulum omisit Lonicerus in Argentor. *Reinold.* qui in ετελευτην caput finit.

Post ἐφρατο colon *Reinold.,* qui comma post εγχωριοι.

αὐτοθι) αὐτοθεν Pavius maluit; alioqui αὐτοθι & ἐς αὐτην aptanda per redundantiam erunt. *Wessel.*

επικειμενης) περικειμενης Amstelod. non prave. *Wesseling.*

ad Cap. VI.

Μέντες) Μέντης Reinold. bene. idem comma post τοπων, post ανηρ & post χρονω, idemque post πλειν colon & punctum post παντα.

ότι χωρας) ότι τε χωρας Reinold. ex Barocc. Palat. Pleonasmo Homero familiari. In edit. autem Florent. deest particula τε ut & Ald. tribus & Argent. duabus, quos cum Wesselingio sequuti sumus. Post αυτω comma Reinold. idem colon post επιθησεθαι, sed omisit comma post διδασκαλιαν.

ad Cap. VII.

Τυρσηνιης) Ita MS. Barocc. bene. sed Edit. Florent. Ald. 3. & Argent. 2. Τυρσηνιας. sed prior lectio Jonum propria & Herodotea Vid. L. 94. & 163. *Reinold.* qui punctum post εχειν.

εινεκα) ένεκα *Reinold.*

καταλιπειν) Ita edit. Florent. MS. Barocc. Ald. 3. & Argent. 2. sed vitiose pro κατελιπεν. Vide supra. *Reinold.* Fluctuat structura. Aut καταλειπει oportuerat, aut certe κατελιπεν, neque doctiores latuit. *Wessel.*

επιμελιην) επιμελειην Palat. Amstelod. Ita edit. Flor. MS. Barocc. Ald. 3. & Argent. 2. cum *Reinold.* Nos *Wessel.* sequuti. Omnia haec attigit Eustath. ad Homer. p. 1404. 24. *Wessel.* Post εχειν punctum Reinold. qui post επαναπλωσας δε comma non habet.

ανεσηλευσεν) ανεσηλευεν Palat.

και πυθεθαι) Palat. Barocc., Edit. Florent. Ald. 3. & Argentor. 2. vitiose omittunt. και *Reinold.* Copulam codd. adstruunt: ceteroqui
ide

de Pavii voluntate ἐξιϛορησαντι πυθεϑαι. Supra Scriptor και ἰϛορεισν επυνϑανετο. Herodot. autem VII. 195. τατας οἱ Ἑλληνες ἐξιϛορησαντες τα εβα-λοντο πυθεσϑαι απο της Ξερξεω ϛρατιης &c. *Wesseling.*

Post τυφλωϑηναι comma *Reinold.*

ad Cap. VIII.

Post Μεντης abest Comma *Reinold.* qui προσ-εσχεν, & comma post Μελησιγενεα, itemque post συνεβη, sed nullum post οφϑαλμας.

ad Cap. IX.

Incipit hic cap. IV. *Reinold.* qui post προϊον-τος comma habet, sed nullum post πεδια, ponit autem post λεγεται αυτον.

σκυτεῖον τι) σκυτεῖον τι *Reinold.* & ita Edit. Florent. & MS. Barocc. non inclinato accentu. Primus inclinavit Aldus, ut post cum Argentoratenses, aliique. *Reinold.* qui post ταδε punctum.

Αιδεισϑε) Αιδαισϑαι Amstel.

Εριωπιδα) Barnesius Ερατωπιδα κρην, contra tabulas. Haec autem ad Neoteichenses poeta accinens, quomodo recentem eorum urbem Κυμην Εριωπιδα κρην appellare potuit? Namque in Νεον τειχος omnia quadrare, ciusdem positio ad montem Sardenen & amnem Hermum manifesto declarat. Cultissime de Pauw Κυμης Εριωπιδα, κρην, Cumae formosam filiam, quippe matris eius coloniam, quemadmodum| Massilia. Graium filia apud Paullinum. Nolanum, & Tyrus צידון בת| filia Sidonis, in Esaiae [XXIII.

12. *Weſſel.* Quam Pavii certiſſimam emendationem recipiendam cenſemus.

Θεȣ) ρεȣ Amſtel. Poſt Σαρδιην abeſt comma *Reinold.*

ποταμȣ) abeſt ab Amſtel.

αιτεωτα) Palat. Barocc. & edit. Florent. Antea αλγεοντα in Ald. 3. & Argent. duab. αιτεοντα melius.

τυφλεν, και μετεξεν) τυφλον, και εκελευσεν εσιεναι τε αυτον εις το εργαςηριον, και μετεξειν Reinold. ex Barocc. & Palat. In edit Flor. deeſt, ut & Ald. 3. Argent. 2. Quae codd. liberali manu adſpergunt, nec prava ſunt, neque admodum neceſſaria, excepto Barocc. μετεξειν, quod Jonum. *Weſſeling.*

μετεξειν) Ita Barocc. recte. Edit. Flor. Ald. 3. & Argent. 2. μεθεξειν. Sed illud magis Jonicum eſt. *Reinold.*

κατημενος) edit Flor. & MS. Barocc. καθημενος, lectio minus Jonica. Ita Ald. 3. & Argent. 2. *Reinold*, qui poſt αυτω punctum ponit.

ες το μεσον) Ita Edit. Flor. Ald. 3. & Argent. 2. Sed MS. Barocc. εις, uti videtur, minus recte. *Reinold.* qui poſt αποφαινομενος comma omiſit.

θωϋματος) Ita MS. Barocc. Edit. Flor. minus recte θαυματος. Cum Barocc. faciunt Ald. 3. & Argent. 2. *Reinold.*

ad Cap. X.

δε οι Νεοτειχεις) Reſpexit haec Steph. Byz. in Νεον τειχος; ubi: Το εθνικον Νεοτειχιτης, 'ως Χωλοτειχιτης· ὡς Ἡροδοτος εν Ομηρȣ βια. Ergone eius

eius hic tempore Νεοτειχιται; non puto. Optime L. Holſtenius mutila Stephani farſit, ὡς Χαλοτειχίτης· καὶ Νεοτείχευς, ὡς Ἡρόδοτος &c. *Weſſeling.* MS. Barocc. δ᾽ οἱ, ſed minus Jonice. Nobiscum faciunt edit. Flor. Ald. 3. & Argentor. 2. *Reinold.* qui comma poſt χωρον, & poſt του τοπου.

ad Cap. XI.

Incipit hic cap. V. *Reinold.*

εἴ τι) Ita Palat. & Barocc. cum *Reinold.* Edit. Flor. Ald. 3. & Argent. 2. ὅτι, ſed ut puto, peius. Non enim certo ſciebat, ſed viſurus erat, ſi ſibi melius ibi fuerit. *Reinold.* qui poſt πορευεσθαι comma omiſit, & colon ponit poſt ανδρων, nullum vero comma poſt πορευομενος, ſed punctum poſt ευπορωτατον, comma poſt και omittens.

ποιει και) ποιει το Palat. Barocc. e quibus *Reinold.* και Edit. Flor. Ald. 3. & Argent. 2. quod cum *Weſſeling.* praetulimus.

μνηματος τȣ Γορδιεω) μνηματος Μιδεω τȣ Γορδιεω praeſtaret. *Weſſel.* Recipiendam hanc ducimus emendationem. Poſt επιγεγραπται colon *Reinold.*

Χαλκη) Ita Edit. Flor. MS. Barocc. Ald. 3. & Argent. 2. niſi quod Barocc. vitioſe Καλκη. Aldin. prima & tertia Αλκη. Magis Jonicum, fateor, quod exhibet Barnes. Χαλκεη *Reinold.*

Μιδȣ) Μιδεω Barocc. ex eoque *Reinold.* Μιδα Dio Chryſoſt. in Corinth. p. 465. & Anthol. lib. III. p. 319. *Weſſeling.* Edit. Florent. Ald. tres, & Argent. 2. Μιδȣ, quos cum *Weſſel.* ſe-

sequuti sumus, sed nunc Μιδεω ex Jonum mente praeferremus.

ϱεη) ναη Plato in Phaedro p. 264. Sext. Empir. Hypot. lib. II. p. 75, nec constanter tamen, ut ibi Fabricius, tum Longin. περι υψ. Sect. 36. ρεοι & τεθηλοι Barocc. Amstel. & Heresbachii liber. Versus principium in Platone οΦρ αν. Weßel. ρεοι Reinold. ex edit. Flor. MS. Barocc. Ald. 3. & Argent. 2. ut etiam τεθηλοι & λαμποι.

λαμπη) Plato. Dio Chrys. Diog. Laërt. I. 89. alii λαμποι cum Barocc. Amstel. Heresbach. Reinoldo, qui nullum comma post vocem.

και ποταμοι &c) Versum hunc Amst. Barocc. Heresbach. Plato, Dio Chrys & Anthol. non norunt. Edebatur ποταμοι ρεωσιν. Omisit cum Reinold. Addita a Jungermanno, sed versus modulum posthabente, videntur. In Diogene και ποταμοι γε ρεωσιν — Apud alios και ποταμοι πληθωσιν — Barnesio probante. Sequor Diogenem. Weßel.

πολυκλαυτȣ επι τυμβȣ) Plato Barocc. Palat. Amstel. edit. Flor. Reinold. Primus Aldus dedit πολυκλαυτῳ επι τυμβῳ, quem sequuntur Argentor. aliique. alibi πολυκλαυτω.

αγγελεω) σημανεω Certamen Homeri & Hesiodi.

ad Cap. XII.

Post λεγων comma Reinold.

θελοιεν) θελειεν Amstel. Post ακȣσι abest comma Reinold.

και αυτοι παρηνεον) Ad aures ingrata accidunt ob vicina και αυτοι εφασαν· quam insuavitatem

tatem Pavius scribendo και αυτῶ παρηνεον imminutum ivit. *Wessel.* Post παρηνεον comma. *Rein.* qui comma quoque post βαλευτεων & post συλλεγομενης, sed nullum post βαλειον.

ελθων επι το βαλειον) Quo modo excusabitur? Βαλειαν de senatoria dignitate dextre H. Valesius ad Harpocrat. p. 105. illustravit; ubi, quaeso, βαλειον pro curia & senatorum confessu in Herodoto? *Wesseling.*

αυτον) Palat. Barocc. e quibus *Wessel.* Sed Edit. Flor. Ald. tertia & Argent. 2., uti *Reinold.* dedit, αυτον, qui & comma post και ante επει non habet, sed ponit comma post λογον.

ad Cap. XIII.

εβαλευοντο ὅ, τι) εβαλευοντο, ὅτι *Reinold.*

αλλα τε) Ita edit. Florent. & MS. Barocc. Ald. autem τε sine accentu, ut & Argent. *Reinold.*

εξασιν) εκασιν *Reinold.* quod error videtur typographi. Post Ὁμηρος colon Reinold. & Wesseling. Nos in fine capitis punctum maluimus.

ad Cap. XIV.

Post Ὁμηρον colon *Reinold.*

και τη αλλη) και addidit ex scripto Galeus. Florent. MS. Barocc. Ald. 3tia & Argentor. duae, και non habent, quod ideo omisit Reinold.

τη χρημη) Attigit Suidas in v. Post εσυμφορηνε τε comma Reinold. qui colon post ταδε.

ἣν ποτ' επυργωσαν) Vexat ista Leo Allatius de Patria Homeri c. 12. Quae enim erant illa γανατα μητρος αιδοιης, genua matris reverendae; in quibus Juppiter αταλλε, nutriebat; quibus

postea

postea inconcinna fententia addit, ἣν ποτ' ἐπυργωσαν λαοι Φρικωνες, quam populi Phriconis
aedificarunt. Sane quid fibi velit Auctor non
capio: quid debuiffet dicere, iam percipio.
Hactenus ille. Vexatio ceffabit fortaffe leni medicina, ᾗ ποτ' ἐπυργωσαν, ubi olim condide-
runt, formando. Λαοι Φρικωνος Cumani, ex
Locrenfium monte Phricio; Φρικιω, Poeta Φρι-
κωνα vocat, prope Thermopylas olim in Afiam
progreffi apud Strabon. XIII. p. 422. A. Confule
L. Holften. ad Steph. Byz. Φρικιον *Weffel*. Poft ἱπ-
πων colon *Reinold.*, qui comma poft Αρηα, poft
Σμυρνην & αλιγειτονα, itemque poft ποτνιαγακτον,
punctum poft Μελητος.

κεραι Διος, αγλαα) κεραι, Διος αγλαα
Reinold.

διαν) διαν MS. Barocc. & *Reinold.* qui, recte, inquit, nam a Ζευς vel Δις, Διός fit Διιος,
Διια, Διιον, contracte Διος, Δια, Διον. Aldus
primus, dedit διαν, quem fequuntur Argentor.
& alii. Poft ανδρων punctum *Reinold.*

ονειδειησιν) Edit. Florent. MS. Barocc. Ald.
tres & Argent. duae omnes vitiofe ονειδεσιν.
Reinold., qui poft δ' ἐγω comma, idemque poft
τλησομαι.

ακρααντα) Barocc. Edit. Flor. *Reinold.* Ald.
3. & Argent. 2. ακρααντον, fed male. Vid. Odyff.
τ. 365. *Reinold.* Ακρααντον verfus modum iu-
gulabat, quod Pavium Barnefiumque fugere
non potuit. *Weffel*. Poft ὁρμαινεσι punctum
Reinold.

δε με) ita MS. Barocc. Vitiofe Edit. Flor.
Ald. 3. & Argent. 2. μοι. quod in Amftel. &
Heresbach. quoque invenit *Weffel*.

αλλοἀλλοδαπῶν) ita Barocc. & Florent. edit., ἀλλοδαπον, Ald. 3. & Argent. 2, sed minus recte. *Reinold.* Praestat ἀλλοδαπῶν. Barnesiana inspice ad Il. ω. 481. *Wessel.*

ad Cap. XV.

Incipit hic Reinold, cap. 6. qui post γενέσθαι comma ponit.

ὅς τις) ὅτις Barocc. edit. Florent. Ald. 3. & Argent. 2. non male, est enim Jonicum.

ἐπαγλαιεῖ) ἐπαγλαΐει Reinold. qui comma post Φωκαίην non habet.

τίς ἦν) Habet accentum τὶς tum in edit. Florent. tum in MS. Barocc. nisi quod in priore vitiose sit τίς. Primus sine accentu dedit Aldus, quem sequuntur Argentor. & alii. *Reinold.*, qui comma post ποίησιν omisit.

ἐθέλοι) Ita Edit. Florent. Ald. 3. & Argent. 2. sed MS. Barocc. ἐθέλει. Post ποιῶν comma Reinold.

ad Cap. XVI.

Post ἀκούσαντι nullum comma *Reinold.*

γὰρ ἦν) Ita Edit. Flor. Ald. 3. & Argent. 2. MS. Barocc. & Palat. εἶναι, quod ferri posset. *Reinold.* qui comma post Θεσπορίδῃ.

εὔπωλον) εὔπωλον *Reinold.* observans: ita Edit. Flor. & MS. Barocc. cum Spondaeo in quinto loco. Primus dedit Aldus εὔπωλον cum dialysi, quem sequuntur Argent. I. & alii praeter Argent. secundam.

πολλὰ παθών) Ita edit. Flor. Ald. 3 & Argent. 2. πόλλ᾽ ἐπαθον MS. Barocc. & Palat. sed alterum magis est ex Jonum usu *Reinold.*

ἣν φασιν) Edit. Flor. ἣν φασὶν, sed nobiscum faciunt MS. Barocc. Ald. 3. & Argent. 2. & Grammatici. *Reinold.*; qui comma nullum post απαλλασσεσθαι, sed comma post εξιδιωσασθαι ponit.

Θεσοριδης) Θεσοριδη *Reinold.*, qui observat: Edit. Florent. MS. Barocc. Ald. 3. & Argent. 2. omnes Θεστοριδης. Sed illum Atticismum vocativi non novit Homerus.

νοﬢ) Edit. Flor. MS. Barocc. Ald. 3. & Argent. 2. νοον, omnes vitiose. *Reinold.*

και διδασκαλιην) Amstel. Palat. Barocc. recte, cum edit. Flor. Ald. 3. & Argent. 2. και την διδασκαλιην alii. *Wessel.* & *Reinold.* qui post κατεσκευασατο comma habet, idemque post επιδερκυμενος & post ειχε.

ad Cap. XVII.

Incipit Caput. 7. *Reinold.*

εμποροι) Ita MS. Barocc. Amstel. Sed edit. Flor. Ald. 3. & Argent. 2. omnes male εμπειροι. *Reinold.* Erunt fortasse, quibus εμπειροι arridebunt. Sed enim Jungermannum adi ad Polluc. VII. 7. commentantem *Wessel.*

Post Ὀμνεﬢ comma *Reinold.* idemque post εξηγγελλον, & post επεα ταυτα.

καρτα πολλον επαινον) Edit Flor. Ald. 3. & Argent. 2. καρτα πολλον εχει nullo cum substantivo. MS. Barocc. & Palat. ωφελημα καρτα πολλον επαινεν, uti dedit *Reinold.*, forte nimis, observans, cum unum sit satis, quamquam ferri potest per appositionem ωφελημα επαινον εχει. Sed cum sexta ante linea legatur επαινον τε πολλον ειχε και ωφελειτο, videtur scribendum ωφελημα ὠφέλημα κάρτα πολλον και επαινον εχει. — ὠφελήμα και κάρτα — Barnesius. Equidem Reinoldio, modo accessione locus indigeret, calculum apponerem. *Wessel.*

Post κατενοησεν comma *Reinold,* qui nullum post λιμενα.

Ερυθραιην) Ita MS. Barocc. Sed Edit. Flor. Ald. 3 & Argent. 2. Ερυθραιαν, minus ex Jonum proprietate. *Reinold.*

επι ξυλε) melius επι ξυλον, uti c. 6. καταπεπλευκως επι σιτον. Vise Valkenarii scripta ad Polymn. c. 193. *Wessel.*

και προσαγωγα) Palat. Barocc. Amstel. recte. και deerat Edit. Flor. Ald. 3. & Argent. 2, quos sequitur *Reinold,* qui colon post πεισεν habet. Idem comma post αυτες non posuit, sed punctum post εσεβη & post ταδε.

καλον) MS. Barocc. recte distinguit puncto post καλον. Non enim est δος ιδεσθαι ιερον καλον, sed δος ιερον καλον, και ιδεσθαι απημονα νοσον. *Reinold.*

ιδεσθαι) αρεσθαι Suidas in Ὁμηρος.

αιδοιαν) Barocc. αιδοιον veteres editi Flor. Ald. 3. & Argent. 2. cum Herestach., neque absurde illi. *Wessel.* Editos sequitur Reinold; οσιων γε Edit. Flor. MS. Barocc. Ald. 3, & Argent. 2.

φωτά τε) φωτα τε edit. Flor. & MS. Barocc. non inclinato accentu τε. Primus inclinavit Ald. quem sequuntur Argent. & alii. Reinold., qui Barocc. sequitur, & post ηπεροπευσας comma omittit.

ξενιην τε τραπεζην) Ita Edit. Flor. MS. Barocc. Ald. 3. & Argent. 2. ξενιην desit Amstel.

ad Cap. XVIII.

την αυλιν) Palat. Barocc. Sed edit. Flor. Ald. 3. & Argent. 2. αυλην. Herodoti Musae dictionem aversantur. Praestabilior tamen est prae olim recepta. Maximus, Philos. περι καταρχων v. 343. και ευ τεμενει κρυφιην ποιευμεος αυλιν. *Weſſel.*

δε 'Ομηρος) MS. Barocc. δ', sed altera magis Jonismum sapit, quam dedere edit. Flor. Ald. 3. & Argent. 2. *Reinold..* qui post 'Ομηρος comma, sed nullum post Ερυθραιης.

τα επεα) Ita MS. Barocc. & Palat. Ita fere alibi, vid. p. 9. Sed edit. Flor. Ald. 3. & Argent. 2. ταδε επεα sine articulo. post επεα punctum *Reinold.* qui comma post γη.

απικομενος δε) Ita Edit. Flor. Ald. 3. & Argent. 2. sed MS. Barocc. δ', sed altera magis est Jonica. *Reinold.* qui post Φωκαιη comma omittit.

ad Cap. XIX.

αποςολον) Aliis πλοιον adiungere mos est. conf. Ruhnken. ad Timaei Lex. p. 31. *Weſſel.*

τισι) Ita non inclinato accentu Edit. Flor. MS. Barocc. Ald. 3. Argent. 2. *Reinold.* qui nulla comma post οι δε & ποιησαμενοι, punctum post επεα.

ςυγερη εναλιγκιοι ατη) ςυγεροι & ατη Suidas. πτωκασιν αιθυιησι) πτωκασιν idem, prius πτωκασιν. Porro τον δυσζηλον Suidas prave. Pavidi mergi sunt: πτωκαδες, non utique πτωχαδες sive mendici. Consimilis in scriptione, sicuti Kusterus animadvertit, variatio in Soph. Phil. 1131.

Wes-

Weſſel. πτωχασιν Reinold. αιθυίησι optime MS. Barocc. Edit. Flor. αιθεσησιν. Ald. 3tia αιγυίησιν prima & secunda, item Argent. 2. αιθυίησιν omnes vitiose *Reinold.*

μετ' οπις) ita legendum pro μετοπις, quod est in MS. Barocc. Ald. 3. & Argent. 2. Peſſime edit. Flor. μετοπιν. *Reinold.* Suidas μετοπιθεν οπις ξενιων, ὅς κ', versum luxans. *Weſſel.*

Post συνεβη abest comma *Reinold.*, qui nec id ponit post γενομενȣ, & colon habet post κυματωγης, punctum vero post ταδε, & post γενομενος. Pedestri sermone ne Homerus loqueretur, fingere Barnesio libuit.

Ύμεας, ω ξεινοι, ανεμος λαβεν αντιος ελθων.
Αλλ' εμευων δεξασθε, και ὁ πλοος εσσεται υμιν.
Quos ego versus illi redono. Vitae auctori non illa fuit sapientia. *Weſſel.*

οἱ δ' ἀλαις) MS. Barocc. οἱ δε edit. Flor. Ald. 3. Argent. 2. quod magis Jonicum. *Reinold.* ideoque sequutus est.

μεταμελιη) μεταμελεια Palat. Barocc. Amstel. Florent. Ald. 3. Argent. 2 Reinold.

ad Cap. XX.

Incipit. Cap. 8. *Reinold.*

πορευομενος). πολευομενος Barocc. Amstelod. Edit. Flor. Sed rectius Aldus dedit πορευομενος, quem sequuntur Argent. & alii cum Reinold. & *Weſſeling.* Absunt commata post πορευομενος & πλαιωμενος *Reinold.* idemque post χωριον, sed abest post την νυκτα.

ςροβιλον) Prodit recentiorem aetatem scriptor Jonica aemulatus. Prisci Graecorum pini fructum sive nucem constanter κωνον, seriores ϛροβιλον nuncuparunt. Teftis ifto in genere gravis Galenus Comment. IV. in Hippocr. de Rat. Vict. Sect. 53. ὁ μὲν γὰρ κόκκαλος ὑπ' αὐτῦ λελεγμενος, ἐχ ἔτως, ἀλλὰ ΚΩΝΟΣ μᾶλλον ὑπο των παλαιων Ἑλληνων ονομαζεται, καθαπερ ὑπο των νεωτερων ιατρων σχεδον ἀπαντων ΣΤΡΟΒΙΛΟΣ · & lib. II. de Alim. Facult. c. 17. καλῦσι οἱ νῦν Ἕλληνες ἃ ΚΩΝΟΤΣ, ἀλλα ϛροβιλᾶς αὐτᾶς. Quae quidem Galeni Ez. Spanhem. Diff. VI. de ufu & praeft. numism. p. 309 fignificans, veriffime adiunxit, ut vel inde, etfi non alia id arguerent, longe recentiorem, quam vulgo etiam creditur, exftitiffe liqueat vitae illius (Homeri) Scriptorem &c. *Weſſel.*

τὰ ἐπεα) Ita MS. Barocc. & Palat. ex Jonum proprietate, toties fupra confirmata. Edit. Flor. Ald. 3. Argent. 2. ἐπη minus recte. *Reinold.* poft ταδε punctum *Reinold.*

τίς σῦ) Ita Edit. Flor. MS. Barocc. Ald. 3. & Argent. 2. poft σῦ & πευκη commata *Reinold.*

ινσιν) αυησοι Suidas. Poft ηνεμοεσσης punctum *Reinold.*

Δηιος) αριζος Suidas.

ad Cap. XXL

Φωνήν τινα) Ita Edit. Flor. Aldin. 3. & Argentor. 2. fed MS. Barocc. Φωνὴν τινὰ *Reinold.* qui poft Γλαυκος comma habet, nullum poft ανεκαλετο.

επεδραμεν οϛαλεως) Pavius, quo nitidior fermo procederet, ἐπεδραμων οϛαλεως. Quem in modum fi plura huius ἐξηγησεως, mala apta, concinnanda forent, quis finis? Οϛαλεως Homeri

meri fibi fcriptor habeat, Herodotus ufurpare
noluit. *Weſſel.*

ὅ, τι) ὅτι *Reinold.* qui punctum poſt θελων,
comma ὁ δε Ὅμηρος.

ἑωῦτȣ) Amſtel. Barocc. Edit. Flor. ἑαυτȣ̈
quos ſequitur Reinold. Fateor, inquit, ἑωῦτȣ,
quod dedit Aldus & poſt cum Argentor., magis
eſſe Jonicum. Sed mihi relegio eſt, diſcedere a
MSS. *Reinold.* Nos cum Weſſelingio ἑωῦτȣ Aldinum
praeferendum cenſuimus. Poſt καταλεγομενας
comma non habet Reinold; neque poſt ην
γαρ & ὡς ἐοικεν poſuit.

πυρ τε) Palat. Barocc. πυρ δε Edit. Flor. Ald.
3. Argent. 2. cum Reinold., qui comma non habet
poſt ανακαυσας, neque poſt παραθεις.

ad Cap. XXII.

Poſt δεϊπνȣντα abeſt comma Reinold, qui
poſt ταδε punctum.

επιων το επος &c) Ita hunc verſum habent
Edit. Flor. MS. Barocc. Ald. 3. & Argent. 2.
tantum diſtinctiones ſunt a nobis, *Reinold.* qui
poſt επος & θησω commata poſuit. Ex ſcripto
Lipſienſi Berglerus appoſuit επιων τοι επος τι τοι
ενι. In Suida βροτων επιοπτα, επος τι σοι εν Φρε.
Maluit ob cod. Lipſ. Berglerus επιων τοι επος τι
ενι Φρεσι θησω. Aliis alia placuerunt. Praeferrem
ex Suida, praeclare ex Kuſtero adiecto,
Γλαυκε, βοτων επιοπτα, επος τοδ᾽ ενι Φρεσι θησω.
Erat enim Glaucus caprarum cuſtos. Barneſius
non diſſentit. *Weſſeling.*

ὡς γαρ) τως Suidas.

ὁ γαρ) Ita edit. Flor. MS. Barocc. Ald. 3. &
Argent. 2. tamquam pro ὁτι γαρ. *Reinold.* qui
poſt

poſt Γλαυκος comma non habet, neque poſt δειπνησαντες δε, ſed ponit poſt ἑωυτȣ.

ακȣων) Ita edit. Flor. Ald. 3. & Argent. 2. ſed Barocc. & Palat. εσακȣων, quod minus probat Reinold. quia praecesserat εσαπικοιτο Comma nullum poſt τοτε μεν Reinold.

ανεπαυετο) Ita edit. Flor. Ald. 3. & Argent. 2. ſed MS. Barocc & Palat. ανεπαυε, quod minus recte opinatur Reinold, damnavitque Weſſel.

ad. Cap. XXIII.

Poſt πορευϑηναι abeſt comma Reinold. qui omiſit idem poſt αιγας.

δια ταχεων) Ita diviſim edit. Flor. MS. Barocc. Ald. 3. Agent. 2.

τȣ χωρȣ τȣτȣ) Pavius πλησιον τȣ Χιȣ τȣτο, quod Boliſſus haud procul Chio, me invito & minime laudante. χωριον praedium eſt, ubi Glaucus pecudum cuſtodiae invigilabat. Weſſel. Poſt δεσποτη abeſt comma Reinold.

αφιξιος) Ita edit. Flor. MS. Barocc. Ald. 3. & Argent. 2.

ποιευμενος) Ita edit. Flor. MS. Barocc. Ald. 3. & Argent. 2. Jones enim contrahunt εο pro ευ in ευ Reinold. ποιευμενος quoque Palat. Amſtel. olim ποιυμενος. Weſſel.

ηρωτεε τε) ηρωτα τε Palat. Barocc. Sed editum magis Jonicum, quod habent Edit. Flor. Ald. 3. & Argent. 2. ὁτι Reinold.

ὁ δε) Edit. Flor. & MS. Barocc. ὁδε coniunctim, ſed minus recte. Separavit Aldus, quem ſequuntur Argent. & alii. Reinold.

ad Cap. XXIV.

εκελευτε) εκελευε Palat. Post ὁ Χιος abest comma Reinold. ponit comma post εμπειρον.

Βολισσω) In MS. Barocc. μελισσω, at supra μ scribitur κ. Reinold. qui post ποιησει comma.

ad Cap. XXV.

Incipit caput. 9. Reinold.

περιιοντος) περσιοντες Amstel. Post κατασκευ- ασαμενος abest comma Reinold. abest quoque post ἱκανον, insertum post εγημεν.

ad Cap. XXVI.

Post ποιησει abest comma Reinold.

ενοσηλευεν) Palat. Barocc. Edit. Flor. Ald. 3. & Argent. 2. Reinold. alii ενοσηλευσεν Wessel.

εκτενως) Ita edit. Flor. MS. Barocc. Ald. 3. & Argent. 2. Reinold.

ες την) Ita edit. Flor. Ald. 3. & Argent. 2. sed MS. Barocc. ας minus recte. Reinold., qui post ποιησας nullum comma.

πολλαχη) πολλακη Reinold. error fortasse typographi.

εικοιην) εικοιαν Barroc. Olim εικοίην Edit. Flor. Ald. 3. & Arg. 2., sed ut opinatur Reinold., minus recte; cum Jones α nonnisi cum productum fuerit, in η vertunt.

Οδυσσεη) Ita Palat. & Barocc. ex Jonicae dialecti genio. Edit. Flor. Ald. 3. & Argent. 2. Οδυσσεια. Post επεσι colon Reinold.

ὅς δη) Barocc. & edit. Flor. quos Reinold. & Wesseling. sequuti, ὅς τε Heresbach. cum Ald. 3. & Argent. 2., sed peccante metro, uti

Rein.

Reinold. obfervavit. ὅς τις editi, tefte Wefſeling. ſed quinam? cum in Aldinis & Argentorat. ὅς τε Reinold. invenit; qui poſt καὶ πάλιν colon poſuit — Cur καὶ πάλιν, cum verſus iſte prae- ſcriptis artiſſime adhaereat? *Weſſel.*

εκπεριεπλευσε) Ita Barocc. ſed edit. Flor. Ald. 3. & Argent, εκπεριεπλευσεν, minus recte, ſequente conſona. *Reinold.*

οιδε) οἶδε Amſtel. Poſt τοισδε colon *Reinold.*

ἀπεδωκε δε) Ita edit. Flor. Ald. 3. & Arg. 2, ſed Mſ. Barocc. omittit *δε. Reinold.* qui poſt Νεω τειχεα comma non habet, ſed colon ponit poſt τοισδε, & comma poſt ἐπταβοειον.

ad Cap. XXVII.

εὐδοκιμᾷ) Ita edit. Flor. MS. Barocc. Ald. 3. & Argent. 2. & poſt Ὁμηρος comma Reinold. qui nullum ponit poſt Ἰωνιαν, neque poſt Χιω. οικεων, & ευδοκιμεων nominativi, ut videtur, ab- ſolute ſumti. *Reinold.*

ἀπικεομένων) Ita edit. Flor. MS. Barocc. Ald. 3. & Argent. 2.

ad Cap. XXVIII.

Comma poſt μεγαλυτων, nullum poſt κατα- λογω ponit Reinold. qui colon poſt τάδε habet. Quis vero laudibus feret εμποιες ες την ποιησιν, ες μεν Ιλιαδα την μεγαλην — εν νεων καταλογω; Cenſuitne, lectores ignoraturos, Νεων καταλο- γον partem Iliados abſolvere? Prudentius & ſim- plicius poſt pauca Σαλαμινιες εν νεων καταλογω εταξεν. Herodotus ſemel duntaxat, neque abs- que diſputatione ad eum modum, επιμεμνηται δε δε αυτε εν Διομηδεος αριστειη L. II, 116. ubi *Valken. Wesseling.*

Post ειπε colon Reinold.

ἡγεμονευ᾽ υἱος) ἡγεμονευεν Barocc. Heresbach. Edit. Flor. Ald. 1. 2. & 3. & Argentor. 2. omnes uno ore: quod Reinold. excellentius decernit. Receptum servat Wesseling., quod & in Poeta. Apud Gronov., inquit Reinold., & in Homeri editionibus ἡγεμονευ᾽ υἱος. υἱος autem non raro priorem corripit apud Homerum, ut Il. Δ. 473. Ενθ᾽ εβαλ᾽ Ανθεμιωνος υἱος Τελαμωνιος Αιας. Post Μενεθευς comma apud Reinold. idemque post ἱππους τε, sed punctum post ταδε.

Οδυσσειην) Ita Edit. Flor. MS. Barocc. Ald. 3. Argent. 2. Reinold. Οδυσσειαν Amstel. Post μαλιςα punctum Reinold.

ες Αθηνας) ες deest Heresbach. Haud reminiscor, qua ex εκδοσει ista fluxerint. Nostra aliter, nihil varietatis Eustathio adferente, Odyss. H. 81. *Wessel.* Post Αθηνας comma Reinold.

ad Cap. XXIX.

Incipit caput 10. *Reinold.*

ποιεισθαι) ποιησασθαι Palat. Barocc. post πλην abest comma Rein., qui post Απατερια colon posuit; sed comma nullum post διηγησατο. punctum vero post αγειν αυτον, & comma nullum post ὁ δε, neque post Ὁμηρῳ, colon vero post ελεξεν.

συνεορτασοντα) Ita Edit. Flor. MS. Barocc. Ald. 3. & Argent.

ηει) ειη Barocc. Amstel. cum vitio.

ad Cap. XXX.

εγχριμπτεται) εγχριμπεται Amstel. Post προς αυτον abest comma Reinold., qui id posuit post Ανερ.

ες θυμον τε εβαλε το ρηθεν) Non inprobo. Herodotus ες θυμον εβαλετο mavult L. VII. 51. VII. 68. &c. *Wesseling*. MS. Barocc. εμαλε nec tamen cum vitio. μ enim in medio vocum in Graecis codd. usurpatur pro β, nec diversa est litera. Vide Alphabetum Graecum ex codd. quartae classis ap. Wetsten. in Proleg ad N. T. Graec. Edition. accuratiss. pag. I. *Reinold.*, qui post αγοιτα comma ponit.

ιρα) Ita edit. Flor. Ald. 3. & Argent. 2. ita & MS. Barocc., non ιρα, ut monuit Barnesius: quainquam ιρα magis esse ex Jonum usu fatetur *Reinold.*, qui post διηγησατο comma habet. De Κεροτοφα multa hic Alex. Politus. *Wessel.* Post ο δε & ακκσας commata non habet Reinold., sed posuit comma post οιχομενω.

μεν ανηναθαι) απανηναθαι Suidas. Post ευιην punctum Reinold.

ωρη μεν απαμβλυνται) ουραι μεν απημβλυνται Suidas & Eustath. ad Hom. p. 1968. 41., ων ισχυς μεν απημβλ. Athen. L. 13. p. 592., απαμβλυνεται cum Barocc. & Heresbach. Edit. Flor. Ald. 3tia & Argent. 2. legendum censuerunt, quod editum est, Reinold. & Wessel. polysyllaba oxytona in υνω, prior inquit, producunt penultimam in praesenti & imperfecto. — Verius απαμβλ. *Wessel.* ait, nisi απημβλυνται praeponatur. Pristinum syllabae penultimae modulus recusat. Suidae vero & Eustathii ων υραι — quorum caudae salaces, διττογραφιαν sistunt, sicuti

sicuti ὧν ισχυς —, nti Athenaei codd., glossam.
Fuisse olim, qui Sophoclis, admodum senis,
epigramma perhiberent, esse tamen εκ των εις
Ὅμηρον αναφερομενων, ex eodem Athenaeo discimus.

ad Cap. XXXI.

de ηλθεν) MS. Barocc. επει δ' ηλθεν, sed alterum, quod exhibent Editt. Flor. Ald. 3. & Argent. 2., magis Jonismum sapit. *Reinold.* qui comma habet post ακη.

εδαινυντο) εδαιννυντο Amstel. Barocc. edit. Flor. Ald. 2da & Argent. 2. quos *Reinold.* sequitur: cum simplici ν primus dedit Ald. in 1ma & 3tia, quem sequutus *Wesseling.* Post λεγχσι comma non habet Reinold, qui post ειπεν punctum posuit, omisit comma post στεφανος, posuitque post παιδες, nullum vero post πυργει δε, & colon post πολμος, comma post κοσμος, nullum post υης δε, & punctum post θαλασσης.

οικον αεξει) E cod. Lips. qui teste Borglero sic legit, adscivit Wessel. Par Burnesii institutum. αυξει οικον Reinold. cum editt. & punctum post οικον.

αταρ) Edit. Flor. contra metrum αυταρ. ceterae omnes αταρ. Post βασιληες comma Reinold., idemque post πυρος.

Αιθομενη) Utitur versu Plut. 2. p. 762. Huic autem annectit Certam. Hom. & Heliod. Ἡματι χειμερω, οποτας νιφησι Κρονιων.

Post εισελθων δε comma nullum ap. Reinold,

και κατακλιθεις) Copulativam optime dedit. Barocc. & Palat. male omissam ab Edit. Flor. aliisque. *Reinold.*

T 5   εδαι-

ἐδαίνυτο) sic Ald. in 1ma & 3tia. Iterum
cum duplici ν Barocc. & Amstel. Edit. Flor. Ald.
2da & Argentor. 2.

ad Cap. XXXII.

εγκαιοντες) Suidas & Barocc. bene. *Wessel.*
Ita scriptum est supra καιομενε πυρος. Ita saepe
Herodotus, εγκαοτες, quod exhibent Editt.
Flor. Ald. 3. & Argent. 2. magis Atticum est.
Reinold. qui comma post ειη habet.

και ὅ, τι) sic primus Aldus in 1. & 3, quem
sequitur *Wessel.* και ὅτι coniunctim Barocc. edit.
Flor. Ald. 2. Arg. 2. & *Reinold*, qui post καμινος
punctum posuit.

αεισω) κοιδης Suidas, plura prave exhibens.
Post αγ' comma, sed nullum post Αθηναια
Reinold.

μελανθεσεν) μαρανθεσεν Suidas. περανθεσεν
Pollux X. 85. Interpres Suidae μαρανθεσεν sequitur, non bene. Μαραινεσθαι vasis fictilibus, in
fornace excoquendis, vix convenit. Μελανθειεν,
nigrescant, ferri poterit, quamquam commodius ex Polluce περανθεσεν, absolvantur probe.
Wessel.

μαλ' ιρα) μαλ' ιιερα Amstel. ιερα! Barocc.
edit. Flor. μαλ' ιρα Suidas, Aldus, qui primus
dedit, quem sequuntur Argent. aliique, & recte
eum dactylus aut tribrachys non locum habeant
in sexto pede hexametri; & ιρα pro ιερα Jonicum est, ut ex Herodoto discitur, frequenti-
que in usu Homero. παντα μαλ' ιρα omnia sacra
admodum, nempe vasa. *Reinold.* παντα κατασρα
Pollux. Variae doctorum fluctuationes. Portus μαλ' υγρα ad Suidam, quorsum Latina vergunt:

gunt: Barnefius, levi fed audace mutatione, μαλ' ἐυρω. In vulgato acquiescunt, in verfione difcordes. *Reinoldius* &, qui, *omnia eximia* vafa, *Pavius*. Equidem παντα κανατρα Pollucis unice laudo. Κανατρα, quae docta Hemfterhufii ad Pollucem obfervatio, & ex vimine plectebantur, & vafa erant fictilia, forte ad caniftrorum formam. Nihil certe his aptius. *Weffel*.

Poft καλως comma Reinold.

τεμης ωνον αρεσθαι) τιμη ονεαρ ἑλεσθαι Suidas.

πωλευμενα) MS. Barocc. male πολευμενα.

δ' αγυιαις) δεναγυιαις Amftel. Barocc. edit. Flor. male. Metro confuluit Aldus, quem Argent. & alii fequuntur. *Reinold*.

Poft κερδηναι comma Reinold. Ita edit. Flor. MS. Barocc. Ald. & Argent.

σφι) Edit. Flor. & MS. Barocc. iterum male σφιν. primus reftituit metrum Aldus. *Reinold*.

νοησαι) In omnibus his infinitivis, ne quis offendat in modi mutatione, fubintelligitur ειη, vel εςω, vel δος, aut huiusmodi aliquod verbum. *Reinold*. Suidae ως σφιν αεισαι Barnefio, tam quam modeftum fummi poetae votum arrifit. In edito intelligi cum Reinoldio ειη, vel εςω, vel δος, aut iftiusmodi aliud, poterit. *Weffeling*.

αναιδεσην) Ita Barocc. edit. Flor. Ald. 3. & Argent. 2. ex Jonum more. *Reinold*.

ψευδε' αρησθαι) Sic Suidas, ψευδη Barocc. Heresb. itaque omnes quatuor praedict. quamquam ψευδε' fateor magis effe Jonicum. *Reinold*.

δ' ηπειτα) Omnes quatuor praedicti habent δ' ηπειτα, non recte, cum praecedat δ' verfu pro-

proximo, & ηπειτα nusquam legatur, nisi praefixa litera δ, quare legendum, uti damus, δηπειτα per Crasin, pro δη επειτα *Reinold.* qui punctum post δηλητηρας.

συντριβ᾽ ὁμως &c.) συντριψαι σμαραγον Suidas, in Barocc. Amstel. Heresb. Florent. Μαραγον — In his fictis δηλητηρων, *fornacibus pestiferorum & nocentium* nominibus vox nauci est μαραγος. initialem literum σ evanidam fecit praecedentis dictionis ὁμως, in MS. Barocc. cum vitio ὁμος, finalis. σμαραγος autem, unde Homero & Hesiodo in usu est, σμαραγεω, Hesiodo etiam σμαραγιζω, est ingens ille sonitus, quem dat fornax in incendio: Hesiod. in Theog. 693. αμφι δε γαια Φερεσβιος εσμαραγιζε Καιομενη. *Reinold.* — Fornacis turbatores turbas etiamnum cient. Posset Suidae συντριψαι Σμαραγον — sine caussa in συντριβειν a Barnesio conversum placere, ni ὁμως, cui constans in schedis sedes, officeret. Pavii acumen συντριβ᾽ ὁμως, ficto, uti Σμαραγε & Ασβεσε, titulo, ex Συντριψ procudit, obtritorum videlicet vasa fictilia, adprime, me quidem arbitro, eleganter. Idem sicuti paene absolutis, animadverto, in mente Peregrini Allii fuit, primi omnium Εξηγησεως huius interpretis; neque dissentit Alex. Politus, cuius nitida libelli versio Eustathii in Hom. Commentario T. 2. praefixa cernitur. Ασβετον Barnesius, quandoquidem inter Centauros, ab Hercule caesos, *Arbolus,* Ασβολον audacter, ut lenissime dicam, fingit. Ex σβεω, σβεσω, non incommode Ασβετος gignitur. Suidae Σαβακτην repudiant scripti codd., ηδε γ᾽ Αβακτον repraesentantes: id vero cognomentum ex βαζω, ad figulorum

lorum ex fornacis incendio stuporem, cum verbum proloqui nullum possent, indicandum, Reinoldius derivavit. In re valde obscura detestabilem infelicitatem mallem. Hesychius, Αβακτον και Αβοκτον, το μη μακαρισον. Cyrilli Glossae MSS. Αβακτον, το μη μακαρισον. Junge Adnotationes Hesychianas Jo. Alberti. *Wesseling.*

Ασβετον) Ασβεσον Amstel. Heresb. Suidas. Flor. & Ald. 3. contra metrum, Vulgatum Barocc. & Argent. ασβεσον magis usitatum fateor. Sed ut ab σχω, σχεσω, fit ασχετος; ab σπεω, σπεσω ασπετος; ita ab σβεω, σβεσω, formari etiam potuit ασβετος, quod, ut ασβεσος, est *inextinctus*, & proprie refertur ad ignem, unde satis frequens in scriptoribus πυρ ασβεσον. *Reinold.*

ηδε γ' Αβακτον) Barocc. Amstel. Heresb. Ed. Flor. Ald. 3. Argent. 2. Σαβακτην Suidas & Editi, de quo praeced. Wesseling. observatio. Αβακτον formatur a βαζω *loquor*, & proprie est, qui potest verbum nullum proloqui, eoque denotatur figulorum in incendio stupor, quo se vertant nescientium *Reinold.*

ωμοδαμον) epitheton est eius ignis, cuius vi etiam cruda domantur, argilla non excocta consumitur. *Reinold.*

κκκα πολλα) Ita MS. Barocc., contra metrum edit. Flor. Ald. 3. & Argent. 2.

ποριζοι) Ita Barocc., sed minus recte, cum desit κε vel κεν, quod postulat. *Reinold.* Alii ποριζει teste *Wessel.* quos sequitur *Reinold.*

περθε πυρ αιθεσαν και δωματα) Σειλαι Suidas. ceteri omnes πενθε πυραιθεσαν. Perplacet Barnesii emendatio. Portus aeque eleganter, περθε πενθε πυρ αιθυσαν, ure igne atrium, laudante Alex. Polito. Fuit & in correctione docti viri πειχε πυρ αιθυσαν facili ex πειθε metamorphosi. At ubi πειχειν de igne? *Wessel.* Ita damus cum Barnesio, sed MS. Barocc. Edit. Flor. Ald. 1. 2. & 3. & Argent. duae πειθε πυραιθυσαν, male. *Reinold.* qui post βρυχοι δε καμινος comma non habet, sed habet post δευρο και.

θυγατερ) θυγατηρ *Reinold.*, qui comma post Κενταυρας posuit.

οἵ θ᾽) Ita cum MS. Barocc. & Editt. recentioribus separatim edimus, non cum editt. omnibus vetustioribus coniunctim οἱθ᾽, ὅτ᾽ cum hic loci serviant divisioni, non usurpentur pro simplici *qui. Reinold.*

τυπτοι δε καμινον) Ita MS. Barocc. Amstel. Heresb. Editt. Flor. Ald. 1. 2. & 3. & Argent. 2. omnes uno ore, nempe χειρων. Ceteri Centauri figulina opera male verberent, tundant; ipsum caminum dux eorum Chiron. Pro hoc tamen recentiores cum Suida πιπτοι δε καμινος. *Reinold.* Ad Suidam Πιπτοιεν L. Kusterus, mala caussa. Advocantur ad vasorum perniciem Centauri, neque incongruens τυπτοι δε καμινον, nempe Chiron ipse. Habet tamen πιπτοι δε καμινος suos sibi patronos, neque malos *Wessel.*

οιμωζοντες) οιμωζοντο Suidas. Editiones, omnes vetustiores neglexerunt punctulum ω subscriptum in ορατο. In fine etiam vocis πονηρα gravem habent MS. Barocc. & Edit. Flor. item Argent. prima. Primus acuit Aldus. *Reinold.*

ὅσδε χ᾽ ὑπερκυψει) Ita recte Barocc. & Suidas. male ὁ δ᾽ εχ᾽ ὑπερκυψει Edit. Flor. & Ald. 1 & 3., ὁ δ᾽ εχ ὑπερκυψει Ald. 2. ὁδ᾽ εχ᾽ ὑπερκυψει Ar-

Argent. 2. utraque peius, peccante metro. *Reinold.*

περι τυτυ) MS. Barocc. Heresb. Editt. Flor. Ald. 1. 2. 3. & Argent. 2. περι ταυτα, ut cum υπερκυψει coniungantur, contra metrum. Pro περι Barnesius πυρι, emendatione haud necessaria, cum περι a φλεχθειη per Tmesin abstrahatur. *Reinold.* Suidas & Editi melius. περι.τυτυ — φλεχθειη Poetae diris respondent. Voluit τυτυ παν το προσωπον περιφλεχθειη. Barnesius inprudenter πυρι τυτυ παν — *Wesseling.*

ad Cap. XXXIII.

Incipit caput 11. *Reinold* qui post ευδαιμονεςατας comma non habet, sed posuit comma post ταδε, & ωδηγυν δε — εγχωριων parenthesi inclusit, commaque posuit post αυτον, nullumque post εγχωριων.

δυναται) αυτη Suidas. Accusantur ταυτολογιας propter vicina ανδρος μεγα δυναμενοιο a Kustero ad Suidam. Absolvunt alii, & facile queunt excusari. Suidae αυτη alia venit aut ex εκδοσει aut correctione, neque in ευχει uti abiret, opus erat. *Wessel.* Post βριμει abest comma *Reinold.*

ανακλινεσθε) Attigit Suidas in voce, qui mox επεισι in voce Ομηρος *Wessel.* comma post ανακλινεσθε posuit *Reinold.*

εσεισι) Ita recte Barocc., Edit. Flor. omnesque vetustiores. εισεισι contra metrum. *Reinold.*

ευφροσυνη τεθαλυια) Ita recte Barocc. Edit. Flor. ευφροσυνητε θηλυια. Ald. 2da & Argent. 2. ευφροσυνη τεθηλυια. Ald. 1 & 3. ευφροσυνη τε θηλυια.

λυικ'. omnes male. peccante metro. *Reinold.* qui comma in fine versus non habet, neque post αγγεα.

καρδοπȣ ερπει) Barocc. Amstel. Heresb. Lipf. & prisci editi, ut sit versus σπονδαιζων, non ερπες cum recentioribus, & melius convenit modo & tempore cum praecedenti ειη. Reinold. κατα δορπȣ ερπεο. Suidas, qui verfum insuper, quem vide, adstruit. Suidas Κυρκαιη. Neutrum obvium, aut in aperto. Succurrebat Barnesii explicatio, ετι Κυρβεων δικην ην τετραγωνος maza ista, sed arcessita & arbitraria. Placuit Polito aut Κυρβαιη, a Cyrba, urbe Pamphyliae apud Stephanum, ob mazarum istius loci praestantiam, qua de nemo: aut εκταιη, ut grandis sit maza, sex choenicum, opinione fallace admodum. Ingeniosior de Pauw, ex Suidae vestigiis, πυρ και η δ᾽ αιει, κατα δορπȣ ερπη μαζα. Semper luculentus sit focus atque ad coenam maza veneat. Quae quidem, si non vera, vulgatum longissime exsuperat eligantia. Poterit & ερποι, scriptis volentibus, manere, ut σπουδεσιζων sit versus. *Weffel.*

διφραδα) διφρα καταβησεται υμνειν Suid. κατα διφρακα, auctoritate Hefychii, Διφραξ, θροyες γυναικειος, Barnesius, favente quodammodo, ubi corrigatur, Suida. Nimium sane διφρων επιβησεται Kusteri abit, etsi belle idem de Graecorum prisca consuetudine ex Grammatico Ζευγος ημιονικον. *Weffeling.* Post υμνιν comma *Reinold.*

κατταποδες) κραταιποδας Barocc. perperam, ut edit. Flor. αξυσιν. Recte, uti editur, Aldina ceteraeque omnes. *Reinold.*

ἴσον ὑφαίνοι) ὑφαίν' ἴσον Suidas. ὑφαίνοι ἴσον Heresb. & alii, male transpositis verbis. Bene Barocc.

ἐπ' ἠλέκτρῳ βαβαίνῃ) Interpretis, *Haec premat electrum pedibus*, velut inconcinna, J. M. Gesnerus Comment. Soc. Reg. Goett. T. 3. p. 85. repudiavit: sedentem enim in sella matronam, & telam detexentem describi, idque βαίνειν saepiuscule dici; verissime, adfirmantque proxime iuncta. *Wess.l.* Post νευμᾷ ante ἐνιαύσιος comma *Reinold*.

προθύροις) προθύροισι. καὶ εἰ δώσεις τι, καὶ εἰ μή, Οὐ μενέω. οὐδ' ἠλθομεν ἐνθα συνοικήσοντε. *Ren.* observans: MS. Barocc. καὶ εἰ μέν τι δώσεις, εἰ δὲ μή, — Edit. Flor. καὶ εἰ μέντοι δώσεις, εἰ δὲ μή consentientibus Ald. 1 & 2. & Argent. 2, nisi quod comma in fine additur. Ald. vero 3. καὶ εἰ μέντοι δώσοις, εἰ δὲ μή, — ad primum Lectio, quam damus, proxime accedit. — Idem ad alterum versum: Barocc. οὐχ ἐξήξομεν· οὐ γὰρ συνοικήσοντε ἐνθάδ' ἠλθομεν. quicum consentit edit. Florent. ceteraeque omnes nostrae vetustiores. οὐχ ἐξήξομεν videtur esse substitutum ex superiori versu ἐξήκ' ἐν προθύροισι, pro quo οὐ μενέω magis est Homericum; ceterorum fere verborum tantum ordo est inversus. — μεν τι Palat. Barocc. Suidas, ceteri μέντοι. Omnes autem ἐξήκ' ἐν προθύροισι· καὶ εἰ μεν — una serie. συνοικήσοντες ἐνθαδ' ἠλθ. Suid., recte, in Barocc. ἐνθαδ' ἠλθ. quoque: olim συνοικήσοντε ἐνθάδε. Sudores Pavii, Barnesii, aliorumque, ut heroico pede versus progrederentur, quid memorem? Jambi puri sunt, atque a praecedentibus, uti factum cernis, Valkenario, primo omnium

nium monſtratore ad Herodoti VIII. 62. p. 646. ſeiungendi. *Weſſeling.* Unum hic ponam exemplum, inquit vir κριτικοτατος, ex Herod. de V. H. 33. ubi velut Eireſiones Homereae poſuerunt hos enormes duo verſus editores: (de Barneſii nihil hic dico licentia) Ἐϛηκ' ἐν προθυροισι· καὶ εἰ μεν τοι δωσεις, εἰ δὲ μη, Οὐχ' ἑϛηξομεν· ὐ γαρ συνοικησοντι ἐνθαδ' ηλθομεν. Ad priora pertinent iſta: Ἐϛηκ' ἐν προθυροισι· tum ſequitur aliud fragmen, cuius indicium praebet καὶ, conſtans duobus ſenariis legitimis, ſi ſic redintegrentur: Εἰ μεν τι δωσεις —, εἰ δὲ μη, ὐχ ἑϛηξομεν, Οὐ γαρ συνοικησοντες ἐνθαδ' ηλθομεν· conf. Athen. VIII. p. 360. c. *Valken.*

Poſt Σαμω & χρονον comma *Reinold.* αγειροιεν) αγειροι Amſtel.

ad Cap. XXXIV.

Incipit cap. 12. Reinold., qui nullum habet comma poſt εγχωριων, ſed comma poſuit poſt Ἰον. Plura, Herodoteo ſermoni pugnantia, ac male concinnata, ne nimium Criticus grammaticusque cenſerer, illibata transmiſi. Enimvero ubi μαλακως εχειν de *graviter aegrotante*? & μαλακιη *morbus leibalis*? In mollibus, effeminatis & animi mollitie talia apud ſeculum prius: recentiores aliter, etiam in gravi aegrotatione, ſed parce. Nusquam Herodotus. Conf. Euſtath. in Hom. p. 1592. 22. *Weſſel.*

εκβας δε) δ' εκ Palat. Barocc. Sed Edit. Flor. cum ceteris omnibus δε, quod magis Jonicum eſt. *Reinold.*

απλοιην) Ita edit. Flor. & omnes vetuſtiores, MS. Barocc. cum recentioribus απλοιην.

ſed

sed illud alterum magis est Jonicum *Reinold.*, qui comma post πολιος non habet, sed habet post αυτον.

ad Cap. XXXV.

Post ναυτεων comma nullum *Reinold*, qui habet comma post προσελθοντες αυτοις, & colon post ειπον, nullum vero comma post Αγετε, quod posuit post διαγνωναι, & punctum post λεγειν, colon autem post ειπαν, commaque post ημεις.

ασσα) In MS. Barocc. scribitur αττα, superscriptis σσ, utrumque eadem manu scriptum. *Reinold*

οἱ δε φασι) Sic Barocc. & Suidas, sed Edit. Flor. cum ceteris vetustioribus φασιν, male sequente consona. *Reinold.*

'Ασσ') MS. Barocc. ὡς' male, cum sequatur τα, & φθερες sunt masculini generis. *Reinold.*

ἀ δ' ἐχ) Ita edit. Flor. cum ceteris vetustioribus, & MS. Barocc. lectio τα magis est Jonica, receptaque a *Reinold.*, qui post ἑλεις comma habet, quod omisit post ἐν γη. Posuit idem comma post Ομηρος, punctum post ταδε.

ad Cap. XXXVI.

Post ενθεν comma *Reinold.* non posuit, qui ὡς οιονται τινες uncis inclusit, commaque post τη Ιω omisit.

πολιητεων) Ita Barocc. Palat. pro των πολιτεων, quod est in edit. Flor. ceterisque omnibus.

διαλογη) Ita MS. Barocc. Edit. Flor. ceterisque omnibus, praeter Barnesium, qui διαλλαγη habet. *Reinold.*

εγεγενητο) Palat. Barocc. Amſtel. confirmante edit. Flor. niſi quod typographico errore edetur εγενητο, unde tamen Ald. & omnes poſt eum dederunt εγενοντο *Reinold.* Denuo manum iniicit ac moratur εν διαλογη εγεγενητο, pro quo Barneſius, non molliens, ſed ſermonem aſperans, εν διαλλαγη, de colloquii uſu, & ητε ποιηϲιϲ εξεπεπτακεε, poëſis publicata fuit. Magno mercabor. ubi ea Herodoto aſſerentur. *Weſſeling.* Poſt εξεπεπτωκεε comma non habet *Reinold.*

καλυψεν) Ita Barocc. Palat. iuxta illud Homeri Iliad. ξ. 114. 1. Edit. Flor. ceteraeque omnes καλυπτει.

ad Cap. XXXVII.

Incipit Cap. 13. *Reinold.*, qui poſt εικος εϲι comma poſuit.

ανθρωποις) Ellipſis eſt vel praepoſitionis εκ, vel nominis τινα. *Reinold.* Prave labuntur, & turbide fluunt. Ne balbutiret Scriptor, τα νομιμα, τα παρα τοις ανθρωποις, — Pavius. qualia iure expectaſſes. Jam quoniam ſuſpicio libera eſt cuivis, ſuſpicor iterum ex Ephoro, qui Homerum Aeolenſibus ſuis magno conatu vindicavit, teſtificante praeter alios Plutarcho, haec adſcita videri. *Weſſeling.*

εξευροντα) id eſt, aut quam pulcherrima potuit invenire. *Reinold.* qui poſt εωυτȣ nullum ponit comma.

ακȣοντες) ακȣσαντες. Amſtel. Poſt ιεροποιιην γαρ comma *Reinold.*

πατριδι) Ita optime Palat. Barocc. male edit. Flor. πατριδα, & qui eam ſequuntur omnes usque ad Gronovium, qui vix melius τῃ πατριδι.

oppo-

oppositas enim habemus ἱεροποιίην τὴν κρατίςην, & τὴν ἑωυτȣ πατρίδι προσηκȣσαν. Reinold. qui post ὧδε punctum.

ἣ ἐς) ἧς Amstel. post ἐπεσεν comma Reinold.

ων) ἣν Amstel. post ων nullum comma Rein. qui post ἐχρητο punctum idemque post λειβε.

ἐπι πεντε) Eustath. ad Iliad. p. 135. 40. respexit. Wessel. post τριων colon Reinold.

ad Cap. XXXVIII.

τα μεν ȣν) abest μεν Reinold., qui post τελευτης & βιȣ commata posuit.

περι δε ἡλικιης) Incipit cap. 14. Reinold. idem comma post ἐπισκεπτομενος non habet, quod ponit post τριακοντα, post εικοσι, & post Κυμη, & καλεομενη.

Φρικωτις) Herodoto, sicuti oportebat, Φρικωνις, L. I. 149. Eadem & vicina Larissa Straboni Φρικωνις lib. XIII. p. 922. 13. Ex Tzetze quidem in Hesiod. p. 143. ed. Heins. L Holsten. ad Steph. Byz. advocavit Κυμην, την νυν Φρικωτιδα καλȣμενην, verissimeque Φρικωνιδα rescripsit. Tzetzes ipse Commentarii principio, καλειται δε νυν Φρικωνις. Idem & hic redire debet, aut Φρικωνιτις, quod in Ethnographi Κυμη. Wessel. Post Κυμην comma non ponit Reinold.

οκτωκαιδεκα) οκτω και δεκα Barocc. separatim. post ὑςερον & post κατωκισθη commata Rein.

ετεα ἐςιν ἑξακοσια) Sententiam Herodoti de tempore, quo fuerit Homerus lib. II. 53., haec arietant validissime. Pugnam sedare Scaliger ad Eusebii Chron. Ann. 1548. p. 102. scribendo: ετεα ἐςι τετρακοσια εικοσι δυο, anni quadringenti viginti duo sunt, adnixus est. Quadrat ita numerorum ratio. Considera vero, quid consequi necesse sit. Homerus primam lucem anno ab Ilii clade 168. adspexit: inde ad Xerxis in Graecos expeditionem anni, si stabilis correctio manserit, 412. Itaque rex Persa anno ab eversa Troia 550 in Graecos movit: movit autem sub initium Olympiadis 75. Ergo prima Olympias Ilii αλωσει annis 296. posterior erat. Atqui urbis eius excidium de Apollodori, Eratosthenis & aliorum calculis in Petavii Doctrina Temp. IX. 29. annis ferme 408. primam Olympiadem antevertit. Neque istud vir maximus, ad incommoda emendationis parum attentus, negavit. Durant proinde illi annorum numeri, nec termini, a Scriptore constituti, moveantur. Quam quoque in partem, aliis motus caussis, Bouherius Diss. Herod. cap. XI. concessit, verum talia machinatus, unde Herodoto, quod monitum alias, illata vis fuit. Quid vero, inquies, Vitae Auctore, si annis sexcentis & viginti duobus auctoritas adsit, fiet? Quid aliud? Quam temporum rationes ab Ilio everso ad Xerxis transitum in Graeciam aliter, ac prisci solebant chronologi, inisse eum, ab Herodoto in Homeri signanda aetate vehementer discrepare, neque adeo, quod & aliunde apparuit, eundem videri ac Musarum iucundissimarum parentem. Atque haec hactenus. Plura hunc in Scriptorem minatur A. Kluitius. *Wessling.*

Comma post ην ante ςρατευσαμενος *Reinold.* idemque post Ελληνας.

διεβη) MS. Barocc. διεμη. nec tamen vitiosa MS. lectio est, vide supra iam animadversa *Rein.* qui post χρονον & ζητειν commata posuit, idemque post Ομηρος habet.

εξηκοντα οκτω) εξηκοντα *Amstel.*

Ad
CTESIAE FRAGMENTA.

Animadversiones e Wesselingiana editione criticae omnes
H. Stephani, D. Hoefchelii, A. Schotti.

I. Ad Photici Eclogas Persicas.

ad Cap. 1.

Κτησια) Ανεγνωσθη βιβλιον Κτησιε τε Κνιδιε τα Π. εν βιβλιοις κγ'. D. H.

Ψευςην αυτον αποκαλων) Videtur prius hoc participium esse expungendum H. S.

αποκαλων) al. ελεγχων.
ετως) ετω D. H.

ad Cap. 2.

Αςυιγαν) Max. Marg. codex Αςυιων.
κρισκρανοις) alii κριοκρανοις.
Αμυτιος) Αμυντιος D. H.
Αμυτιν) Αμυντιν D. H.
Αμυτιν) Αμυντιν & sic passim. D. H.

ad Cap. 4.

Περσων ειδωλα) Scholion m. s. ορα την των ειδωλων εμφανισιν.

καταφευγει) καταφευγει ὁ Κροισος, κ. θ. D. H.

ad Cap. 5.

δε διαλαμβανει) δε και λαμβανει D. H.

Πετισάκαν) Max. Marg. Πετισακᾶν.

ἡμιαρρα) γξ ευνᾶχον μεγάλως sic & in aliis omnibus locis, in quibus ἡμαρρενα habes. H. S.

Πτισάκᾳ) Πετισάκαν D H. & ad oram Πετισακᾶν. Πετισάκα Max. Margunii.

αυτᾶ (φασι)) γξ αυτᾶ, Φησί μ. Πετισάκα. D. H & ad oram Πετισακᾶ.

Πετισάκα) Puto legendum Πετισακαν, ut sit accusativus. H. S.

ad Cap. 6.

συνεμάχοντο) συνεμαχᾶν D. H.

ad Cap. 7.

δε και ὁ) δε ὁ D H.
Αμοραιος) alii Ἀμερραῖος.

ad Cap. 8.

καθιςη) καθιςησε.
επεςησε) επεςη D. H.
Βαρκανιων) Βαρηκανιων.

ad Cap. 9.

πατρος δια Βᾶγαπατᾶ) π. νεκρον δ. Β. τ. η. ε. Π. ταφῆναι (νεκρον) και τ. D. H.

Ιξαβατης) Ιξαβατης D. H. Max. Marg. Ιξαλβατης.

μεγιςος) μεγ. ητ. D. H.

τον Αιγυπτιων &c.) των Αιγ. τον βασ. Αμυρταιον και νικᾶ Αμυρταιον. Κομφαβεως D. H.

Ιξαβατᾶ) Ιξαβατ. τᾶ Κομφαβ. D. H.

ζωγριαν) id est ζωντα Num. 21, 35. Deuter. 2, 34. Hefych. fed ζωγρια ἑλεῖν Zofim. D. H. ad. p. 41. Phot. in illa Theoph. Simocati verba ζωγριαν ελαβον.

δυο)

δυο) επτακισχιλιοι δυο D. H.

ad Cap. 10.

Μαγος) al. μεγας.
Σφενδαδατης) Σφανδ. D. H.
ταις διαβολαις) δε ταις D. H.
Αμυτις) fic & D. H. ut & poft.
εδεν δε ήττον) [επει] εδεν δ. D. H. Max.
Marg. επει εδεν ανελων εμελετα.
αποτμηθηναι) ανατμηθηναι. ως δε.
Βαγαπατε) l. Βαγ. κ. Ιξαβατε. at C. Vatic.
Ιξαβατε D. H.
Ιξαβατε) Ιξαβ. D. H.

ad Cap. 11.

Λαβυζον) alii Λαβυξον.
ημιαρρενων) των ήμ. D. H.
υποδειξας) και υποδειξας D. H.
Σφενδαδατην) Σφανδ. D. H. & in not. idem
l. Σφενδ.

ad Cap. 12.

ε καταλειψει) εκ εγκαταλειψει D. H.

ad Cap. 13.

τελευτησει) melius τελευτηση & in feq. pro
εβασιλευσαν legendum puto εβασιλευσεν. nimirum ὁ μαγος. nam illos duos regnaſſe, falſum
comperietur. H. S.
Ιξαβατης) Ιξαβανης. Hic. D. H. & alterum
ad oram.

ad Cap. 14.

Εντευθεν) Aut addendum την κεφαλην, aut
fubaudiri dicendum eft. H. S.

U 5
Νορρν-

Νορονδαβατης) Νοροδ. D. H.
Βαρισσης) Βαρισης D. H.

ad Cap. 15.

τȣ ιππȣ) Herod. Thalia, & Themist. Or. 12. επανηκεις δε αυτοκρατωρ, ȣχ ιππȣ χρεμετισαντος, ωσπερ Δαρειος, ȣδε κυνȣ [sic legendum in editis, id est, περικεφαλαια; non novi] σπασας, ωσπερ Ψαμμιτιχος D. H.

πρωτȣ) πρωτον μ. D. H.
επειδη) επει δ' αν. D. H.
Σφενδαδατης) sic & D. H. hic.
επειδη) επει D. H.
ειδον) ειδον [οφεις] οι α. D. H. In veteri libro inter ειδον & οι insertum erat superne οφεις, sed locus hic neque emendari, nec intelligi nisi ex aliorum historia potest. H. S.

ad Cap. 16.

Αριαρεμνη) Αριαμμη D. H.
Μαρσαγετην) Μασαγ. D. H.

ad Cap. 17.

Σκυθαρκης) alii Σκυταρβης, & Σκυταρης. Σκυθαρχης, & in marg. Σκυθαρβης. Max. Marg.
επικρατεςερα) επικρατεςερον δ' ην το των Σ. D. H.
Σκυθαρκȣ) Σκυταρων D. H. & in ora: alii Σκυθαρβεων. is. Σκυθων.
Χαλκηδονιων) Καρχηδ. D. H.

ad Cap. 18.

Μηδικȣ) Ποντικȣ D. H.

ad

ad Cap. 19.

ιβ΄) In altero exemplari, non fine magno errore, fcriptus eft inufitato modo numerus οω΄, pro quo hic ιβ΄. ubi etiam mendum effe, qnis fufpicari poffit. H S.

ad Cap. 20.

Αρτάπανος) Αρταπάνος D. H.
Νατακας) Ατακᾶς & Νατακᾶς.
Αμιςριν) Αμαςριν & Αμηςριν.

ad Cap. 21.

Χαλκηδονιοι) Καρχηδ. D. H.

ad Cap. 22.

ὅτως και) ὅτω D. H.
ὅτως μεν) ὅτω D. H.

ad Cap. 23.

ςρατιαν) ςρατειαν D. H.

ad Cap. 24.

Θωραξ) Max. Marg. Θαραξ.
Θεσσαλος) Θεσσαλος και Τραχηνιων, οἱ δ. D. H.
ςρατιαν) ςρατειαν D. H.
Ἡγιαν) Max. Marg. Ογιαν.
Τρηχινιων) Τραχινιων, δια δ. D. H.

ad Cap. 25.

αυτοις) (δε) αυτ D. H.
ςρατια) ςρατεια D. H.

ad Cap. 26.

αιρει) αναιρει D H.

εμπιμπρησι) Max. Marg. εμπιπρησι.
συνεφλεξαν) συνεφλεξεν D. H.
ςενοτατον) ςενωτ. D. H. Codex Bavaricus &
Max. Margunii etiam ςενοτατον.

ad Cap. 27.

Ματακᾶς) Ματάκας.
ὅτως) ὅτω D. H.

ad Cap. 29.

Αρταπανος) Αρταβας D. H. Max. Marg. Αρταβανος.
Αρτοξερξην) Αρταξερξ. D. H.
Δαρειαιος) Αρταξερξης D. H.
Αρταπανυ) Sic tamen hic & D. H. ut & poſt.
Αρτοξερξυ) Δαρειαυ D. H. Max. Marg. Δαριαυ.
απαρνυμενος) παραινυμενος D. H.

ad Cap. 30.

Αρτοξερξης) Αρταξ. & ſic ſemper per α in antepen.
Δαρειαιω) Max. Marg. Δαριαιω.
Αμιςρις) Idem Αμυςρις.
Απολλωνιδυ) Απολλωνυς D. H. in utroque exemplari legitur hic Απολλωνιυ, & contra in iis locis, qui ſunt cap. 41., utrumque Απολλωνιδης & Απολλωνιδην ſcriptum habet. H. S.

ad Cap. 31.

Αρταπανος) Αρταβανος D. H. & ſic etiam edit. H. Steph. prima.

ad Cap. 32.

και μελετα) (και) μελ. D. H.

Χαρι-

Χαριτιμιδυ) Χαροτιμιδυ Max. Marg.
εχρηματιζε) εχρηματισε D. H.

ad Cap. 33.

Ορισκον) Ωρισκον D. H.
προς την) εἰς την.
ισχυρα) δε ισχ. D. H.

ad Cap. 35.

Σαρσαμαν) Σαρταμαν D. H.
αυτων σωτηριαις) αυτε σ. D. H.
ςρατια) ςρατεια D. H.

ad Cap. 36.

τιμωρησαιτο) τιμωρησαι τον I. D. H.
βασιλεα) βασιλεῖ D. H.
ενδιδωσιν) Pro ενδιδωσιν reponendum puto εκδιδωσιν H. S.
ανεςαυρωσε) ανεςαυρισε. M. Marg.
επι τρισι) A. S. fic legit, επι γ´ ςαυροις πεν-τηκοντα των δ´ Ελληνων, οσες. D. H.

ad Cap. 37.

Ουσιρις) Οσιρις D. H. & fic femper poſt fine v.
Αρτυφιος) Αρτιφυος D. H.
τυτον) τετο D. H.

ad Cap. 38.

Μενοςανης) Μενοςατης D. H.
Μενοςατης) Lege Μενοςανης. aut, ut hic, ita etiam ante, Μενοςατης, nam duplex eſt ſcriptura H. S.

ad Cap. 39.

αυτον) αυτον D. H.
εαυτȣ) αυτȣ D. H.
Αρτοξαρης) Αρταξαρης.
ευνȣχος) [ευνȣχος] D. H.
Ουσιριος) Οσιριος D. H.
λογοις και ορκοις) ορκοις και λογοις D. H.
ημαρτημενων) ημαρτηκοτων.

ad Cap. 40.

Αμιςριος) Αμυςριος D. H. Αμιςρ. etiam Max. Marg., ut & mox.
ο ευνȣχος) [ο ευνȣχος] D. H.

ad Cap. 41.

εν τη [εν] D. H.
τον πισαγαν) [εις] τον πισ. D. H. & in ora: πισαγαν.
Αμιςριος και δι) Αμυςριος και [δι] Αμ. D. H.

ad Cap. 42.

Αμιςρις) Αμυςρ. D. H.
βληχρως) αβλησχρως D. H.

ad Cap. 43.

ȣκετι) ȣκ ετι D. H.
ȣτως) ȣτω D. H.
η Αμιςρις) [η] D. H.
τελος της &c.) ex edit. D. H.

ad Cap. 44.

Κοσμαρτιδηνης) γυναικος Μαρτιδηιης D. H.
βασιλευει ετι) βασιλευει, ετι D. H.

ad

ad Cap. 45.

Φαρνακυαν) Max. Marg. Φαρνακιαν.
τον ευνυχον) [τον ευν.] D. H.

ad Cap. 46.

ᾱ ἡ ϛρατια) ᾧ ϛρ. D. H.

ad Cap. 48.

Μανοϛανυϛ) μεν Οϛανυϛ D. H.
βασιλευσας μηνας ἑξ &c.) βασιλευει υν μονος
Ωχος, ὁ και Δαρειαιος μηνας ϛ´, ἡμερας ιδ, ευνυ-
χοι &c. D. H.

ad Cap. 49.

Αρτοξαρης) Αρτοξανης D. H.
Αρτιβαρξανης) Αρτιβαζανης D. H.
τικτει Αρτοϛην) [τικτει] D. H.

ad Cap. 50.

οικειος) ὁ οικειος D. H.

ad Cap. 51.

Αρτυφιυ) Αρτυβιυ D. H.
Αρτυφιος) Αρτυβιος D. H.
απολεσαι) απολεσθαι D. H.
Φαρνακυας) Max. Marg. Φαρνακιας.

ad Cap. 52.

Τισσαφερης) Τισαφ. D. H.
Σπιθραδατης) Σπιθαραδ D. H.
χρημασι) χρηματα D. H.
Τισσαφερνη δει την) Τισσαφερνιδης την Π. D. H.

ad

ad Cap. 53.

ονομα) [ονομα] Τες. D. H. & ad oram alii Περιτυχμης.

ad Cap. 54.

εμελετησεν) μελετησασα D. H.
αλλα τις Ουδιαςης) αλλα τις Ουδιαςης D. H.
αποκτειναντα) αποκτεινοντα D. H.

ad Cap. 55.

Μιτραδατης) Μιαριδατης D. H.
Τεριτυχμυ) Sic in utroque exemplari, & in utroque rursus statim post Τεριτυχμεω. Illud linguae communis, hoc Jonicae terminationem habet. H. S.

ad Cap. 56.

πολα την μητερα) Max. Marg. πολα τον πατερα και την μητερα.
εξιλεωσαμενος) εξιλεσμενος D. H.
η Παρυσατις) [δε] η Π. D. H.
αυτην) ex edit D. H. rectius dicetur αυτη H. S.

ad Cap. 57.

βασιλευει δε) βασιλευει δε και Αρσακης. D. H. in Not.
Ουδιαςης) Ουδιαςης D. H.
Μιτραδατης) sic & D. H. & ad oram Μιαριδατης.
Τισσαφερνες) Τισαφ. D. H.
Οροντην) Οροντην D. H. & mox Οροντης.

ad Cap. 58.

Συεννεσις) Συνεννεσις D. H. Συεννεσις etiam Vatic. & Max. Margunii.

ςρα-

ad conflit. lect. Herodot. integritatem.

ςρατια) ςρατεία D. H.
ὁ βαρβαρος) Αρταβαριος D. H. alii Αρβαριος.
αικισμοι) αικισμος D. H.

ad Cap. 59.

ανεςαυρισθη) ανεςαιρωθη D. H. ανεςαυρισθη etiam Max. Marg. & Cod. Bavaricus.
αὐτη) αὐτη D. H. ταύτη cod. Vaticanus.
ὡς τον &c.) ὡς τον δοκεοντα βαλειν παρα Κυρον, Max. Marg.
Κᾶρα) Κάρα D. H.
Κυρον) βαλειν Κυρον Αρ: D. H.
Κᾶρα) Κάρα D. H.
Μιτραδατην) Μιαριδατην D. H. Max. Marg. etiam Μιτραδατην.
τον Κυρον) τον D. H.
ανειλε) [αν] ανειλε D. H.

ad Cap. 60.

περιειληπται) διειληπται D. H. & ad oram δη περιειληπται.
Τισσαφερνης) Τισαφ. D. H. & mox Τισα-φερνην.
ελυσεν) alii ελασε. Cod. Bavar. & Max. Marg. ελαβε.
αυτοματος) αυτοματως D. H.

ad Cap. 61.

ὁσον) alii ισον.
αὐτη) αὐτη D. H.
ευνυχων) ὑπηρετευντων ευν. αυτῇ D. H.
κρισις) κρισεις D. H.

Appar. Herod. Vol. V.   X   ad

ad Cap. 62.

των συνεχων) δια [συνεχων] των υπηρετεντων αυτη καταχ.

ad Cap. 63.

Αβυλιτυ) Αβυλητυ D. H.

ad Cap. 64.

Ροδω) λογω D. H.
Βακτρων) A. S. M. M. μακτρων. illud (βακτρ.) C. B. 2. & H. St.

2. Ad

2. Ad Photii Eclogas Indicas.

ad Cap. 1.

Tα Ἰνδικα) ανεγνωσθη δε αυτω και τα Ἰνδικα εν ἐν β. D. H. In alio libro mſ. Bavarico, Διηγηματα Κτησιε Κνιδιω περι των εν τη οικυμενη θαυματων.

εν ἐν β.) C. Vat. εν βιβλιω.
πλατυτατον) πλατυτερον D. H. ſic & C. V.

ad Cap. 2.

πανταρβας) Vide Philoſtr. lib. 3. de Apollonio. και Ἡλιοδωρος ἐτω φησι περι της πανταρβης παραδοξα. Max. Marg.

τῶ Βακτριων) Malim τω ſine accentu, pro τινες H. S.

αυτη) αὑτη D. H.
τειχοκαταλυτων) τειχεκαταλυτων D. H.

ad Cap. 3.

βιττακε) Haec ψιττακη eſt Plinio, qui lib. 10. c. 42. docet, quae aves imitari poſſent ſermonem humanum, ut & Suidas in voc. Pſittacus. Naz. praecept. ad Virg. 624. Και κορακες κλεπτυσιν ὁμως οπα· ὡς δ᾽ ερατοχρως ψιττακος αγκυλοχειλος εων πλεκτοιο δομοιο Ανδρομεον φωνησε,

X 2 και

και ηπαφεν ανδρας ακμην. vide Olympiodori excerpta apud Phot. p. 112. D. H.

πορφυρεον) B. lib. υποπορφυρεον. caufam varietatis colorum tam in pfittacis, quam aliis nonnullis avibus, adfert Diod. Sic. lib. 2 D. H.

κιναβαρ.) κιναβ. D. H. C. B. A. S. etiam per duplex νν.

Ινδισι) Bavaricus liber, ex eodem Ctefia excerptus, οιαν γλωτταν εκδιδαχθη D. H.

ad Cap. 4.

αυτο) αυτον D. H.

η δε κρηνη) Φιλοςρατος εν τω εις τον Απολλωνιω [lib. 3.] βιω ψευδος αυτο φησι. Max. Marg.

αποτρεπαιος) αποτρεπαιον.

αυτον ταυτα) αυτον ταυτα. D. H.

ad Cap. 5.

ορων) ορεων.

ουδεν ελαττον) alii ουκ.

ad Cap. 6.

ανδρε) C. B. A. S. M. M. ανδρες [μολις]) e cod. Bavarico.

εντεριωνην) εντεριονην D. H.

ad Cap. 7.

περι τε μαρτιχορα) και τετο ψευδος ο Φιλοςρατος φησι Max. Marg.

το κεντρον) και το D. H.

μα-

μειζω) μειζων υπαρχεσα A. S. C. B. M. M.
& H. S. μειζω υπαρχεσαν. I. B. μειζον πηχεως.
υπαρχεσαν) υπαρχεσα D. H.
μεν εαν) μην D. H.
βαλη) βαλλη D. H.
μαρτιχορα) B. lib. μαρτιχορας.
βαλλοντες) alii βαλεσι.

ad Cap. 9.

γαρ φησιν) γαρ φησιν, D. H.
ει και) η και D. H.
αυτον) αυτον, D. H.
πεντε ανδρας) ανδρ. πεντε D. H.

ad Cap. 10.

ρεον τον) ρεον, τον D. H.
οντα) alii οντων.
(αλλα και —) haec B. liber addit.
(ομοιως —) & haec B. lib.

ad Cap. 11.

μεση) εν μεση D. H.
μεγαν) μεγα D. H.
αυτοι δε σιμοι) αυτοι τε σ. τ. D. H.
κτηνη παντα εδεν) παντα ζωα, εδ. D. H.
νομοις) νομοισι D. H.
λαγως δε και) λαγως τε και D. H.
πνεοντας) πνεοντες, επ. D. H.
[ως το ημετερον] e Bav. lib.

και πλοιαρίοις) B. lib. και δια πλοιαριων τατο επαρυονται, και χρωνται.

σησαμις) σισαμις D. H. C. Vat. σισαμινω.

εχει δε) Videntur haec verba, εχει δε η λιμνη και ιχθ. non suo loco esse posita: & pro σησαμιν non dubito, quin legendum sit σησαμινω H. S.

αυτοθι αργυρος πολυς) B. lib. αυτοθι και αργυριον πολυ, και μεταλλα αργυρια.

ειναι φησι) ειναι φασιν. D. H.

ad Cap. 12.

αλλ' ορη πολλα) B. lib. αλλ' εν μεγαλοις ορεσι νοις και τραχεσιν. εκει εισι και οι γρυπες.

ad Cap. 13.

εχουσι αρας) εχουσι δε αρας D. H.
[ως το καθ ημας] Bav. lib.

ad Cap. 14.

πηγη εστι) B. lib. πηγη ης το υδωρ εν αγγειω βληθεν, πηγνυται ως.
τρεις οβολας) B. lib. τρεις κοτυλας.
εθελησει) εθελησει D. H.

ad Cap. 15.

φησιν ως Ινδων) φησι των Ινδων D. H.
ἑλκεται) alii ἑλκος.
ιεχει) alii εχει

ἡ δε ζωη) In B. lib. initium harum narrationum admirandarum est hoc: λεγονται οἱ Σηρες &c. nos id inter Fragmenta collocavimus mox, quoniam hic non ita commode inserendi locus fuit.

ad Cap. 16.

ουδ' ὁλως) ουδόλως εχ. D. H.
σησαμον) σισαμον D. H.

ad Cap. 17.

σησαμου) σισαμου D. H.

ad Cap. 18.

αὑτη ἡ ῥιζα) μια γαρ εκ των ῥιζων τετε, ὁσον δακτυλος. λαμβανομενη, ἠ αν &c. B. lib.
απαντα) παντα D. H.
και ορνεα) και βοας και τα λοιπα B. lib.
και ὑδωρ) [και] D. H.
αυτον) αυτο D. H.

ad Cap. 19.

τα αγαθα [τα] D. H.
πιτυς) πιττη.
σιπταχορα) σιπαχορα D. H. alii σιπτα-
χωρα.

ad Cap. 20.

ϛρογγυλωτερας) ϛρογγυλος. D. H.
οις επιμιγνυται) οις [και] επ. D. H. και μι-
γνυται C. Vet.

ωρυγη) ωρυγη Plutarcho etiam idem, quod
ὑλακη Luciano, ut ωρυομαι, idem quod ὑλακ-
τεω Luciano, Xiphilian. Theoc. Idyll. 2.
D. H.

αλαλαι) Philo p. 217.

Κυνοκεφαλοι) ψευδος αυτο φησιν ὁ Φιλοϛρατος,
Max. Marg. Cynocephalos inter animalia nume-
rat Diod. Sic. lib. 3. culta in Aegypto, Lu-
cianus.

(εσθησις — ωμα) Bav. lib.

ad Cap. 21.

τας Φοινικιδας) τας Φοινικας A. S. M. M. C. B.
και εισι βελτιω) εισι δε και β. D. H.

ad Cap. 22.

ὁταν δε) ὁτ' αν [δε] απ. D. H.
ους) οις D. H.

σιπτα-

σιπταχορ𝑢) σιπαχορ𝑢 D. H. alii σιπταχωρ𝑢.

γαρ.) γαρ ετι D. H.
αυτ𝑢ς) alii αυτον εν σπυριδαις συναγ𝑢σι.
ατραφιδα) ταφιδα D. H.
καθαρον) αγαθον.
ὁτω) ὁτω D. H.

ad Cap. 23.

χρεονται) χρωνται D. H.
λινα φορ𝑢σιν) λινά D. H.

ad Cap. 24.

τ𝑢τ𝑢ς) τ𝑢των.
ὑτοι) αυτοι D. H.
παχυν) alii πχύ, αλλα θολερως.

τρωγοντες) Malim interpunctionem ponere post ἑσπεραν, quam post τρωγοντες. nam ut πρωΐ και εις μεσον ἡμερας πιν𝑢σι τ𝑢 γαλακτος, ita εις ἑσπεραν τρωγ𝑢σι την ρίζαν. H. S.

ad Cap. 25.

εχ𝑢σιν) ἐχει D. H.
παλαιςας) ὁ παλαιςης S. Emp. LXX. interpretibus, Philoni, Laërtio & aliis dicitur τὸ παλαιςιαιον μεγεθος D. H.
πιοντες) πινοντες D. H.
τω φαρμακω) alii τ𝑢 φαρμακ𝑢.

X 5   τα

τα αλλα) τᾶλλα μ. D. H.
αςραγαλης ηκ εχησιν) αςραγαλης ηδὲ χ. ε. τ. ἥπατος εχησι· αυτοι δε κ. D. H.
ὡς εγω) alii ὅν.
δει τρεχον βραδυτερον) δε τρεχον, Βς. D. H.
πλεονα) πλεον D. H.

ad Cap. 26.

κερασι και λακτισμασι) κερατι και λακτισματι.
ζωντας) ζωντα D. H.

ad Cap. 27.

πηχεων) alii πηχεις.
αν εντυχη) εαν τινι εντυχη.
αγρευσαντες) ητω φησι περι τητη και ὁ Φιλοςρατος. Max. Marg.
κρεμασιν αυτον) κρεμωσι αυτον. D. H.
ὑποτιθεασι) alii ὑποτιθενται.
[ὡς πυρ] Bav. lib.
ἐφ᾽ ᾧ) εφ᾽ ὁ D. H.

ad Cap. 28.

κυπαριττος) κυπαρισσος D. H.
αυταν) αυτα D. H.

ελαιν)

ad conflit. lect. Herodot. integritatem. 331

ελαιε) ὅτω φησι περι τε ελαιε τετε και ὁ
Φιλοςρατος, γυμικον αὐτο χρισμω καλων. Max.
Marg.

 αναψαντες) αναψαντες D. H.
 φησιν) φασιν D. H.
 ακασαι) alii ακεσαι.

ad Cap. 30.

περιμετρος) Videri poffet, legendum effe
την περιμετρον, nifi & antea ita loquutus fuiffet.
H. S.

 [προς καθαρσιν — αποτροπην] Bav. liber.
 ἢ ζωον) [ἢ] D. H.
 αργυρα και χρυσα) χρυ. και χαλ. και αργ.
D. H.

ad Cap. 31.

Εισιν εν τοις &c.) alii εςιν εν τοις κ. τ. λ.
ανθρωπων.

 και τα κατω) και κατω D. H.
 και τας τριχας) και τριχ. εν τε τῇ D. H.
 πολιας εχει) πεπολιωμενας ε. D. H.
 γενομενων) γενομενας D. H.
 μελαινας) μελ. τριχας. εχ. D. H.
 εκατερα) εκαςη D. H.

Apparatus criticus

ad Cap. 32.

(Ἐςι — &c.) Sequitur in libr. Bav.
κοινῶς δε) Diodor. Sic. lib. 3.

ad Cap. 33.

[δε] lib. Bav.
συγγραφειν) συγγραφειν εν οις και ταυτα
D. H.

Ad

Fragmenta

ex Perficis, Indicis & aliis fcriptis Ctefiae.

E_x τȣ πρωτȣ λογȣ) Laudatum hunc librum invenio & apud Arnobium lib. I. adverf. gent. Verba eruditiff. auctoris funt: Age nunc veniat, qui fuper igneam zonam, magus interiore ab orbe Zoroaftres, Hermippo ut affentiamur auctori. Bactrianus & ille conveniat. cuius Ctefias res geftas hiftoriarum exponit in primo. Armenius Hofthanis nepos & familiaris Pamphylus Cyri, Apollonius &c. ubi Critici tamen hodie ita interpungendum aiunt: Zoroaftres (Hermippo ut affentiamur auctori) Bactrianus. Et ille conveniat, cuius &c. Sed quisnam ille? cuius nomen omififfe Arnobium verofimile non eft. de quo liquido conftaret, fi Ctefiana exftarent. Libet interim faltem coniectare leviter, fi forte ita diftinguendum: Et ille conv. &c. primo. Armenius Hofthanis nepos, &c.

εν πα···) Supplendum arbitror Παφλαγονία. in Paphlagonia. Utrum vero in prioribus verius Τιριζιφαιȣς, an Τιριζιβανȣς, quod in ipfis Ctefiae verbis adfert, iudicare alios finam.

ad

ad pag. 886.

ἐξ τε καὶ τριακοσιων ηδη) Non dubitavi, eundem locum Agathiam refpexiffe, quem & Diodorus, itaque fidenter ad lib. II. Perficorum, unde Diodorus fua laudat, retuli. Vide vero an non ex Diodoro fit ἑξηκοντα τε quoque pro hoc ἐξ τε apud Agathiam legendum.

Σακεας προσαγορευομενης) De Sacea vel Sacaeorum fefto ifto, eiusque origine Cafaubonus ὁ πανυ 14. Athenaicorum 10. vide & Strabonem lib. XI.

Ζωγανην) Falfus itaque Dalecampius, qui de vefte capit, ita vertens: veftem indutus regiae fimilem, quam Zoganam vocant. & inde adnotat forte tractum Sotanne Italorum nomen. Clariff. Cafaubonus obfervat eodem loco, quosdam mff. Ζογανην per o fcribere parvum.

ad pag. 887.

καὶ ἔτος ἓν) Edit. Commelin. καὶ ἔτος ἓν ἐνδον κ. τ. λ. non tam recte. Monuit & Cafaub. 12. Athen. 7. his verbis. Melius, καὶ ἔτος. Non enim folus Ninyas: fed & alii plerique omnes reges Affyrii enfarii fuerunt, & domi latuerunt. Malim ergo vertere: Hic itaque, vel fimiliter.

Ανακινδαραξεω) Ανακυνδαραξεω. edit. Commelin.

τας οφρῦς) Cafaub. d. l. ita: non eft obfcurum, deeffe participium cum illis iungendum τας οφρος. nifi malumus in alium locum eas voces transferre, & fcribere mox, καὶ ὑπεγεγραπτο τοὺς οφθαλμους καὶ τας οφρυς. ubi vide & de hoc more mollium veterum, pingendi fupercilia

percilia & unguentis illinendi. Continuo autem haec Athenaei iunxi, ut & in Latinis supplementum e Dalecampi verſione mutuando, quod in iis Cteſianum quiddam ſubodoratus fui, ut ſtatim indico.

ἐπαναλαβὼν τοῖς ὀφθαλμοῖς) Gratia ſcilicet magna Caſaubono, qui e membranis haec notis parentheſeos incluſa deſcripſit, ut expreſſit Commelinus. Sunt enim tantum non Cteſiae verba ipſa: modo emendentur. quod non infeliciter forte nos doceat Pollux noſter cuius fragmentum ſtatim adiecimus p. ſeq. inde ſcribe hic ἐπαναβαλὼν.

πλεθρων) Πλεθρῶν· aliis ſtadia centum, aliis mille pedes. Dalechamp. ad Athen.

ἑκατομπεδὸν) Vel longitudinis, quod arbitror, vel latitudinis. Dalech. ibid.

ad pag. 888.

θυσίας) θυσίαις edit. Commel. ſed Stephanus edidiſſe videtur rectius. Alias de veterum exemplis, qui vivicomburium omnibus morbis generibus praetulerunt, accurate anquirit Caſaub. 12. Athen. 7.

ἀναβαλλειν) Ad lib. 3. Cteſiae haec pertinere, patet ex praecedenti fragmento apud Athen., ubi hinc emendandum dixi ἐπαναβαλων. Subiicit autem Pollux iſta ſtatim his, quae potulit de oculis patrantibus & diſtortis, quales effeminatorum ſunt & cinaedorum, βλεμμα, ait; ὑγρὸν, θηλυπρεπες, γυναικειον, ἀχρειον, ἀνατετραμμενον, καὶ τὰ ὁμοια. Κτησιας κ. τ. λ.

φανερον) Sequitur in Harpocr. ἐφοριων. οἷον τ᾽ ἐιαμενης ὑποκυδεες. ubi forte non tam corruptum

ptum auctoris alicuius nomen latet, quam Ctesiae verba mendosa. Apud Hesychium vero, ubi ὑποκυδες, ὑποφρυδιον, forte legendum ὑποβρυχιον.

τριτω Περσικων) Exstant haec apud nostrum Ctesiam excerptum, supra in Persicis cap. 39., ubi tamen urbis nomen Κυρται. & viri semper Μεγαβυζος. Inde etiam facilius colligas, ex libro decimo tertio Persicorum haec depromta, quam ex tertio. Sed ex quoto libro, ego non coniectem hercle: ex tertio tamen, qui Assyriaca inter alios sex priores continuit, non fuisse credam.

πρεσβυτερα) Euseb. lib. X. praep Evang. contractius: πρεσβυτερα των Ελληνικων Κτησιας λεγει. mox idem sat magnum defectum ita supplet, φανησεται τω δευτερω και τετρακοσιοςω ετει της Ασσυριων αρχης, της δε Βυληχυ (Belochum vocat Eusebii chronicon) τυ ογδοη δυναςειας τω δευτερω και τριακοςω. Haec ex Fr. Sylburg. Annot. ad Clem. Alex. mihi Eusebius non ad manus; alias illa ipsis fragmentis interposuissem.

Διοδωρον Σεσοωσις) lib. I.

ad p. 889.

Ὁ δε τροχων &c.) Interpres non distincte cepit; nos interpunctiuncula utrimque adiuvavimus sensum.

Σιμοκατος,) Extat in hist. Theophylacti illius lib. 6. c. 11., quae nuper in publicum editae.

ad p. 890.

Δραγκαν) γρ. Δακων. Δραγγαι gens Persidis Straboni & Stephano. Δραγγων itaque scribendum

dum, L. Rhodom., cuius notas in h. l. vide, ubi & de Dacis, eos é Persia in Europam transiisse.

Ρομνων) γρ. Χοϱωναιων. Mutilatum est e Χο‑ ϱαμναιων, ut Stephanus e Ctesia annotat. L. Rhod.

ἁϱματα δε) Hunc locum, curruum falcato‑ rum inventum, quod Cyro Xenophon adstruere videatur, Assyriis regibus vindicare, ait Brisson. lib. 3. de reg. Pers. quem vide.

το δ᾽ ευϱος) το δε πλατος.

τη πολει [Βαβυλωνι] De isto dissensu aucto‑ rum in muris Babyloniis dimetiendis, vid. do‑ ctiss. Brisson. lib. 3. de reg. Pers. v. & erudititss. J. Capellum in accuratiss. tractatu de mensuris lib. I. non longe ab initio, ubi de pede Babylo‑ nio. examinat enim ibi praesertim Diodori vel Ctesiae haec, & emendat, ut iudico.

ad p. 891.

πεντε) Vox πεντε superflua est, ait Capel‑ lus, quem vide haec plane explicantem, perturt‑ bate, ut ait, a Diodoro tradita.

οϱγυιων) Persicas οϱγυιας intellige. *Capellus.*

ως δ᾽ ενιοι) lege, το δε πλατος, ως ενιοι των νεωτεϱων εγϱαψαν, πηχων πεντηκοντα κ. τ. λ Mu‑ rorum Babylonis latitudo erat Babyloniorum cubitorum 45, Persicorum 50, Atticorum 60. Haec idem *Capellus.*

ad p. 892.

πολλην ὑλην) ὑσλον.

ad p. 893.

πεντηκοντα μυριαδες) γρ. εικοσι μυριαδες.
ισον) lege ισοι L. Rhod.
ανανεωσαμενη) De quo Diodorus eodem libro paullo ante.

ad p. 894.

ιςορηκεν) Quem itaque Diodorum tota ista narratione de Semiramide lib. 2. sequutum verisimile est, ego tantum excerpsi, ubi Ctesiae nominatim mentio.
Μαδαυκην) μανδαυκην.
Αρτιαν) Αρτυκαν.

ad. p. 895.

παρ οις ην εκδεδομενος) γρ. vero Καδυσιους. ην δε εκδεδομενος την. — Hanc lectionem reposuimus iubente L. Rhodomanno, alias vulgati εκδεχομενος.
ετη πλειω) ετη δυο.

ad p. 896.

Αςιβαρα) An Αρτιβαρνα, uti supra hunc regem appellat.
Ασπαδαν) Απανδαν.

ad p. 897.

εδεδοκτο) Fortasse scripsit και εδεδεκτο. H. St.
σημαινει) Sic Ald. edit. sed scribendum puto σημανει. Ceterum non inepte posse hic locum obtinere ista de Stryaglio inter Fragmenta putavi. Videntur enim in isto eodem bello, de quo praecedentia, quae ex Ctesia retulit Diodorus, accidisse. Certe utrobique vides, de Sacidarum virilitate

rilitate eadem narrari, quod iſtae & in Martis alea viris fidae & aſſiduae ſociae.

Στρυαλιος) Στρυαγλιος e prioribus Phaleraei apud Tzetzen reponendum videtur potius.

ad p. 898.

Εν δε τη εννατη Κτησιας) Ita optime ὁ μακαρίτης avus ad oram reſtituit, & in verſione ſua expreſſit, cum alias mendoſe legeretur κτησις. Eſt vero elegans hoc fragmentum, cuius mentio etiam hiſtoriae in Excerptis Photii ſupra Perſic. c. 4.

ορνισις) Supra in excerptis Perſicis in Photio cap. 5.

ad p. 899.

αυτον προσκειται) Suſpecta haec non iniuria Cl. Salmaſio, quae facile poſſent ex iis, quae praeceſſerant, intelligi, ait, ſi haberentur.

και διωκων τας ελαφυς) Salmaſius emendat ὡς και διωκοντα ελαφυς καταλ. non quod τας ελαφυς improbet. vetuſtiſſ. enim Graecos vocem ελαφος ſive de maſculo, ſive de femina loquerentur, fere extuliſſe: inſcitiaeque damnandos Grammaticos, qui mirantur, apud poëtas cervis feminis cornua attribui, cum exploratiſſimum ſit, eas cornibus carere. Sed haec ipſe ad ſuum Stephanum plus ſexcentis locis reſtitutum nos docebit: quem paratum ad editionem habet, ut nos publice quam primum habeamus, id optamus ſummopere: immo docuit ante tres annos in ſuis ad Callimachum lectionibus, quae ipſae quoque lucem publicam nondum viderunt, puto. Alias de hac re & ad

Pollucem noſtrum in Nobis, quas brevi, σὺν θεῷ, dabimus, erit dicendi locus. nec enim iſta, quae κειμηλιων loco ſervo, mihi ſoli ſervata velim.

εν τη χωρα) Sed quaenam illa regio? nam quod praeceſſit apud Apollonium de monte Pelio ex Heraclide, ad eum locum haec de camelis non pertinere arbitror. lateat itaque his mendum.

Την μεν τȣ Κυρȣ) Ante haec nimirum Tzetzes multa de Cyro ἱστορει e Xenophonte deſumta.

ad p. 900.

τετρακοσια) Haec effecere, ait Athenaeus, Ιταλικȣ νομισματος εν μυριχσι διακοσιας τεσσαρακοντα, ducentas & quadraginta myriadas denariorum Italicorum, id eſt, aureorum ſexaginta millia, ut ad eum locum Dalechampius, qui Budaeum lib. 3. de aſſe iſtum locum diligentiſſime expoſuiſſe ait.

απο τȣ Χοασπεος) De aquae huius potu, quo utebantur ſoli reges Perſarum, v. copioſe Briſſon. lib. 1. de rep. Perſ.

μοχθον) Ita ſcripſi. vulgo μοχθȣ.

ad p. 901.

Ψαλȣσαι) v. Th. Marcil. interpr. ad Sueton. Tit. in c. 3. ad iſta: ut qui cantaret & pſalleret. adi & in primis de his μεσȣργοις mulieribus Briſſon. lib. 1. de reg. Perſ.

Αυβατανων) Non facit Stephanus Cteſiae mentionem de hac urbe. Ex eo tamen cum A. Schotto puto, & epitomator quidam nomen

men Ctesiae omiserit v. Excerpta Persicorum supra c. 4.

διὰ τῦ α γραφει) De huius nominis διττογραφια plura ibi εθνικων scriptor.

Δερβικαι) Ita scripsi, male vulgo Δερβικκαι. quod notavit & H. Stephanus supra p. 630. suadet id & series nominum in Stephano. Et ait, Apollonium per duplex κκ scribere, quod alii nimirum per unum Δερβικαι, ut primum itaque posuisse videtur Stephanus.

ad p. 902.

ὁ Κνιδιος) Potuit hoc & ex Indicis Ctesiae excerpsisse Aelianus, e quibus fere, quae ex hoc auctore apud eum legas. Ut itaque hoc non nego: ita hic sequi libuit A. Schottum, qui ad Persica haec quoque retulisse videtur.

τῦ ἡλιῦ) Supra in excerpt. Pers. c. 48. v. Brisson. lib. 2. de reg. Pers. non longe a fine, ubi errorem Suidae notat in huius nominis etymo.

Αρσικας) Αρσακης supra excerpt. Pers. c. 48 & 56.

Δεινων) Δ. Φασιν ὁ Αρσης cod. Vulcob.

πυλαιαν) in quibusdam mss. Plutarchi hoc adnotator, ut puto, scholion: πυλαιμςας, τας ψευςας Ῥοδιοι, τας μηδεν ὑγιες, μητε λεγοντας, μητε πραττοντας.

ad p. 903.

ὁςις ἐςιν) Vulcob. cod. ειη.

ad p. 904.

εφιππειον) sic & Vulcob. cod. alias εφιπ-πιον.

περιπλεω) περιπλεον Vulc.
αναμιχθεντες) συναναμιχθ. Vulc.

αυτω δε) Xyl. vertit. Ipsi cadavera visa haud pauciora XX. millibus esse ait. & annotat αυτω. Locus est ambiguus & obscurus. Nam neque satis liquet, de Cyriae an regis exercitu perierint, qui hic numerantur: & quo illud αυτω pertineat, non constat. ego ad Ctesiam potius retulerim. Minime quidem Lapo assentior, qui alterum numerum ad Cyrianos, alterum ad regios retulit. Diodor. Sic. de regio exercitu plures αν millibus, de Cyri autem circiter tria millia cecidisse refert.

Φαυλε) In variis lectionibus ad Plutarchum adnotatur Φαλλης, Φαλληλε e Vulcobii codice. Apud Diod. Sic. sane lib. 14. Φαλητες appellatur.

ad p. 905.

μιμνησκεται) μεμνησεται Vulcob.
γλυφην) γλυφιδας Vulc.
ιασθαι) ιασασθαι Vulc.

ad p. 906.

πωσθεντα) de his & seqq. excerpt. Pers. c. 59 & 60.
Γιγει) Γιγγη supra in excerpt. c. 60.
υπεργεισθαι) υπεργησαν Vulc.

ad p. 907.

ρυντακης) ρυνδακην habes in excerpt. c. 60.
θαρα-

θανατος) Addit Plutarch. supplicium Ginges quali nimirum venefici apud Persas afficiebantur. λιθος εςι πλατυς, εφ' ᾧ την κεφαλην καταθεντες αυτων, ἑτερῳ λιθῳ παιουσιν και πιεζουσιν, αχρις ᾧ συνθλασσουσι το προσωπον και την κεφαλην.

απραχθη) γρ. προςταχθη. Vulc.

ad p. 908.

γινομενα ουκ ευθυς) mutandum in γενομενα H. S.

Περσικος) vid. Brisson. lib. 2. de reg. Pers. de hac veste, ubi non sine caussa suspicatur, apud Pollucem hanc vestem mendosam esse, cuius vulgati libri σαραγης habent. Suspicionem confirmat egregie pervetustus Ms. Palatinus, qui diserte istum Pollucis locum (lib 7 Onomast. c. 13. sub fin.) ita scribit. ὁ δε σαραπις, Μηδων το φορημα πορφυρουν, μεσολευκος χιτων, quod & in notis meis ad Pollucem monebo.

ετελετο τε) Coniecturam sequor, quam manu Sylburgii adscriptam inveni Hesychio, scilicet legendam ετλητό τε. Adposui autem hoc loci istud fragmentum, quod alicui non ita vero absimile videri queat, illa de Parysatidis luctu ob interfectum filium a Ctesia scripta fuisse, de quo Excerpt. Pers. c. 58.

Ad
Fragmenta Indica Ctesiae.

ad p. 911.

Ἰνδικην λεγοντος) Ibi & aliorum sententias, ut Onesicriti, Nearchi, Megasthenis, & Deimachi sententias maxime discrepantes refert; quarum nullam probat, v. & Arian. in Indic.

ad p. 912.

και ἑκατον το πολυ) An forte hic locus defectus, viri docti videant: mihi, credo, libere suspicionem meam indicare licet. Habes enim diserte initio Excerptorum ex Indicis a Photio eadem quidem de latitudine τȣ γενȣ αυτȣ sed de eo ubi latissimus sit, και διακοσιων ςαδιων ait. quid itaque? Facile potuit excidere in Arriani libris numeri ducenarii nota σ', quae reponi debeat. Sicque adhuc etiam plenius Ctesiae sententiam expositam ibi habebimus, nimirum ubi Indus angustissimus, XL. stadiorum esse; ubi latissimus, CC; ubi medius, id est, nec angustiss. nec latiss. plerumque C. stadiorum esse. Sic ego suspicabar, alii diiudicent.

ἐμπεσοντας ὁταν) Ista innuunt saltem excerpta Indic. supra c. 3., ubi περι των ταχα καταλυ-

καταλυτων) (ita enim cum Hoeschelio noftro malim) ελεφαντων.
αυτοις, κελευση), ἴσ. αὐτὸς.

ad p. 912.

χρυσωπες τε καὶ κυαναυγεις) χρυσωπον τε καὶ κυαναυγῆ.

ad p. 914.

κυναμολγοι, κυνες) De Polluce noftro quid dicam, mehercule nefcio. Aelianum certe rectius infpexiffe Ctefiam credam. Et alii etiam certe auctores hos Cynamolgos populos tradunt, eosque canum feminarum lacte victitaffe, unde iis nimirum nomen: in illis etiam Cnidius Agatharchides, apud quem paria habes cum Ctefianis excerptis. Cur itaque Pollux canes cum gente fua, canina licet & ipfa, confundat, cauffam non comminifcor.

Αραβων), narravit vero ex Vranii lib. 3. Αραβικων Tzetzes de cataneis ibi, in quibus mortuos reges, & eorum uxores, fratres ac filios fepeliant ἐν γενυ τι κοιλαναντες illorum calamorum, & calamum μη κυψαντες, παλιν εωσι φυειν. quibus Ctefiana fubiicit, talia fcilicet illa ψευδοπιςοτερα, quibus delectati fcriptores vani.

διοργυιες γραφοντι) vid. Excerpt. Indic fupra c. 6.

μαντιχωραν) Notanda diverfitas fcripturae in huius beluae vocabulo. Excerpta Indica fupra c. 7. habent μαρτιχορα, vel cum Bav. lib. μαρτιχορας, ut etiam Aelianus & Philoftratus habet. Ariftoteles μαντιχωραν vocat, & Plinius etiam manticboram, ficut & Aeliani varia lectio.

notavit & Brodaeus V. miscell. 24. Ctesiam super his graviter vanitatis arguens.

ad p. 915.

ανδροφαγον) ανθρωποφαγον habent excerpta.

ετεραν) εκατεραν mavult Sylburg, ut & interpretator, *utraque mandibula tripl.*

εγγυθι εναμυιεσθαι) εγγυθεν αμυνεσθαι, vel αμυνεται mavult idem Sylburg.

μαρτιχορας) alii μαντιχωρας.

ad p. 916.

ψυχας εισυς) ομοιυς.

ad p. 917.

ετι συμβαλλει) Haec, ni fallor, e Callimachi Cyrenaei εκλογη των παραδοξων affert Antigonus, ut & quod sequitur.

φορτιον) emendo φορυτον, fimum, vel quisquilias, quae alias naturalis potius alimentum & fomes. patet ex nostri Ctesiae Excerpt. Indic. supra cap. 10.

Ψυλλοις) Pygmaeis haec tribuunt Exc. supra c. 11.

ad p. 918.

θηρωσιν οι Ινδοι) Pygmaei in Exc. c. 11.

και χρησθαι αυτω) Ubi hic Ctesiae mentio, ais? fateor. sed lege supra Exc. Ind. fine c. 11. & dices, lac lacti non tam simile.

το Ινδικον τετραπυν) vid. Exc. Ind. c. 12.

ad p. 919.

χρυσωρυχων) χρυσοχοεῖν.

ad p. 920.

αγριος συς) Excerpt. Ind. c. 13. adde & fragmentum paullo ante ex Aeliani lib. 16. c. 37. allatum, ubi de eadem re.

προβατα δε) Exc. Ind. fupra c. 13.

τα σ' ετη) Notat D. Hoefchel. ex Luciano Σηρας μεν ιςορησι μεχρι τριακοσιων ζην ετων. Et A. Schottus: De Seris Lucian. quoque proditum refert, ad 300 eos virae annum pertingere.

των σατυρων) De his puto effe e Ctefia excerpta, quae Aelianus lib. 16. de nat. animal. c. 21 quae adfcribere non vacat. Et Pliniana lib. 7. c. 2. Sunt & Satyri fubfolanis Indorum montibus &c. quae videntur cum aliis e Ctefia depromta.

Ελληνες δε) v. Exc. c. 17.

ad p. 921.

παρυβον) παρηβον eft fupra in Excerpt. Ind. c. 18.

δενδρα τε) v. Excerp. c. 19.
κυνοκεφαλυς) v Excerpt. c. 20.
Κυνοκεφαλοι) v. Excerpt. c. 20.
κανθαροι) Excerpt. c. 21.
εκτρεψαι) alii εκτρεψαι.

ad p. 922.

τυς εχοντας το κερας) Ifta pleraque in Excerpt. fupra c. 25.

ad p. 923.

μονος δε εν αυτω) Excerpt. Ind. c. 1. & descriptio vermis c. 27.

ad p. 924.

αυτω και αποφραξας) alii αυτα.

ad p. 925.

Κτησιας ταυτα) Excerpt. Ind. c. 11.

των εν Ινδοις) forte id tradidit idem Callimachus Cyrenaeus, ni fallor, e cuius παραδοξων εκλογη & mox sequens fragmentum Antigonus decerpsit.

καταδεχεσθαι) A. Schottus Notis ad Excerpt. Ind. c. 30. ubi haec quoque habes, emendat inde hic μη καταδ.

ελαιον) supra, puto, Exc. Ind. c. 11.

μιλτωδης υδωρ) ex Artemidoro de mari rubro tradit haec Strabo.

παραφρονας γιγνεσθαι) forte pertinere ad c. 14. Ind. Exc. coniectat ibi A. Schottus.

ad p. 926.

viginti millia) Excerpt. Ind. supra c. 20.

confestim canescere) Exc. Ind. c. 31.

Sciopodas) Ctesiae fragmentum exstat apud Harpocrationem in σκιαποδες. quod mox addemus.

nigrescat) Excerpt. c. 31.

ad p. 927.

ἐνοτικτοντων) monstra hominum monstroso in mendo cubant; atque in auribus debebant. emenda itaque mendum ἐνοτοκοίτων (nisi ἐνοτοκοι των rectius) & *Enotocoetis* in versione. Strabo lib. 13. ενωτοκοιτας δε ποδηρη τα ωτα εχοντας, ως εγκαθευδειν κ. τ. λ. ubi statim & Μονομματες subiicit.

diligenter exequatur) Haec descripta ex Aenea accepimus a M. Goldasto.

ad p. 929.

Κτησιας εν β') Non additur ex περιοδοις esse in illis scholiis: inde tamen, unde & alterum, depromtum suspicor.

ΠΕΡΙ ΟΡΩΝ, ΕΙ ΜΗ) Opto saepe Graeca illos iudices auctorum in Stobaeo ad oram exstare: & non nemo, credo, mecum alius. Latinus saltem hic exstat, Ctesiae Cnidii lib. 2. de Montibus, quem interim cum Brissonio sequuti sumus.

ελαιον ακανθινον) Casaub. 2. Athen. 25. ubi inter alia, Oleum, ait, acanthinum, ex quo spinae genere conficerent Carmani, tam incertum mihi, quam illud est certum, falli eos, qui emendant Ctesiae locum hunc, & scribunt, οινανθινον, ostenditque, eodem modo haec Athenaei ab Eustathio adferri.

ad p. 930.

Ταπυρων) Tapyrorum Φιλοινιαν & Aelianus commemorat, ut iudicat Casaub. 10. Athen. 12.

ΜΟΝΩ ΤΩ ΘΕΩ ΔΟΞΑ.

www.ingramcontent.com/pod-product-compliance
Lightning Source LLC
Chambersburg PA
CBHW032355230426
43672CB00007B/710